JN411000

촉도난
蜀道難

도서출판 움

책머리에

내가 문학 평론에 발을 딛게 된 것은 뒤늦게 시작한 시 공부와 관련이 깊다. 시란 무엇인지, 시를 어떻게 써야 하는지, 다른 사람들은 어떻게 썼는지, 시 감상은 어떻게 하는지, 좋은 시란 무엇인지, 그 이론적 배경은 무엇인지 등을 알아가는 과정에서 시작詩作과 겸하였다. 시평詩評은 평론가만이 아니라 시인도 쓸 수 있다 하여 되지도 않은 설익은, 감상이나 해설을 남발한 듯하다. 주위의 반응이 그리 나쁘지는 않다는 말에 힘입어 내가 활동하는 시회에서 평자를 구하지 못해 고민하는 시인들이 부탁하면 대개는 물리치지 않고 대학 시절 리포트를 쓰듯 한 편 한 편 재미있게 썼다. 일천한 나의 지적, 감성적 토대 위에 세워진 초라하고 엉성한 집이라 부끄럽기 짝이 없다. 자신의 소중한 작품에 제값을 매기지 못하는 엉터리 거간꾼을 용서해 주신 시인들께 죄송하고 그저 고마울 따름이다. 그러다가 2018년 상반기 〈우리詩신인상〉 평론 부문에 임보 시인의 시집 『구름 위의 다락마을』을 해설한 「가치 전도價値顚倒의 상상력」으로 등단하게 되었다.

나는 아직 문학 평론이 무엇인지도 모르면서 월간 《우리詩》를 중심으로 시평과 해설, 심사평과 추천의 글 등을 써대고 있다. 나는 나의 글들이 비평축에도 끼지 못하는, 이 분야의 말석 가운데 극히 작은 부분이라 생각한다.

문학의 원론적인 비평이며, 개별 작품의 가치를 꿰뚫는 뛰어난 안목, 우리 문학의 과거와 현재와 미래를 정확히 진단하고 비전까지 제시하는 선배들의 찬란한 작업을 보며, 현장 비평 수준에도 미치지 못한 시 읽기에 급급한 나의 한계를 절감한다. 그러나 한편으로는, 나의 보잘것없는 작업이나마 누군가 하지 않으면 어느 한쪽에선 그만큼 문학적 소통이 원활하지 못할 수도 있다는 생각이 든다. 내가 그와 같은 역할을 하고 있다고 해서 전혀 불만이 없다. 역할은, 그것이 의미 있는 일이라면, 크고 작음에 의의가 있는 것이 아니라, 얼마나 충실할 수 있느냐, 즉 성실성의 문제라는 것이 나이가 가르쳐준 지혜다.

이 책에 수록된 나의 시 읽기와 시에 관한 견해는, 지난 2017년에 발간한 산문집 『시가 말을 걸었다』 이후 근 2년 동안 월간 《우리詩》에 게재했거나 회원들의 시집 말미에 자리했던 것들이다. 다시 읽어 보니 부끄럽지 않은 것이 하나도 없으나, 한 편 한 편 힘들여 썼고, 쓰고 나서 후회와 기쁨으로 점철된 것들이라 크게 고치지 않고 그대로 수록하였다. 좀 더 성실한 읽기와 정확한 언어로 가다듬지 못한 것이 나의 능력의 한계라고 생각하며 제현의 따끔한 질책을 겁내지 않겠다.

이 책의 제목에 대해서 한마디 덧붙이자면, 원래 이것은 당나라 시선詩仙 이백李白의 한시 제목이다. 나는 이것을 홍해리 시인의 시집 『봄이 오면 눈은 녹는다』의 발문 제목으로 썼다. 혹자는 비평서의 제목이 무슨 무슨 시학쯤은 되어야 무게가 있다며 책의 제목으로 적당치 않다는 지적이 있었는데, 물론 이치에 맞는 말이다. 그런데도 이 제목을 고집한 이유가 있다. 비평 작업은 텍스트 앞에 객관적 자세를 견지해야 하나, 시인의 작품을 읽으며 나의 개인사와 겹쳐지면서 아슬아슬하던 긴장의 끈이 툭 끊어지며 무너지고 말았다. 내 여린 감성의 탓이겠지만, 시인의 삶이 너무나도 가슴 아프고, 인간의 실상에 먹먹하여 어느 한순간 그만 자제력을 잃어버린 듯하다. 나는 이를 부끄럽게 생각지 않는다. 사람이라면 누구나 신발을 벗고 발목을 걷어붙이고 건너야 하는 자기만의 생의 여울이 있는 법이다. 결국 문학도 이 이야기가 아니겠는가. 그 상징성이 너무 커 못내 떨치지 못하고 이를 제목으로 삼았다.

이 책과 상관없이 언제나 묵묵히 올곧은 시인의 길이 무엇인지 무언으로 보여 주시는 우리詩의 존경하는 임보 교수님, 홍해리 이사장님께 감사를 드린다. 이 책이 나오기까지 수고를 아끼지 않은 전선용 주간, 방수영 편집국장, 원고를 읽어 주신 여연 시인께 감사를 드린다. 나의 모자람을 항상 넉넉하게 감싸 주시는 우리詩 회원과 후원회원께 이 자리를 빌려 무한 감사의 말씀을 전한다. 끝으로 우리 집안의 영적 기둥이신 어머니께서 올해가 미수이시고, 나의 사랑하는 아내는 회갑이고, 군의관으로 복무 중인 막내가 세상에서 제일 예쁜 짝을 만나 새 가족으로 맞이하여 기쁘기 그지없다. 이 모두가 어머니의 기도 덕분이다.

2020년 새해 아침

峴山에서

後凋 임채우

차 례

03 사마리아 여인의 노래

01

패션 시학

너는 어디에서 오는가

새해 들어 〈우이詩낭송회〉를 이끄는 일꾼들이 바뀌면서 낭송회의 풍경이 사뭇 달라졌다. 지난해까지는 주어진 테마에 대해 한 시인이 주제 발표 형식의 특강을 하고 음악과 시 낭송이 있었는데, 올해부터는 테마에 대해 참여자들이 간단하나마 자기 발표 시간을 채우고 있다. 벽두에 한두 번 변화라 아직 평가하기에는 이르지만, 시인들의 참여 기회를 확대했다는 점에서 바람직한 모습이다.

낭송위원장께서 우리詩 카페 공지사항에 이달의 테마를 발표하면, 시인들은 보름 남짓 이 주제를 놓고 나름대로 답변을 궁구한다. 주어진 테마가 워낙 시인들에게 본질적인 질문이라 이에 답하는 행위는 이제껏 해온 자신의 작업에 대한 진지한 시학적 성찰의 계기가 된다. 참가자들은 나름대로 질문에 답함은 물론이고 화답시和答詩까지 써오신 분들도 있다. 이번 달에도 마치 숙제를 안은 아동처럼 이리저리 사유를 굴리고 있을 시인들의 모습이 눈에 선하다.

시는 어디에서 오는가? 이것은 구체적으로 어떤 형태가 있기라도 한 것이며, 있다면 어떤 모습일까? 흔히들 말하는 시작詩作의 전前 단계, 시적 영감靈感을 시라고 할 수 있을까? 영감은 밖에서 오는가, 내 안에 있는 것인가. 이것은 바람인가, 물결인가, 신학에서 말하는 유출流出과도 같은 것인가, 시인에게 축복의 순간인가.

현대시 이전, 특히 낭만파 시인들은 시적 영감을 매우 소중하게 여겼다. 물론 그 시대만이 아니라 오늘날에도 많은 시인이 특별한 순간에 문득 떠오르는 영감에 의해 시를 썼노라고, 어떤 이는 자다가 꿈속에서 영감이 떠오르면 벌떡 일어나 메모를 했다는 이야기를 심심찮게 듣는다. 이 경우 시인은 단지 영감을 받아 적는 매개자에 불과하다. 시인은 수신 안테나를 세우고 특별한 시적 아이디어가 포착되는 순간을 놓치지 않고 언어화한다. 이 수신의 기회가 잦을수록 우리는 그를 천재라고 부른다.

그러나 주지적인 경향이 강한 현대시에 이르면 시란 영감에 의해서만 써지는 것이 아니라, 시인이 시적인 것을 붙잡는다는 전회轉回가 일어난다. 더는 영감이라는 것을 신뢰하지 않는다는 것이 아니라, 복잡다단한 산업사회에서 단순한 시적 영감이 전부일 수 없다는 자각이다. 이 경우 시 쓰기의 주체는 영감이 아니라 시인이다. 시인은 자연과학자와도 같은 관찰과 집중을 통해 시적인 것을 붙잡아 표현한다. 시는 이제 천재만의 작업이 아니라, 시도 가구나 발명품처럼 제작한다. 시인은 언어의 장인匠人일 뿐이다.

시작詩作의 일련의 변화에 대해, 독일의 서정시를 완성했다는 평가를 받는, 독일어권의 대표적인 시인인 라이너 마리아 릴케에게서 상당히 흥미로운 점을 발견할 수 있다.

그를 연구하는 전문가들의 견해에 따르면 그의 시를 대개 3기로 나눈다.

『기도시집』을 비롯한 초기의 시는, 대개 영감에 의해서 쓴 시들이다.

이 시기의 시들은 길이가 비교적 짧고 자신의 내면에서 우러나오는 기도 분위기가 대종을 이룬다. 그야말로 시인은 수신자의 자세로 시적 영감에 의해 접신 들린 상태에서 기록한 듯하다. 그만큼 시적 영감이 풍부한 시기였다고 볼 수 있겠으나, 릴케다운 면모를 드러내는 대표작은 보이지 않는다.

그러나 『형상시집』 이후 중기의 시로 들어서면 시작에 변화가 생긴다. 영감에 의해서 무엇인가 떠오를 때까지 단 한 줄도 쓰지 못하고 전전긍긍했던 초기 시작에서 벗어나기 위해 그는 각 나라 여기저기를 떠돌며 사람들을 만나는 등 변화를 모색한다. 그가 지인들에게 보낸 편지를 보면 초기 영감 중심의 시 작업의 한계를 줄기차게 호소하고 있다. 이 시기 그는 파리의 조각가 로댕의 제자를 자처한다. 자연 앞에서 화가나 조각가처럼 냉혹할 정도로 사물을 파악하고 모사模寫하려는 훈련을 엄격하게 받기 위해서였다. 중기의 시는 초기의 자기 내면에 갇혀 있던 언어를 밖으로 끄집어내는 객관화 작업이 이루어진다. 그가 돌덩이 앞에 어떤 사물을 기획하여 열심히 작업하는 로댕에게서 배운 것이 무엇일까? 나중에 『로댕론』이라는 미술비평을 쓴 바도 있지만, 그가 로댕에게 사사한 것은 바로 사물에서 언어를 끄집어내는 관찰과 집중력이었다. 이 시기 대표작 시 「표범」을 보면, 우리에 갇혀 있는 표범을 존재론적으로 형상화하기 위하여 파리 식물원을 수십 차례 방문하여 표범을 응시했던 릴케의 모습을 상상할 수 있다.

그리하여 시집 『두이노의 비가』로 대표되는 후기의 시에 이르러 제1차 세계대전 기간을 포함하여 장장 10년에 걸쳐 대작을 쓰게 된다. 여기에서는 이제껏 시작에 관여했던 영감, 관찰력, 집중력, 깊은 사색이 거대한 노도와 같이 전편에 아우러진 난해하기 이를 데 없는 10편의 장시가 탄생한다.

이로써 시란 영감만으로 써지는 것이 아니고, 그렇다고 관찰과 집중만으로 붙잡을 수 있는 것도 아님이 명백하다. 외계의 사물이 내 안에 파고들어 작은 씨앗을 뿌리고, 그 씨앗이 발아하여 어느 순간 대지를 뚫고 무럭무럭 자라나, 거대한 수목으로 지상에 그림자를 드리운다. 시인이 한결같은 태도로 고도의 관찰과 집중, 사색을 동반해야 이 지상의 나무가 무럭무럭 자랄 수 있다는 점은 두말할 나위가 없다.

나 역시 지난 낭송회의 테마를 그냥 지나칠 수가 없어 화답시 한 편을 남긴다.

한 줄기 바람인가 알지 못하는
곳에서 도둑고양이처럼 다가와

문 두드리는 소리
신발 끌고 나오는 소리

처음엔 겨자씨만 한 기미였다가
대지를 뚫고 솟아나는 여린 떡잎

곁가지 틀어 우거진 사유의 둥지
새들도 들락거리는 초록의 물결

한 줄기 바람인가 물결인가
없는 듯 돌아서는 너의 뒷모습

— 졸시, 「너는 어디에서 오는가」 전문

다시 두보杜甫를 읽으며

나는 가끔 한시漢詩를 읽는다. 시랍시고 써 놓은 것이 지리멸렬하여 열패감에 휩싸일 때면, 남의 시를 눈으로 좇다가 오리무중 언어의 덫에 치일 때면, 서가의 손때 묻은 한시 몇 수를 조용히 펼쳐보는 것이 습관이 되었다.

해방 이후 한글세대 연장선에서 나는 오락가락하는 문교정책(당시 교육은 '문교부'에서 담당했다. 지금은 '교육부'니 교육정책이라 해야 하나) 탓에 학교에서 한문을 배우지 못했다. 초등학교 5학년쯤 한자가 사라지더니 대학 입시를 앞둔 시점에서 한문 교육을 부활한다고 교과서에 한자가 다시 등장하였지만, 그때는 이미 초보적인 한자마저 까막눈이었다. 대학에 입학하여 교수님들이 칠판에 휘갈겨 놓은 진서를 해독하기 위하여 거의 절망감에 휩싸였으니, 한시를 접한다는 것은 상상할 수도 없었다.

내가 명색이 국어 교사로서 학생들을 가르치면서 불혹의 나이에 접어들 즈음, 한 가지 특별한 결심을 하게 된다. 어떤 계기로 이 같은 결심을 하였는지는 분명치 않으나, 학교에 출근하여 아이들을 가르치고 업무를 처리하는 자투리 시간에 매일 서너 편씩 한시를 읽기로 하였다. 맨 처음엔, 중국 문학을 전공한 유명 교수의 번역본이지만, 자전을 뒤져가며 몇 달에 걸쳐 『고문진보古文眞寶』를 읽었고, 그다음엔 『당시정해』, 『송시』를 읽은 듯하다. 대개 책 한 권을 선정하면 가벼운 것은 한두 달, 두꺼운 것은 한 학기에 걸쳐서 하루 세끼 꼬박꼬박 챙기듯 서너 편씩 읽다 보면, 어느덧 계절이 가고, 해가 바뀌는 줄도 모르고, 책에서 책으로 이어지곤 했다. 한시 읽기의 재미에 푹 빠져 십여 년을 지속하다 보니 제법 상당량의 책이 쌓였다. 비록 애송시 한 편 제대로 암송은 못하나마 『시경詩經』에서 『초사楚辭』로, 도연명陶淵明에서 당·송을 거쳐 명·청대까지 중국의 역대 내로라하는 시인들의 작품을 수박 겉핥기로나마 두루 거친 듯하다. 또한 한국 한시도 손에 잡히는 대로 읽었다. 국역 된 서거정徐居正의 『동문선東文選』 한 질을 구입하여 언젠가는 써먹을 데가 있으려니 생각하며 발췌해서 읽었던 기억이 새록새록하다.

기라성 같은 중국의 시인 가운데 한 사람을 꼽으라면, 물론 두보다. 그렇다고 천재성이 번뜩이는 이백李白이나, 인생의 깊은 통찰을 보여준 소동파蘇東坡, 상상력이 기발한 이하李賀의 시를 좋아하지 않는 것은 아니나, 두보의 시만큼 나를 사로잡은 것은 없다.

나는 왜 두보의 시에 사로잡힌 것일까? 두보는 남과 어떻게 다르며, 그 장수 비결은 무엇일까? 그는 생전에 1,500수 남짓 창작을 하였다고 한다. 물론 그의 모든 작품이 다 뛰어난 것은 아니고 비교적 일반에게 널리 회자되는 작품이 수작이다. 그의 삶은 고난의 연속이었고, 그 속에서도 섬세한 언어의 탑을 구축하여 중국 문학의 최고봉을 이루었다.

현대 일본의 중국학을 주도한, 세계적인 중국 문학의 석학인 요시카와 고지로(吉川幸次郎, 1904~1980)라는 학자가 있었다. 그는 일본예술원 회원이며, 교토대학 문학부 교수를 역임했다. 국내에는 1998년 창비에서 심경호 교수가 번역하여 지금까지도 사랑을 받는 『唐詩 읽기』라는 소책자의 저자이기도 하다. 이 책은 나의 애독서 가운데 하나인데, 한시를 읽어내는 저자의 날카로운 직관력, 그 깊이와 폭을 느낄 수가 있고, 무엇보다도 해설하는 문장이 어렵지 않으면서도 아름답다.

그는 모교에서 19년 넘게 중국의 한시를 강의하다가 1967년에 정년퇴임을 했다. 그는 교토대학 문학부 대강당, 수많은 동료 학자와 제자들 앞에서, '두보의 시론과 시'라는 주제로 퇴임 고별강의를 했다. 그는 그 자리에서 평생 두보의 시를 사랑했으며, 그가 내내 마음속에 담고 있었던, '두보는 어떤 이론을 가지고 시를 썼는가?'에 대해서 마지막 속내를 진솔하게 털어놓았다.

그는 두보의 시는 두 가지의 방향을 갖고 있다고 했다. 즉, 두보가 추구하는 문학의 지향점이 둘이라는 것이다.

첫째는 치밀함, 또는 정밀함이다. 그가 말하기를, 두보는 인간이나 자연 사실을 섬세한 부분까지 관찰하려는 숙시熟視, 끝까지 관찰한 것을 마음속에서 곱씹는 숙려熟慮, 그리고 그것을 말로 표현하는데 매우 치밀한 언어로 나타낸다고 하였다. 이처럼 사변에 떨어지지 않고 구체적이고 정밀한 표현은 두보 이전의 시에는 나타나지 않고, 두보 이후에도 흔히 볼 수 없다고 하였다.

또 하나는, 대상의 배후에 있는 것에 닿으려는 방향성이다. 그것을 초월의 방향, 비약의 방향이라고 부른다. 섬세한 시선에 포착된 대상들은, 단순히 그것을 노래하고 있는 것이 아니라, 무언가의 비유, 무언가의 상징으로 기능하고 있다는 것이다. 이어 말하기를, 윤곽이 분명한 배후에, 윤곽을 분명하게 드러내지 않은 것으로서 존재하는 진실, 혹은 윤곽을 분명하게 드러내지 않기 때문에 진실인 것, 그것을 추적하는 것이야말로 문학의 임무라고 그는 덧붙였다.

다시 말하거니와 두보 시의 특성은 치밀함과 초월성에 있다. 두보 시가 뛰어난 것은 단순히 시선의 섬세함에만 있는 것이 아니라, 다른 차원으로 파고드는 의욕, 비약의 방향, 초월의 방향이 병존하고 있기 때문이라는 것이다. 이 두 특성이 시를 성립시키는 필수 조건이며, 이것이 함께할 때 이 두 특성은 서로를 보충하고 서로를 완성한다는 생각을 두보는 분명 자각하고 있었노라고, 두보 시를 사랑하고 평생 연구한 요시카와 고지로는 말하였다. (이상은 吉川幸次郎의 『시절을 슬퍼하여 꽃도 눈물을 흘리고』 참조)

이것이 대략 1,200년 전에 살다간, 1,500수 정도의 시를 남긴 시인에 대하여 후세의 한 이국 학자가 남긴 최대의 애정표현이다. 평생에 걸쳐 시를 남긴 두보는 말할 것도 없거니와 그를 사랑하고 그의 시를 평생 연구한 진솔한 대가의 생애 또한 훌륭하다.

결국 우리는 반짝 맺혔다가 이내 사라지고 마는 아침 이슬과 같은 존재다. 우리가 남긴 언어 또한 한 송이 꽃처럼 피었다가 이내 시들어 사라질 것이다. 그런데도 헛되이 밤을 새워 시를 쓰는 그대의 작업은 어떤 의미가 있으며, 또한 어떻게 써야 하는가? 이국의 노대가가 평생 가슴에 품었던, 두보를 두고 한 말을 곱씹을수록 시대를 초월하여 오늘의 시인들에게 시사하는 바가 크다.

패션 시학

옷을 단순히 기후변화에 부응하여 한서寒暑를 조절하거나, 외부로부터 장애를 막아 신체를 보호하는, 실용적인 도구라고만 생각하는 사람은 그리 많지 않다. 의복이 인간의 가장 기본적인 생존 조건인 의식주의 첫 번째에 속한 것은 시대를 초월하여 변함이 없으나, 그것에 장식성, 사회성이 가미되어 원래의 존재 근거가 변질된 것도 사실이다. 동서양을 막론하고 예부터 지배 계층의 옷의 용도는 민중들과 차별에 있었다. 현대인들 역시 옷이 본래의 존재 근거를 초월하여 패션이라 생각한다. 즉, 옷으로 자기를 표현한다.

한국인처럼 패션에 민감한 사람들도 없다고 한다. 남자들의 바지통이 넓었다가 좁아지고, 여자들의 치마 길이가 길었다가 짧아진다. 소위 유행이라는 것이 휩쓸고 지나가면 일색이 된다. 남자들의 넥타이도 길고 짧고, 넓고 좁음이 해를 두고 반복해서 나타난다. 이는 다분히 의류업계 종사자들이 장사를 목적으로 유행을 조장하는 것도 있지만, 한국인들의 감각적인 성향과 맞아떨어지는 현상이 아닌가 싶다. 아무튼, 한국인들은 무척이나 유행에 민감하다. 유행에 뒤진 옷을 입고 거리에 나서면 고리타분한 사람으로 비치는 모양이다.

그러나 소위 문화 선진국에서 오래 살다 온 사람들의 이야기를 들어 보면 우리와는 사뭇 다르다. 그네들도 유행이라는 것이 없는 것은 아니지만, 대부분 사람은 그것에 거의 신경을 쓰지 않는다고 한다. 남자들의 바지통이 넓든 좁든, 여자들의 치마가 길든 짧든, 그것이 자기와 무슨 상관이란 말인가. 누가 뭐라고 하든 말든 자기 옷을 고집스럽게 입는다고 한다.

어떤 옷을 입느냐 하는 것은 순전히 그 사람의 형편이나 기질상의 문제다. 입고 있는 옷맵시를 보면 그 사람의 내면이 고스란히 드러난다. 대중들은 우르르 몰려다니는 쥐떼처럼 유행에 따라 옷을 입고, 맹목적으로 연예인들을 따르며, 나이 지긋한 분들도 소위 오빠 부대라 하여 자신의 정체성을 대상에 투사하다 보니, 자기 자신은 항상 빈껍데기다. 나름대로 어떤 정신적인 위안이나 만족도 있을 것이다. 그러나 의지나 선택의 문제를 전적으로 남에게 맡기는 의존은 한 존재로서 주체 의식의 부족이요, 소위 몰개성적 취향이라 아니 할 수 없다.

시 또한 그렇다. 시라는 것이 고도의 정신적 산물이다 보니 시에는 시인들의 내적 특성이 고스란히 담겨 있다. 우리는 시만 보고 대략 누구의 작품이라는 것을 맞출 수 있다. 시라는 것이 시인에게 맞는 옷을 입고 있으면 이름표가 없어도 얼굴이 떠오르는 법이다. 예를 들어 홍해리 시인의 시집 『치매행』이나 『매화에 이르는 길』을 임보 시인이 썼다고 상상해 보자. 거꾸로 임보 시인의 시집 『아내의 전성시대』나 『山上問答』을 홍해리 시인이 썼다고 상상해 보자. 이 묘한 부조화, 아마 두 시인을 잘 아는 사람은 분명 실소를 금치 못하리라.

패션이란 유행 따라 복식을 바꾸는 것이 아니라, 자기만의 개성을 드러내는 옷 입기다. 바지통이 넓고 좁고, 치마 길이가 길고 짧음에 편승하는 것이 아니라, 자기만의 옷맵시를 만들어내는 것이다. 시를 쓴다는 것은 자기에게 가장 잘 맞는 시의 내용과 형식, 표현을 끊임없이 찾는 작업이다. 자기 옷을 입고 있지 않은, 시류에 편승한 시인은 결코 생명이 길지 못하다. 또한 자기 옷을 입고 있는 시인은 다른 시인에 대해서도 너그럽게 존중할 줄 안다. 그의 시가 곧 그 시인의 옷이며 개성이며 생명임을 알고 있기 때문이다. 결국, 우리는 좋은 시를 쓰게 해 달라고 조바심을 내며 기원할 것이 아니라, 남과 다른, 나만의 시를 쓰게 해 달라고 해야 한다. 자기에게 가장 잘 어울리는 옷을 입고 있는 사람이 멋지고 품위 있게 보이듯이, 자기만의 시를 쓰는 시인이 진정한 시인이다.

우리詩에도 개성적인 시를 쓰는 시인들이 참으로 많다. 시라는 것이 십인십색이라 이것은 이래서 좋고, 저것은 저래서 좋다. 달마다 쏟아져 나오는 신작시를 접할 때마다 나는 그들의 개성만화個性萬花 만화방창萬化方暢에 그저 황홀할 따름이다. 공개적으로 지적하여 적절할지 모르지만, 나에게 기쁨을 주는 많은 시인 가운데 가장 독창적인 한 사람을 거론하여 보라면, 나는 기꺼이 일면식도 없으면서 간간 지면을 통해 만나는 안산의 신단향 시인의 시를 든다. 나는 시인의 시가 《우리詩》에 발표되면 어린 시절 혼자서 히죽거리며 만화책에 빠지듯 매료되고 만다.

시인은 언제부터인가 '상록객잔'이란 연시連詩를 줄기차게 쓰고 있다. '상록'은 경기도 안산 상록수역 인근을 말함이요, '객잔'은 중국의 술집이나 주막을 이른다. 안산의 상록수역 일대는 공단이 있어 외국 노동자들도 상당 거주하고 있는 인구 밀집 지역이다. 연시 「상록객잔」은 다분히 중국무술 영화 '용문객잔'을 패러디했다. 영화처럼 객잔에 드나드는 무림 고수(술꾼)들의 살풍경과 실력을 서로 재고 상대를 제압하는 등, 수컷들의 세상과 이를 제어하는 화자의 일상이 너무 재미있다. 이것이 신단향 시인의 패션이다. 이 세계를 그리는데 시인보다 고수는 없다.

함량 미달이나 엉뚱한 것을 나만의 패션이라고 고집할 수도 있다. 아마추어는 속을지 몰라도 시 쓰는 이는 척 보면 이게 진짜인지 가짜인지 안다. 가짜는 행간에 우러나는 분위기와 언어의 놀림만으로 금방 드러난다. 시는 진실하고 개성적인 글이기에 가장 그 다운 시가 좋은 시라고 생각한다.

우리詩의 정체성

오는 2018년 6월이면 월간 《우리詩》가 지령 360호에 달한다. 아울러 매월 실시하는 〈우이詩낭송회〉도 360회를 함께 달성한다. 1986년 북한산 골짜기 우이동에 살고 있던 이생진, 임보, 홍해리, 채희문, 신갑선 시인께서 〈우이동시인들〉이란 동인을 결성하였고, 이듬해인 1987년 3월에 동인지 『牛耳洞』 제1집을 간행한 것이 모체가 되어 우리詩가 줄기차게 한 세대, 30년을 달려온 것이다. 2007년에 사단법인체로 발전한 우리詩는 그간 한두 차례 우여곡절도 있었지만, 30년 동안 한 호도 거르지 않고 《우리詩》를 발행하였고, 한 달도 빠짐없이 〈우이詩낭송회〉를 개최하였으니, 우리 시문학사의 한 페이지를 장식할 만하다.

30년이란 세월은 짧은 시간이 아니다. 우리 문단을 보면 반백 이상을 넘긴 잡지나 단체도 있지만, 대부분 그 뿌리가 일천하여 이합집산離合集散 혹은 용두사미龍頭蛇尾의 행태가 얼마나 즐비한가. 대체로 나무를 보더라도 뿌리가 튼실하지 못하면 수종 불문하고 생명을 유지하기가 어려운 법이다. 우리詩의 일원으로서 대단한 긍지와 자부심을 가질 일이로되, 이 시점에서 우리詩가 초심을 잃지는 않았는지, 건강성은 유지하고 있는지, 비전이 살아 있는지 다각적인 중간 점검의 시간을 가질 필요성이 있다고 생각한다. 이에 짧은 지면으로나마 우리詩의 정체성에 대해 운위하여 봄으로써 우리詩의 위상을 점검코자 한다.

정체성이란 말은 오늘날 개인은 물론이고 한 집단의 본질을 규명하는 말로 흔히 쓰인다. 정체성이란 상당 기간 일관되게 유지되는 고유의 실체로서 자기와 집단에 대한 주관적 경험을 함의한다. 정체성은 자기와 집단 내부에서 일관된 동일성을 유지하는 것과 다른 존재와의 관계에서 어떤 본질적인 특성을 지속해서 공유하는 것을 말한다. 즉, '나는 누구인가?' 또는 '우리는 누구인가?'의 물음에 답하는 과정으로, 한 개인이나 집단의 정체성이 운위되기 위해서는, 타자와의 관계에서 개별적인 존재이며, 차별성이 있어야 하고, 또한 지속성이 있어야 한다.

이상의 정체성의 개념에 따라 우리詩를 돌아볼 때 거칠게나마 다음 사항을 거론할 수 있겠다.

첫째, 우리詩는 이 땅의 건전한 시문학의 전통을 계승하고 있다.

우리詩라고 하여 오늘날 한국시가 이어받은 시문학의 전통에서 벗어나 우리만의 특수성을 추구하고 있다고는 생각하지 않는다. 우리詩 또한 이 땅의 시문학의 일부이며, 어떤 시류에도 휩쓸리지 아니하고, 한국시문학의 전통 위에 굳건히 뿌리내리고 있다. 우리詩가 지향하는 바는 우리詩의 '詩의 선언'에 명시되어 있다.

시가 세상에 기여할 수 있는 긍정적인 글이기를 지향한다. 시가 아름다움을 잃지 않는 예술이기를 희구한다. 고매한 시 정신을 향수·계발토록 한다. 서정성을 바탕으로 한 멋과 운치의 시를 소중히 한다. 감동성 회복을 위한 다양한 모색을 게을리하지 않는다. 이 혼탁한 시대에 맑은 시인으로 살아감을 자랑으로 삼는다. 이상은 우리詩의 '詩의 선언'으로, 매월 발행되는 《우리詩》의 서장을 장식하며, 우리詩 시인들이 시

창작에 임하는 자세, 이 땅의 시인으로서 실천 이념을 밝힌 것이다. 한마디로 건강한 시운동의 생활화다.

둘째, 우리詩는 우리詩만의 문화를 지니고 있다.

우리詩는 이 땅의 모든 부당한 권력을 거부한다. 그러므로 문단 내의 권력이나 정치성을 적극적으로 반대하며, 시회 내에서는 회원 간에 인격 존중을 바탕으로 어떠한 위계도 인정하지 않는다. 우리詩의 주인은 우리詩 회원이며, 집행부는 시인들의 모임에서 민주적 절차에 의해 선출된 봉사자다. 집행부는 주어진 봉사자의 직분을 수행하며, 회원들은 그들을 존경한다. 우리詩의 운영은 회원들의 자발적인 연회비로 하며, 부족한 운영비를 충당하기 위하여 출판 사업을 함께할 뿐 그 어떤 영리 추구를 목적으로 삼지 않는다. 재정은 월간 《우리詩》 발간과 사무실 운영비와 회원의 복리 증진에 쓴다. 오늘날 대형 출판사나 잡지사가 운영하는 시회와는 상대적으로 열악하지만, 청빈하고 검소하며 시회 운영이 투명한 것에 오히려 자부심을 가지고 있다. 오로지 우리가 매진할 일은 시 쓰기와 주인 의식을 지니고 민주적이고 인격 중심의 공동체를 만드는 것이다.

마지막으로, 우리詩의 정신은 지속되어야 한다.

우리詩의 역사가 한 세대를 뛰어넘어, 이 땅에 우리의 아름다운 모국어가 있는 한, 우리詩의 이념과 문화는 지속되어야 한다. 우리詩 30년 전통은 어디에 내놓아도 부끄럽지 않은 당당한 우리의 유산이다. 회원들이 자부심을 가지고 마음껏 자신의 개성을 발휘할 때, 우리詩는 큰 나무가 될 것이며, 회원들은 존경받는 시인이 될 것이다. 우리는 알맹이 없이 겉으로 반짝거리는 존재가 되고 싶지 않다. 우리는 소박하고 진실하게 이 땅의 시인으로 남고자 한다. 선배들에게 물려받은 우리□의 정체성을 소중히 지키며, 시대에 뒤지지 않는 유연성을 발휘하여, 자연과 이웃과 생명을 살리는 우리詩를 가꾸어 나아가자.

이 시대 마지막 풍류객
— 임보의 삶과 문학

시인의 본명은 강홍기姜洪基, ≪현대문학≫에 추천받을 당시 우연히 '임보'라는 필명을 사용하여 이 이름이 세상에 널리 알려지게 되었다. 젊은 시절 그를 사로잡았던 인물은 프랑스의 천재 시인 랭보(A. Rimbaud)였다. 일찌감치 시를 팽개치고 아프리카로 건너가 대상隊商의 대열에 끼어 대지를 갈고 다녔던 그의 생애가 매력적으로 보였으리라. 그래서 랭보의 의음擬音으로 '林步'를 사용했다. 영자 표기로는 'Rim-Poe'로 쓰는데, Poe는 미국의 유미주의 작가 포우(E. A. Poe)에 대한 배려이기도 하다.

그는 호적상 1940년생이지만 실제 출생일은 1939년 음력 5월 13일이다. 태어난 곳은 순천읍 인제리麟蹄里 311번지인데, 5살 때 조부께서 솔가하여 전남 곡성군 석곡면 구봉리 382번지로 이사했다. 가족은 증조모, 조부모, 어머니, 그리고 시인 다섯 식구였다. 그가 살았던 집은 그야말로 초가삼간이었다. 동, 남, 북, 삼면이 대밭으로 둘러싸여 여름에는 시원했지만, 겨울에는 몹시 추웠다. 어머니는 밤늦도록 재봉틀을 돌리시어, 논밭도 불려 나가고, 조부께 사랑채도 지어드리고, 나중에는 본채도 기와집으로 바꾸어 놓으셨다.

그의 이름으로 된 첫 주택은 수유동(가오리) 345의 11호, 10여 평의 작은 집이었다. 이듬해 수유동 239의 14로 옮겼다가, 1975년에 쌍문동 422의 127로 이사해 지금까지 살고 있다. 행정구역상으론 쌍문동이지만, 그는 통상 우이동에 산다고 말한다.

그는 한평생 가르치는 일을 업으로 삼았다.

수도사대부속여자고등학교 교사를 첫 직장으로 하여, 서울예술고등학교, 정일학원, 선덕고등학교, 충북대학교 인문대학 등이 주 직장이었다. 그런데 서울예고에서 정일학원으로 옮긴 것이 잘못된 선택이었다. 출퇴근 시간이 자유스럽고 보수도 많다는 친구의 권유에 넘어간 것인데, 막상 옮기고 얼마 안 가서 당국의 학원에 대한 제재가 강화된 바람에 있을 만한 곳이 못 되었다. 거기서 6년 동안 아까운 30대 청춘을 소모하고, 뒤늦게야 대학원에 진학할 결심을 한다. 그가 석사 박사 과정을 다 마칠 때는 50을 바라보는 나이가 되었다. 뒤늦게 지방 대학에 자리를 얻게 되어 막차를 탄 대학교수가 되었다.

2003년에 교수직을 퇴임하고 시작詩作에 몰두하고 있다. 현재도 덕성여대 평생교육원에서 시를 배우고자 하는 이들을 가르치고 있으니, 평생 남을 가르치는 일에 매여 있다고 할 수 있다.

그를 가르친 스승들

그의 생애 첫 스승은 조부(後隱 姜泰秀)였다. 그는 네댓 살 되던 때부터 사랑에서 조부와 함께 기거했다. 조부께서는 그가 말을 익히기 시작하자 한문을 가르쳤다. 그의 첫 교재는 『추구推句』였다. 이는 역대의 오언절구 가운데서 뽑아 엮은 시집이다. 지금도 다음의 구절은 그의 뇌리에 남아 반짝이고 있다.

狗走梅花落(구주매화락) : 개가 달려가매 매화꽃이 떨어지고
鷄行竹葉生(계행죽엽생) : 닭이 걸어가매 댓잎이 돋아나는구나.

눈 덮인 마당 위에 생겨난 개와 닭의 발자국을 매화꽃과 댓잎에 비유한 것이다. 당시의 어린 그에게 글이란 참 아름답고 신기한 것이라는 느낌을 주었다. 어쩌면 그가 한평생 시를 가까이하며 살 게 된 것도 일찍이 조부께서 익혀 주신 몇 구절의 시문 때문이 아니었나 생각한다.

두 번째 문학의 스승은 중학교 때 만난 인촌人村 정동렬鄭東烈 선생이다. 시인은 인근에 새로 설립된 주암중학교에 진학했는데, 2학년 때 이마가 훤칠하고 짙은 갈색 안경의 멋쟁이 젊은 체육 선생님이 부임해 왔다. 그 체육 선생님은 운동장이 아닌 교실에서 주로 세계 명작소설 이야기를 들려주었다. 『테스』, 『부활』, 『죄와 벌』 같은 흥미진진한 소설의 스토리를 그를 통해 처음으로 접하였다. 나중에 알고 보니 그의 전공은 체육이 아니라 국어였다. 그는 시골 학교의 빈 체육 교사 자리를 채우기 위해 임시로 왔다. 한국전쟁 직후 당시의 교육행정이 얼마나 어수룩했는지 짐작이 가는 일이기도 하다. 그에게 홀딱 빠진 시인은 방과 후 선생의 숙소에 찾아다니며 그가 소지한 문학 서적들을 접하게 된다. 소월이며 미당, 청록파 시인들의 작품을 읽으며 시의 세계에 눈을 뜨기 시작했다. 인촌 선생은 1년쯤 뒤에 당신의 전공을 찾아 다른 학교의 국어 교사로 떠났다. 그때부터 선생께서는 편지로 그를 가르쳤다. 이틀이 멀다고 찾아오는 그의 편지에 답신을 쓰기 위해 날을 새기도 했다. 선생께서 구사하신 미려한 문체와 멋스러운 필체를 본받기 위해 얼마나 노

력을 했는지 모른다. 지금의 시인 필체에는 아직도 그분의 것이 남아 있다고 한다.

세 번째는 유상愉象 유공희柳孔熙 선생이다. 호남의 수재들이 모인 광주고등학교에는 훌륭한 선생님들이 많았다. 그 가운데서도 학생들의 인기를 독차지했던 분이 국어를 담당했던 유 선생이다. 이분은 교과서는 아랑곳하지 않고 학생들에게 인생과 문학과 철학을 가르쳤다. 보들레르를 위시해서 랭보와 발레리 등 프랑스 상징파 시인들에 대한 얘기며, 사르트르, 카뮈 같은 실존주의 철학자, 그리고 『생활의 발견』의 저자인 생의 철학자 린위탕林語堂, 『사랑과 인식의 출발』의 구라다 하쿠조倉田百三 등을 소개해 주었다. 그가 결정적으로 문학을 선택하게 된 것도, 세상을 서두르지 않고 느긋하게 살아갈 수 있는 삶의 여유로운 자세를 배운 것도, 바로 그분의 영향 때문이었다.

선생께서는 수필을 잘 썼는데, 당신 생전에 문집 갖는 일을 부끄럽게 생각하신 맑은 선비였다. 선생께서 세상을 떠나신 몇 해 뒤, 유고 시문집 『물 있는 풍경』(시학, 2008)이 제자들의 손에 의해 세상에 나왔다.

네 번째 스승은 다형茶兄 김현승金顯承 시인이다. 그가 다형을 처음 만난 것은 고등학교 2학년 초쯤이었다. 광주의 한 신문사가 주관한 학생 문예 작품 공모에 그의 시가 당선되었는데, 그때의 심사위원이 조선대학교 교수였던 다형이었다. 그런 인연으로 그는 광주 양림동에 자리한 다형 댁엘 가끔 드나들었다. 시에 대한 말씀을 기대하면서 찾아가지만, 선생은 별로 말씀이 없었다. 마른 볼에 유난히 큰 귀가 마치 선량한 사슴을 연상케 하는 얼굴이었다. 그도 말주변이 없었던 터라 한동안 멍하니 앉아 있다가 그만 물러 나오곤 했다.

그가 서울의 대학에 진학한 1958년 무렵, 다형도 모교인 숭실대학으로 옮겨 수색에 자리잡고 있었다. 20여 평의 조그만 반양옥집이었는데, 다형의 조촐한 방엔 손수 끓인 원두커피의 향기가 늘 가득했다.

그가 대학 2학년이던 1959년 10월에 다형께서 그의 시 「자화상」을 《현대문학》에 처음으로 추천해 주었다. 두 번째 추천작 시 「거만한 상속자」는 1961년 11월에, 그리고 마지막 추천작 시 「나의 독재」가 1962년 7월에 통과되었다. 세 번의 추천을 거치는데 3년 가까이 소요된 셈이다.

다섯 번째의 스승은 대학 은사님들이다. 대학에 들어와 보니 네 분의 교수님이 있었다. 일석(一石 李熙昇), 심악(心岳 李崇寧), 백영(白影 鄭炳昱), 그리고 백사(白史 全光鏞)였다. 그런데 어학 파트의 두 원로 교수가 주도하고 있어서 문학 쪽은 힘을 못 쓰고 있었다. 더욱이 이숭녕 교수는 창작에 뜻을 두고 있는 학생들을 불량배 취급했다. 그분의 말씀은 문리과대학은 학문하는 학자를 양성하는 곳이지 작가를 기르는 곳이 아니라는 주장이었다. 학과의 분위기가 그렇다 보니 글 쓰는 데 관심을 가지고 들어왔던 학생들도 생각을 바꾸어 어학이나 국문학 쪽으로 방향을 돌렸다. 20명 입학 동기 가운데 창작의 뜻을 굽히지 않고 버틴 학생은 오직 시인 혼자뿐이었다. 그는 의붓자식처럼 외톨이로 굴러다녔다. 소설가인 전광용 교수가 그나마 그를 다독여 주었다. 대학에 들어온 후, 그는 시보다 소설 쪽에 더 관심을 두었다. 1961년 대학신문에 단편소설 「비碑」가 당선되기는 했지만, 신춘문예의 관문을 뚫지 못하고 말았다.

그의 마지막 스승은 운정芸丁 정완섭鄭完燮 선생이다. 이당以堂의 문하인데, 시인이 학원 강사로 인사동에서 떠돌고 있을 때, 가끔 이분의 화실에서 문인화의 운필을 익힐 기회를 가졌다. 일찍 세상을 뜨시어 만남은 길지 않았지만, 그에게 묵향의 운치를 일깨워준 분이다. 시인의 안방에는 길거리에서 우연히 얻은 운정의 그림 한 점이 걸려 있다. 삼베에 그린 두 폭의 금강산도인데 바라볼 때마다 과묵하고 온건한 그분의 모습이 떠오른다고 한다.

동인 활동

어떤 이는 그를 두고 '동인지 시인'이라고 평한다. 문학지를 통해 활동하기보다는 동인지 중심의 작품 활동을 하는 사람이라는 뜻이리라. 그런 평을 들을 만큼 그는 많은 동인지 활동을 해 왔다.

광주고등학교에 입학하니 선배들이 《태광胎光》이라는 동인지를 만들어 활동하고 있었다. 이 동인지는 세대교체를 하면서 이어졌는데, 1957년 그가 3학년 때 간행된 제6집의 동인들은 김범경, 오병선, 윤재성, 이성부, 이이화, 임보 등 6명이었다. 이 중 오병선은 법조인으로, 이이화는 역사학자로 빠져나갔고, 평생 문학을 붙들고 산 동인은 그와 이성부 두 사람뿐이었다.

그의 두 번째 동인 활동은 병영에서였다. 그는 대학을 졸업하고 1962년 초여름에 입대했는데, 경리학교를 거쳐 서울의 중앙경리단에 배속되었다. 그리고 경리단의 사병 몇(서승주, 정세진, 임길순, 임보 4인)이 모여 〈초막회〉를 만들고 《막사족幕舍族》이라는 동인지를 엮어냈다. 등사판의 초라하고 얄팍한 문집이었다.

세 번째의 동인 활동은 1966년 6월에 《영도零度》 제4집 동인에 가담했다. 《영도》는 광주고등학교 출신 시인들이 중심이 되어 만들었다. 제

4집에는 여러 시인(강태열, 권용태, 김규화, 낭승만, 박봉섭, 박봉우, 손광은, 신동엽, 윤삼하, 이성부, 임보, 정현웅, 주명영 등)이 동참했다. 그러나 동인지를 이끌어갈 핵심 인물이 없어서인지 생명이 길지 못했다.

네 번째의 동인지는 《육시六時》였다. 1970년 5월에 김춘석, 오세영, 이건청, 이시영, 조정권, 임보 등이 창립멤버가 되어 제1집을 간행했다. 10월에 간행된 제2집에는 신대철이 가담했는데, 두 권의 사화집을 내고 《육시》는 해산되고 말았다. 주축이 되었던 오세영, 이건청 두 회원이 다른 동인지로 자리를 옮기는 바람에 해산되었다.

다섯 번째 동인은 《진단시震檀詩》였다. 1982년 3월 창간호에 가담한 멤버들은 강희근, 김규화, 문효치, 박경석, 박진환, 임영희, 정의홍, 임보 등이었다. 시간이 지남에 따라 구성원들은 약간의 변화가 있었지만, 연 2회의 사화집을 열심히 간행했다. 이 동인의 특색은 전통적인 소재를 내걸고 테마시 운동을 전개하여 문단의 반응도 괜찮았다. 그는 1997년 6월 제22집을 간행하고 빠져나왔다. 그만두게 된 이유는 또 다른 동인지 《우이동 시인들》과 병행하기가 번거로웠기 때문이었다.

여섯 번째 동인지 《우이동 시인들》의 창간호는 1987년 3월에 나왔다. 우이동 인근에 살고 있던 이생진, 채희문, 홍해리, 신갑선, 임보 다섯 사람이 자주 만나다 보니 의기투합해서 사화집을 엮어내기로 했다. 신갑선은 6호까지만 참여하고, 나머지 4인이 1999년 6월까지 연 2회 총 25집을 간행했다. 《우이동 시인들》이 시도한 이색적인 작품 활동은 합작시다. 한 사람이 시작한 첫 연을 다음 사람이 이어받아 제2연을 쓰고, 또 그다음 사람이 이어받아 써서 한 작품을 여러 사람이 완성하는 것이다. 4인 공동작인 이 합작시를 매호 1편씩 만들어 동인지의 첫머리에 실었다.

《우이동 시인들》이 1999년에 25집으로 활동을 멈추게 된 것은 〈우이시회〉 때문이었다. 우이동 시인들을 중심으로 1987년부터 우이동 인근에 사는 시인들이 모여 매월 시낭송을 했었는데, 이것이 〈우이동 시낭송회〉다. 그 낭송회에서 《우이시牛耳詩》라는 낭송집을 묶어 내었다. 그것이 1999년 5월 월간지로 등록되면서 회의 명칭도 〈우이시회〉로 바뀌게 된다. 회원의 구성원이 전국 규모로 확대되자, 2007년 4월 〈우이시회〉는 사단법인으로 등록하면서 명칭도 〈우리詩진흥회〉로 개칭하고 월간지 제호도 《우리詩》로 바뀌게 되었다.

그의 시에 관한 생각

그동안 21권의 시집과 한 권의 시선집, 그리고 수권의 이론서를 통해 그가 관심을 기울였던 문학적 작업을 정리하면 다음과 같이 요약할 수 있다.

첫째, 운율에 대한 자각이다.

현대시가 정형시의 틀을 깨고 자유시가 되면서 운율에서 벗어난 것처럼 잘못 생각하는 경향이 있다. 말하자면 자유시는 운율과 무관한 시라는 인식이다. 그러나 모든 글은 숙명적으로 운율을 달고 있다. 시에서 분행, 곧 행을 배열한다는 것은 운율의 형태를 결정하는 행위라고 할 수 있다. 따라서 분행을 잘하는 일은 표현하고자 하는 내용에 가장 잘 어울리는 최선의 운율 장치를 하는 작업이다.

운율, 즉 리듬은 우주 자연의 동적 구조다. 천체의 운행, 사계의 변화,

주야의 반복, 동물들의 보행, 심장의 박동, 호흡 등 움직이는 모든 것들의 형태가 율동이다. 이러한 율동의 구조 속에서 수만 년 살아온 생명체는 리듬이 체질화되어 리듬 속에 있을 때 편안함을 느낀다. 다른 어떤 예술보다도 음악이 많은 사람에게 호소력을 갖는 것은 리듬 때문이다. 문학 가운데 가장 음악적 요소를 많이 지닌 장르가 시다. 시의 운율은 독자들의 심금을 흔드는 중요한 장치다. 소월이나 미당의 시들 가운데 세상 사람들의 사랑을 많이 받는 작품은 다 아름다운 운율에 실려 있는 작품임을 확인할 수 있다.

그는 1980년대에 운율에 대한 자각을 새롭게 하면서 「□」 연작을 시도했다. 그 결과가 시집 『목마일기』(1987)와 시집 『은수달 사냥』(1988)에 수록되어 있다. 한편 학위논문 「한국현대시운율연구」(1988)를 통해 '내재율'의 이론을 정립했고, 운율에 관한 다양한 논문들을 모아 『현대시운율구조론』(1999)을 엮어냈다.

둘째, 설화시와 선시仙詩의 모색이다.

현대시가 너무 자유분방한 나머지 난삽한 상태에 이르렀다. 무절제한 독백이나 복잡한 내면 심상을 쏟아내는 배설적 진술이 시라는 이름으로 통용되면서 시단을 혼란스럽게 만들고 있다. 그래서 시가 따분하고 골치 아픈 글이라는 인상을 독자들에게 주게 되어 사람들이 시를 멀리하게 된 것으로 보인다.

시를 어떻게 흥겹고 재미있게 만들어 시에 대한 독자들의 환심을 다시 회복하느냐가 중요한 문제로 생각되었다. 그것이 시를 살리는 길이다. 그가 운율에 대한 관심을 두기 시작한 것도 시의 감동성 회복 운동의 일환이라고 할 수 있다.

독자들의 흥미를 유발하는 방법의 하나로 그가 생각한 것이 시에 서사성敍事性을 도입하는 것이었다. 시에 소설적 요소, 즉 스토리를 끌어들이는 일이다. 시의 서사성은 과거의 서사시라든지 백석이나 지용의 산문체 시에 이미 있었다. 그가 주장하는 서사성이란 거대 서사는 물론이고 짧은 서정시도 이야기 형식으로 짜 보자는 것이다. 이야기는 재미있고 설득력이 있으며 또한 오래 기억된다. 그는 이야기를 담고 있는 시의 장르 명칭을 설화시說話詩라고 부른다.

설화시를 생각하면서 그가 처음 시도한 것이 선시仙詩 연작이었다. 불교의 선시禪詩가 아닌 신선神仙 사상을 다룬 작품이다. 선仙의 세계란 우리 조상들이 꿈꾸었던 이상세계에 불과하다. 선경仙境은 인간을 구속하고 있는 시간적 공간적 한계를 넘어서 평화와 자유가 실현되는 세상이다. 공간의 한계를 극복하고자 생각했던 비공술飛空術이나 축지법縮地法 같은 소망은 오늘날 비행기나 고속열차 등이 만들어지므로 어느 정도 실현되었다고 할 수 있다. 현재도 인간의 한계를 극복하고자 하는 욕망—선 사상은 우리의 내면에 면면히 흐르면서 현실을 개선해 가는 동력으로 작용한다.

시집 『구름 위의 다락마을』(1998)에 수록된 작품들이 선시다. 화자가 천상의 신선 세계를 주유하면서 그가 보고 겪은 이야기들을 단편적으로 적은 연작 형식의 시들이다. 상상력을 통해 만들어 낸 신선 세계가 겉으로 보기엔 허황한 것 같지만, 사실은 우리가 몸담고 사는 지상적 세계에 대한 비판이며, 지상적 삶의 모순을 극복하고자 하는 소망의 표현이다. 설화시만 모은 사화집이 시집 『장닭설법』(2007)인데, 이것으로 2007년 <시와 시학 작품상>을 수상했다.

셋째, 사단시四短詩 장르 설정 시도다.

서사시나 장시 같은 긴 분량의 시도 있지만, 시의 형식은 원래 짧음이 그 특징이다. 아니, 시는 될 수 있는 대로 짧을수록 이상적일지 모른다. 특히 요즘처럼 복잡한 세상에서는 부담을 덜 주는 짧은 글이 독자에게 더 어필할 것도 같다. 세계에서 가장 짧은 시는 17음절로 된 일본의 하이쿠俳句인데 수천 년 동안 그들의 국민 시가로 사랑을 받고 있다. 우리에게도 평시조라는 전통적인 짧은 형식의 시가 있지만, 하이쿠보다는 긴 편이다. 그래서 하이쿠에 준하는 짧은 형식의 민족시를 우리도 창안해서 국민 전체가 즐길 수 없을까 하는 것이 그의 생각이다.

1920년대 이후 한국의 현대시에서 10행 미만의 단형시를 조사해 보았더니, 4행시가 압도적으로 많았다. 곧 기승전결의 전통적인 4단 구조가 단형시에서도 실현되고 있음을 확인했다. 수만 년 동안 사계의 변화가 뚜렷한 풍토에서 살아온 우리 민족의 성정에 4단 구조는 친숙하게 작용한 것이다. 그래서 다음과 같은 조건으로 사단시, 곧 네 마디 짧은 시를 시도하게 된다.

한 마디는 작게는 1음보(대개 4음절)부터 많게는 4음보까지 허용된다. 한 마디가 평시조의 한 행 분량인 4음보를 초과하면 길게 느껴져서 단시로의 특징이 사라진다. 그러니까 사단시의 가장 짧은 형태는 네 마디가 각기 1음보만으로 이루어진, 전체 4음보(16음절 이하)가 되고, 가장 긴 형태는 네 마디가 다 4음보로 이루어진, 전체 길이가 16음보가 되어 평시조보다 길게 된다. 가장 이상적인 형태는 네 마디가 다 2음보로 된 전체 8음보 내외의 길이다.

사단시는 준정형시라고 할 수 있다. 네 마디로 이루어지며 한 마디가 4음보 이내라는 규정이 있지만, 각 마디의 길이를 신축성 있게 조절할 수 있는 자율이 허용된다. 시를 압축하다 보니 미진한 점이 없지 않아 작품의 끝에 주註를 달아 작품의 이해를 돕는 해설을 붙이기도 했다. 사단시에 대한 그의 작업의 자취들은 시집 『운주천불』(2000)과 시집 『가시연꽃』(2008)에서 만나볼 수 있다.

넷째, 비판적 풍자시와 자연 친화적인 시 세계의 추구다.

그의 시가 지닌 중요한 특징의 하나는 풍자성이다. 세상은 한 마디로 모순 구조라고 할 수 있다. 우주 자체도 유한과 무한을 공유하고 있는 역설적 구조다. 생명의 조건도 양과 음, 삶과 죽음, 선과 악, 사랑과 미움 등의 이율배반적인 모순 구조라고 할 수 있다. 예민한 감성을 지닌 시인들은 세계가 지닌 이런 구조에서 발생한 갈등을 인식하고 비판하게 된다. 시집 『황소의 뿔』(1990)과 시집 『사슴의 머리에 뿔은 왜 달았는가』(2002)에 수록된 작품들은 대개 이런 비판적인 안목으로 쓴 풍자시들이다. 이 시집뿐만 아니라 그의 많은 작품은 문명비판, 사회비판 그리고 우주적 모순 구조에 대한 풍자 의식이 깔려 있다. 시집 『아내의 전성시대』(2012), 『검은등뻐꾸기의 울음』(2014), 『광화문 비각 앞에서 사람 기다리기』(2015) 등이 이 범주의 시집들이다.

한편 이런 비판적인 풍자 정신과 더불어 그의 시의 바탕을 이루고 있는 것이 자연 친화 사상이다. 문명이나 사회 비판 정신과 자연 친화 사상은 겉으로 보기엔 다른 것 같지만, 실은 뿌리가 같은 동전의 양면과 같은 관계라 할 수 있다. 인위적인 문명이나 제도적인 사회를 못마땅하게 여기는 것은 자연을 소중히 생각하는 마음과 동궤가 아니겠는가?

전원에 대한 동경과 자연 친화적인 성향을 띤 작품들이 시집 『자연학교』(2004)와 시집 『눈부신 귀향』(2011), 그리고 꽃과 식물들을 노래한 시집 『자운영꽃밭』(2013) 등에 수록되어 있다.

다섯째, 한국 현대시의 정체성에 관한 모색이다.

그는 에세이 「詩≠시≠Poetry」에서도 거론한 바 있지만, 우리 '시'는 중국의 한시나 서구의 어떤 시와도 같지 않다고 생각한다. 한국의 전통 음식이나 의상이 고유한 것처럼 한국의 현대시도 우리만의 개성적인 특색이 있다. 우리시를 설명하면서 지나치게 외국의 시 이론을 끌어다 금과옥조로 삼을 일이 아니다. 이는 마치 한복을 지으면서 양복 만드는 법을 바탕으로 삼으려고 하는 것처럼 어리석은 일이다. 그동안 한국의 현대시는 서구시 이론에 너무 많이 의존해서 우리다운 특성을 많이 잃었다. 그렇다면 이제부터라도 우리다운 특성을 살려 한국시의 정체성을 수립해야 한다. 한국 현대시도 한 세기가 지났으니 이젠 그럴 만한 시기가 되었다. 우리의 풍토와 우리 민족의 성정에 맞는 가장 이상적인 시가 어떤 것일까를 고구하여 우리시의 이론을 세워야 한다고 그는 말한다.

그는 사람의 모든 글을 욕망의 표현으로 본다. 시 역시 시인의 욕망의 산물이다. 그런데 시를 통해 성취하고자 하는 시인의 욕망은 세속적인 욕망과는 다른 것으로 보았다. 수많은 이들에게 회자되는 역대의 좋은 작품들을 살펴보면 그 속에 담긴 시인의 욕망은 물질에 대한 욕구나 출세 지향적인 것이 아님을 알 수 있다. 세속적인 욕구를 억제해서 그것을 극복하고자 하는 차원 높은 정신세계를 지향하고 있다. 그는 이를 '승화된 욕망'이라고 부른다. 그것은 진, 선, 미를 중요시하고, 절조節操, 염결廉潔, 친자연親自然을 지향한다. 이것은 바로 우리 선조들이 소중히 여겼던 선비정신과 다르지 않다. 그는 이 선비정신을 한국시의 이상적인 시정신으로 삼고자 한다.

무릇 좋은 글이란 좋은 생각을 적절한 언어로 잘 표현했을 때 가능하다. 좋은 시 역시 좋은 내용을 적절한 표현 형식에 담았을 때 가능하다. 좋은 시 내용의 바탕이 되는 것은 시정신, 곧 선비정신이다. 적절한 표현 형식이란 작품마다 다르겠지만, 산문과는 달리 시가 되게 하는 보편적인 특성이 있다. 그는 이를 시적 장치라고 이르는데, 이것을 시와 비시非詩를 구분하는 기준으로 본다.

시적 장치, 즉 시다운 표현의 특성을 그는 세 가지로 잡고 있다. 은폐 지향성(감춤), 과장 지향성(불림), 그리고 심미 지향성(꾸밈)이다. 시는 직설적으로 표현하지 않고 은근히 감추어 표현하고자 한다. 상징, 은유, 우의, 전이轉移의 기법들이 이에 해당한다. 또한, 시는 사실보다 더 불려서 표현하려는 성질도 있다. 과장, 역설, 활유 등의 표현이 그것이다. 한편, 시는 아름다움을 지향하는 글이어서 시어를 잘 다듬고 운율을 중요시하며 대우의 기법 등을 구사해서 조화롭게 꾸며 표현하고자 한다. 그는 시적 장치가 지닌 이 세 가지 경향—감춤, 불림, 꾸밈을 '엄살'이라는 말로 통합해서 부른다. 따라서 시에 대한 정의를 간략하게 한다면 시정신(선비정신)이 시적 장치(엄살스럽게)를 통해 짧게 표현된 글이다.

시 정신과 시적 장치에 관한 그동안의 그의 이론들은 시론집 『엄살의 시학』(2000)과 『미지의 한 젊은 시인에게』(2009), 『시와 시인을 위하여』(2013) 등에 수록되어 있다.

시집 『山上問答』의 시 세계

2017년 제6회 녹색문학상 수상작인 시집 『山上問答』(2016)은 그의 열아홉 번째 시집이다. 그는 시집 '머리의 글'에서 "시도 형식보다 내용이 주도하는 작품을 만들 수 없을까 하는 생각을 했다"는 것이다. 형식이 없는 시가 어디에 있겠는가. 일단 내용이 주가 되는 시를 써보자고 선언한 이상, 비교적 자유롭게 제1부는 문답 형식으로, 제2부는 강론 형식을 빌려 의미를 실어 나른다. 나머지 제3부와 4부는 자유시의 일반적인 형식에 의탁하고 있다.

이 시집은 자연스럽게 이백李白의 「山中問答」이 연상된다. 첫 구는 질문인데 묻는 자는 당연히 속인俗人, 즉 은거의 즐거움을 알지 못하는 일반인이다. '問余何意棲碧山'(무엇 때문에 푸른 산에 사느냐 묻기에), '笑而不答心自閑'(웃으며 대꾸하지 않으니 마음이 한가롭다). 이하 3, 4구는 경치를 묘사하여 대답을 대신한다.

그러나 시인은 평생 교단에서 제자들을 가르치던 교육자였다. "왜 사냐건/ 웃지요"라면 저절로 마음은 한가해질지 모르지만, 평생 교육자적 입장에서 무언가 회피하는 듯한 심적 부담을 지울 수 없다. 그는 제자들에게, 독자들에게, 무엇보다도 자기 자신에게 물음에 답하기로 작정한 듯하다. 나는 누구며, 인간은 어떻게 살아야 하며, 세상이란 무엇이고, 권력이란 무엇인가. 자연은, 생명은, 우주는, 영혼은, 사후 세계는…… 세상의 지혜서가 애써 답하거나, 또는 회피하려 했던 삶의 근원적인 문제에 대해서 시인은 자문자답 형식으로, 강론으로 설파한다. 다분히 종교적이고 명상적이며 초논리적인 것처럼 보이지만, 실은 시인의 상상과 사색이 빚어낸 구조적인 언어들이라고 할 수 있다.

시집 끝에 장시 「천축행天竺行」을 실었는데, 험한 뱃길을 뚫고 천축으로 구도의 길을 떠나는 약관의 승려, 신라의 혜초慧超가 겪는 고난과 역경은 이 길이 얼마나 어려운 길인가를 여실하게 보여준다. 이 젊은 승려의 모습이 세상에서 답을 구하는 시인의 모습과 겹쳐 보인다. 심사평에 의하면 시인의 우주와 생명에 대한 사색은 동양적인 선禪 사상을 계승하고 있으며, 이 잠언 시편들이 독자들에게 인간 존재에 대한 깊은 성찰의 계기가 될 것이라는 평가는 매우 합당하다.

이 시대 마지막 풍류객

그의 연세에 바람이 딱 둘이 있다는 말씀을 필자는 가까이에서 여러 번 들었다.

하나는, 쉬운 시 운동으로 독자들이 쉽게 시를 접하고 즐겨 읽을 수 있도록 SNS 등의 매체를 통한 계몽 활동이다. 그는 이야기가 있는 시, 짧은 사단시, 소통이 가능한 시 쓰기 운동을 펼쳐 점점 시와 멀어지는 시대에 다양한 매체를 통하여 독자들에게 파고들어 시인공화국의 영예로운 시민으로 남고자 한다. 그러기 위해서는 시인들이 소통 불능의 난해한 시에서 벗어나 독자들과 눈높이를 맞춘 시 쓰기 운동이 절실하다는 것이다.

또 하나는, 그의 독특한 시 낭송인 '낭창'에 관한 것이다. 그는 한 편의 시를 낭송할 때, 저 남도 지방의 민간에 구전되는 잡가 형식의 낭창낭창한 리듬에 노랫말을 실은 낭창이라는 독특한 낭송법을 구사한다.

낭창이란 그가 붙인 이름으로 자신의 시뿐만 아니라 다른 시인의 시도 모두 이 같은 창법으로 읊는다. 낭창은 낭송가나 시인들의 단조로운 낭송과는 달리 시에 과장된 리듬을 실어 청중의 심금을 파고든다. 시낭송회의 톱스타는 당연히 시인이다. 낭창은 시가 곧 노래라는 것을,

그가 시에서 얼마나 리듬을 중히 여기는가를 짐작게 한다. 그는 이 낭창을 가지고 전국을 순회공연 하고 싶다고 한다. 필자가 곁에서 기꺼이 기사 노릇을 하기로 하여 웃음으로 많은 동조자를 모은 적이 있다. 그는 시가 세상에 널리 구가되기를 고대하는 이 시대 마지막 풍류객이다.

* 이 글은 임보의 「바보 이력서」(《유심》, 2013. 9월호)를 바탕으로 썼음을 밝힌다.

02

보물찾기

숨어 있는 보물찾기
— 남대희의 「클로버꽃」, 우정연의 「흥수아이」, 임보의 「빼뿌쟁이」

월간 《우리詩》에 발표된 신작시 가운데 평자의 언급에서 빠진 것 중에서 내가 눈독 들여 살펴본 시 몇 편을 소개하고자 한다. 나의 이 작업은, 이런 표현이 가능하다면, 추수가 끝난 들판에서 이삭줍기, 혹은 숨어 있는 보물찾기라고나 할까. 물론 시란 버린다고 버려지고 챙긴다고 챙겨지는 물건이 아니다. 시는 살아 있는 생명체와 같아서 독자들의 눈길이 닿지 않은 구석에서도 그 나름의 자족의 숨을 쉬고 있다.

기왕 말이 나왔으니 '숨어 있는 보물찾기'에 대해서 생각을 이어 보자. 여기서 보물은 응당 좋은 시를 말한다. 그런데 개인마다 취향이 다르고, 요즘처럼 격변의 시기에는 세대 간 안목의 차도 커, 과연 어떤 시가 좋은 시란 말인가. 가치를 품고 있는 '좋은'이란 말은 다분히 주관적인 판단을 일반화시킨 데 불과하다. 그런데도 우리는 마치 좋은 시의 영역이 따로 있는 것처럼 이 말을 두고 쓴다. 이 경우라면 우리가 웬만큼 동의할 수도 있겠다. 가령 '우리詩가 뽑은 좋은 시', 왜냐하면 우리詩라는 특정 집단의 시인들이 모여서 "우리는 이런저런 시에 가치를 두고 있다"라고 의사를 표명하고 있기 때문이다. 물론 우리詩 회원이면서 이 가치에 따르지 않는다고 해서 뭐라 할 사람은 아무도 없다. 우리詩

가 표방하는 '詩의 선언'은 우리詩 회원이 지향하는 좋은 시의 미학적 기준이다.

우리詩의 '詩의 선언'은 황폐해진 오늘의 한국시를 반성하고, 시의 위의를 지키며, 한국시의 정체성을 수립하기 위해 여섯 가지 시의 길을 설정하여 건강한 시운동을 전개해 나가자는 선언이다. 우리詩 회원들은 이를 월간 《우리詩》 서두에다 등불처럼 밝혀 우리詩의 지침으로 삼고 있다. 이 선언에 나타난 우리詩의 좋은 시란, 이것의 추상성에 기대어 말하자면, '서정성을 바탕으로 고매한 시정신과 아름다움을 잃지 않는 시' 정도가 되겠다. 이에 대해서도 회원 간에 시대적 변화에 따른 담론이 요청되나, 이 글의 주제에 벗어나는 관계로 다음 기회로 미루기로 한다.

흔히 우리詩가 추구하는 시의 방향을 압축하여 '생명과 자연을 가꾸는 우리詩'라는 말로 표현한다. 그러나 생각해 보라. 대저 이 땅의 시인치고 생명과 자연을 읊지 않는 이가 있는가. 우리詩만이 유독 생명과 자연을 노래하고 있는 것은 아니다. 여느 시인과 우리詩 회원 간에 차이가 있다면, 바로 '가꾸다'라는 동사 정도가 아닐까 생각한다. '가꾸다'라는 말은 식물이나 자기 자신이 어떤 상태로 잘 발양되어 자기 본질을 유지할 수 있도록 돕는 행위, 친화적이고 긍정적이며 능동적인 돌봄을 일컫는다. 이를 달리 말하자면 건강한 관계 맺기라 해도 과히 틀린 말이 아니겠다.

어제 저녁 친정 간다고 나간 아내가

아침 산책길 잔디밭 모퉁이에 앉아 있다
재주도 없는 내게 시집와서 행여나
꽃밭에라도 앉아 볼까 했을 텐데
평생을 잡풀 속에서 하얗게 늙었다
그래도 아들딸 낳고 양지바른 곳에
자리 하나 장만했으니 행복이란다
내겐 둘도 없는 행운인데

—남대희, 「클로버꽃」 전문

화자는 어느 날 산책길 잔디밭 모퉁이에서 하얀 클로버꽃을 발견한다. 화자는 그것이 누구에게도 주목받지 못하는, 하얗게 변색한 게 영락없이 자신의 아내와 같다고 생각한다. 그러나 아내의 생각은 다르다. 비록 한때의 꿈은 저버렸지만, 아들딸 낳고 양지바른 곳에 자리하고 있으니 이만하면 행복하단다. 자족할 줄 아는 세 잎의 행복이다. 한술 더 떠 화자는 그런 아내야말로 자신에게는 둘도 없는 행운, 바로 네 잎 클로버라고 고백한다.

흔히 네 잎 클로버는 행운을 상징한다. 행운이란 사람의 의지나 노력보다는 우연히 주어지는 요행이나 운수다. 요즘처럼 각박한 세상에 무엇을 해도 경쟁이 치열하게 마련인데, 큰 노력이나 희생 없이 복이 덩굴째 굴러 들어온다니 그 아니 반갑겠는가.

클로버가 지천으로 깔린 풀밭에 서 보라. 클로버라는 게 보통이 세 잎이고 네 잎은 어쩌다 눈에 띄고, 다섯 잎 클로버도 있다는데, 그렇다고 행운이 두 배 세 배 넘치지는 않으리라. 막연히 좋은 일이 생길지도 모른다는 기대감이 없는 것도 아니다.

기왕 시인이 클로버꽃에다 자신의 아내를 비유했으니, 아마 그것은 평범한 세 잎의 하얀 꽃이리라. 그러나 사람들은 누구나 자기 자신을 특별한 존재, 클로버로 치자면 네 잎 클로버라 착각한다. 자신이 결코 네 잎이 아니라 평범한 세 잎이라는 자각은 한참 세월이 흐른 뒤 자기 삶을 되돌아볼 나이가 됨직해야 가능하리니, 이 또한 인생의 비극이 아닐 수 없다. 사실 욕망을 비워버리면 네 잎이나 다섯 잎의 돌연변이에 행복이 있는 것이 아니라, 세 잎의 평범함 속에 깃들어 있다고 현자들은 끊임없이 말하고 있지 않은가.

이 시는 사람과 사람 사이, 특히 부부간의 신뢰와 사랑과 희생과 보살핌에 대한 건강성이 동아줄처럼 튼실하다. 이 짧은 시 속에는 부부의 한 생이 응축되어 있다. 연륜이 무르익을수록 서로 존중하고 아끼는 사랑이 샘솟지 아니한가. 일상을 소중히 여길 줄 아는 아내, 그런 아내를 자신의 행운으로 여기는 남편, 햇볕 잘 드는 가정임이 분명하다.

노현리 두루봉 흥수골에
보랏빛 국화 무더기에 쌓인
어린 영혼이 있어
어미의 젖가슴 담겨
감을 수 없는 그윽한 눈망울 있어

울먹이다 출렁거리며
빗살무늬 토기의 투박함을 기억하려는
촉촉한 그리움 있어

가는 마음, 보내는 마음
칡넝쿨처럼 수수만년 거슬러 올라
가느다랗게 맥을 이어
그 어미와 어미의 뼈와 살로
들숨 날숨 엮어 온 한 여인의 눈길이
아이의 휑한 눈언저리에 머물러
숨이 멎는 듯 가슴이 저려와
쉬이 떼지 못하는 발걸음
돌덩이처럼 무겁다

어머니 저는 괜찮습니다
어머니 가슴에 별로 박힌 흔적
꽃으로 살겠습니다
부디 강건하고 평온하시어요
잔잔한 입매무새의 흥수아이는
면면히 숨결을 이어 오늘에 살아
태중인 듯 꿈속인 듯 콧잔등 씰룩씰룩
어미를 그리워하며
긴 어둠 속을 꼬리별처럼 유영 중이다

— 우정연, 「흥수아이」 전문

시인께서 주를 달아 밝히길 '흥수아이'란 국립청주박물관에 보존된 4만 년 전 구석기 시대에 살았던 5~6세 어린아이의 화석이라고 한다. 자료를 찾아보니, 충북대 박물관에는 그 화석을 토대로 추정하여 실물 크기의 입상을 세워 놨다고 한다. 이 동상을 '흥수아이'로 명명한 것은, 화석이 있는 굴을 최초 발견한 사람이 김흥수 씨여서 그 굴을 '흥수굴'이라 하였고, 화석의 주인공을 '흥수아이'라고 이름 지었다고 한다. 과연 흥수굴에서 나온 이 뼛조각이 구석기 시대의 유물이 맞느냐에 대해서는 아직도 학계에 논란의 대상이 되고 있으나, 대체로 구석기 시대의 유물이라는 게 정설이라고 한다.

시인께서 국립청주박물관을 견학하여 흥수아이의 화석을 본 듯하다. 아니 충북대 박물관에서 실물 크기의 흥수아이 동상을 보았는지도 모른다. 아마 후자 쪽이 더욱 구체적인 상상력을 발동시켜 한 여성으로서, 어머니로서 자식에 대한 자애심이 자신도 모르게 솟구쳤으리라.

1연은 '흥수아이'의 실상에 대해 화자의 마음에 끓어오르는 애잔함을 억누르고 있는 '~있어'의 세 번 반복이 있다. 마음에 일어나는 슬픔을 꾹꾹 누르며 세 번이나 '~있어'의 참음은 시인이 얼마나 고조된 감정을 애써 억누르고 있는지 그 어조로 짐작할 수 있다. 2연에서는 4만 년의 세월을 전후하여 두 여성의 어미 된 마음이 겹치면서 시간이 응축되어 있음을 볼 수 있다. 3연에서 '흥수아이'의 이별의 인사를 받는 이가 누구인가? '흥수아이' 어미인가, 화자인가, 시인인가, 아니면 이 땅의 모든 어머니인가. "태중인 듯 꿈속인 듯 콧잔등 씰룩씰룩/ 어미를 그리워하며"(어머니가 아니면 이 부분은 절대로 쓸 수 없다), 품 안의 자식을 영원한 꼬리별로 그리고 있다.

지금부터 4만 년 전, 이 땅에 한 아이의 구체적인 죽음이 있었다. 그리고 그 죽음을 둘러싸고 한 어미의 피눈물 나는 모성이 있었다. 그 아이가 건강하게 성장했더라면, 아마 구석기 시대의 용감한 사냥꾼으로 활동하다 죽었을지도 모른다. 그가 어린 나이에 죽었든, 그의 죽음을 바라본 어미가 그 후로 몇십 년을 더 살고 죽었든, 그것이 까마득하게 머나먼 세월 이전의 사건이라는 점에는 변함이 없다. 여기에서는 숫자가 아니라 어린 자식을 떠나보내야 했던, 애통해하는 모성이 있었다는 점이 중요하다.

여기 4만 년 후 한 여성이 그 아이를 바라보고 있다. 그동안 유장한 세월은 흘러 모든 것이 시간 속에서 태어나 죽었건만, 누만 년을 살아 꿰뚫어 지금 여기 시인의 가슴을 아프게 하는 것은 모성이다. 시공을 초월하여 '흥수아이'를 가슴에 안은 두 여인을 보라. 자애로운 어머니를 보라. 여성됨을 보라.

시인이기 전에 한 여성이요, 어머니로서 자기 자식에 대한 모성이 흘러넘쳐 이제 시간 속에 사물이 된 남의 자식과 아파했을 어머니를 상상하며, 눈물겨운 시어를 쏟아내는 건강함이여. 나는 일찍이 여성됨을 이렇게 자랑스럽게 펼쳐 보인 시편을 접하지 못하였다.

운수재의 뜰에 온통 빼뿌쟁이들이 판을 치고 있다

몇 놈 자란 것을 보고 그냥 내버려 두었더니
이젠 이놈들이 아예 뜰 전체를 점령할 기세다

빼뿌쟁이는 질경이를 이르는 남도 사투리다
수레바퀴 밑에서도 살아남는다는 끈질긴 풀 차전초車前草
사람의 발자국도 아랑곳없이 마당의 보도블록 틈에서도
돋아난다

끈질긴 풀이라서 '질경이'라는 이름을 얻었겠지만
'빼뿌쟁이'라는 이름은 왜 생겼을까? 생각하며
호미를 들고 한나절을 토벌했다

포기마다 도깨비방망이처럼 씨를 밀고 올라오는 그놈
들이
장차 빼뿌쟁이제국을 만들 걸 생각하니 아득해서
좀 안 됐기는 하지만 척결을 하기로 결단을 내린 것

뺏뺏하게 버티는 놈이라고 빼뿌쟁이?
삐딱하게 뻔뻔한 놈이라고 빼뿌쟁이?
내년 봄이면 또 벌떼처럼 일어날 빼뿌쟁이!

— 임보, 「빼뿌쟁이」 전문

시인의 몇 평 안 되는 뜰에 온통 빼뿌쟁이가 판을 치고 있다. 빼뿌쟁이는 잡雜 자에 속하는 풀이라 마땅히 제거해야 한다는 농경사회의 지엄한 학습이 내재된 말이다. 이를 무시하고 너그럽게 허용했다간 옛날이라면 게으른 놈이라고 주위로부터 핀잔깨나 들었다. 학습화된 말이 인간의 습성이며 행동을 규제한다.

빼뿌쟁이란 말은 파열음의 된소리 자음 'ㅃ'이 입술 사이에서 두 번이나 터지고, 이어서 자음 'ㅈ'이 또한 파찰음으로 센입천장소리여서 뭔가 뻔뻔하게 비비며 들이미는 소리다. 다행히 마지막 모음 'ㅣ'가 입술을 납작하게 하면서 진정 효과를 내고 있다. 이 말의 어감에 대해 시인은 마지막 연에서 잘 말하고 있다.

이 시에는 똑같은 사물을 두고 다른 이름이 나온다. ①질경이 : 표준어, 끈질긴 풀. ②차전초車前草 : 중국에서 전래된 한자어, 수레바퀴 밑에서도 살아남는다는 풀. ③빼뿌쟁이 : 전라도 방언, 화자는 끝 연에서 어감과 생태적 특성을 결부 시켜 이 말의 유래를 생각한다.

빼뿌쟁이는 전라도 내륙과 남해안 지역의 말이다. 전남 광양에서는 '빼뽀쟁이'라고 더 둥그런 말로 불린다고 한다. (『전라도방언사전』, 이기갑 외, 태학사) 시인과 나는 우연히 같은 지역에서 근 15년을 격하여 어린 시절을 보냈다. 시인께서는 분명 어릴 적 이 말을 들으면서 성장하였을 것이다. 그러나 내게는 이 말이 생소하다. 나는 어른들이나 학교에서 이것을 표준어인 '질경이'로 배웠다. 추측건대 15년 상관에 내 고향에서 빼뿌쟁이란 말이 슬그머니 사라져버렸다. 말 하나가 없어졌다는 것은 절대로 대수롭지 않은 일이 아니다. 조상들로부터 물려받은 언어의 질감에 내재된 한 삶의 결이 통째로 떨어져 나갔다는 것을 의미한다.

표준어는 근대적 산물이다. 말이란 본래 표준어와 방언이 따로 있는 게 아니라, 근대 이후 소통 문제가 대두되면서 지극히 필요에 의해서 어느 지역 말을 인위적으로 표준어로 삼은 것이다. 그 결과 사람들의 의식 속에 가치나 우열이나 등급이 싹트면서 하나는 취하고 하나는 버리는 현상이 발생하게 되었다. 표준어는 합리성이라는 지극히 근대적인 척도 아래 자행된 언어폭력이다. 의식적이고 인위적인 표준말에 비해 사투리는 토속적이고 자연발생적이며 생태적이다. 한평생 시를 써온 시인께서 무의식에 잠재되어 있던 '빼뿌쟁이'라는 고향 말 하나를 씀으로써 더 크고 깊은 숨결에 닿은 듯해 정답기 그지없다.

숨어 있는 보물찾기 · 2

— 조재형의 「찬물」, 권정순의 「화포 소행성」, 김완의 「발자국」, 나병춘의 「언어」

대한민국을 시인공화국이라고 한다. 우스개로 강남의 불 꺼진 아파트, 야심한 시각에 큰 소리로 "김 시인님" 하고 외치면 자신을 찾는 줄 알고 거실의 불이 서너 개가 동시에 켜진다나. 시인이 많아서 문제 될 것은 없지만, 시인이 귀하고 시집이 보물인 줄 모른다.

시인들은 몇 년을 주기로 그간에 발표했거나 써 놓은 작품들을 시집으로 묶는다. 어떤 시인은 한 해에 두 권을 연달아 발간하는가 하면, 어떤 시인은 10년이 가도, 평생 자기 시집 한 권 없다가 돌아가시고 나서야 유고시집으로 이름을 남긴다.

우리나라 시집은 나름대로 독특한 출판문화를 가지고 있다. 시집의 두께나 정장의 화려함, 편집의 짜임새나 다양함이 다른 나라에서는 그 유를 찾아볼 수 없다. 과문한 내가 듣기로 미국, 일본의 시집은 수록 편수가 대략 20~30편이고, 활자나 인쇄가 우리보다 조악하며, 표지는 마분지에 색상이 없다. 제본도 가운데선 재봉질로 마감한다. 한마디로 최소 비용으로 발간하여 가까운 지인들에게 나누어 주는 수준이다.

세계에서 시집이 베스트셀러가 되는 나라는 대한민국밖에 없다고 한다. 그만큼 시인들이 사랑받는 나라라고 생각하면 더없이 마음이 훈훈

하다. 그런데 실상은 그렇지 못하다. 시인공화국의 잘나가는 소수의 시인들은 몇몇 대형 출판사에 목을 매고 있고, 대부분 시인은 자비출판의 덫에 걸려 있다. 대형 출판사의 시집 출판도 그리 매력적인 기획이 아니라고 한다.

노년을 품위 있게 사는 여유로운 시인을 제외하고, 대개 시인들은 생활비를 쪼개 몇 년에 시집 한 권을 발간하는데, 그 비용이 절대 만만치 않다. 시집을 내지 않으면 될 게 아니냐고 말할 수도 없다. 우리 문단의 풍토가 개별 시보다 시집 단위로 평가하는 경향이 짙어, 시집 없는 시인은 대체로 주목받지 못한다.

시인들은 재정적인 어려움에도 불구하고 때가 되면 한사코 시집을 발간한다. 우리詩만 하더라도 회원들이 연간 20책 정도를 안팎에서 발간한다. 대부분 자비출판이다. 시인들의 정성과 노고를 생각할 때 보내주신 시집을 성실하게 읽어 좋은 시를 자꾸 거론해야 하는데, 그런 작업을 게을리하지 않았나 반성한다. 자비든 공짜든, 유명시인이든 무명시인이든, 대형 출판사든 1인 출판사든, 정성 들여 발간한 시집 한 권 한 권이 모두 보물이다.

어느 날 우리詩 후원회원이신 조재형 시인께서 시집 한 권을 보내왔다. 시인께서 작년에 발간한 첫 시집 『하늘 몇 평』이었다. 물론 조재형 시인과는 일면식도 없고, 사적인 통화를 나눈 적도 없다. 그는 충청도에서 태어나 경상도에서 조용히 미술 교사로 재직하며 시작에 몰두하고 있는 분이다.

네팔에서 온
이주노동자 람로 깐차 씨
몇 해 전 겨울 낯선 땅 처음 밟던 날
공항을 통과해
지방의 한 기차역에 도착해 화장실에 들렀는데
따뜻한 수돗물이 나오더란다
깜짝 놀라서
이 나라는 참 따뜻하겠구나!
생각했단다

그런데 깐차 씨
작년부터 밀린 임금 받지 못한 채
조립식 패널로 지은 방에서 전기장판에 의지해
찬물로 겨울을 났다고 한다

타국 생활은 예정보다 훨씬 길어지고
같이 온 동료들의 한숨도 깊어지고

— 조재형, 「찬물」 전문

이 시는 그의 대표작도 아니고, 해설을 쓰신 분도 거론하지 않은, 그냥 시집 속에 들어 있는 시 한 편이다. 요즘 우리 주변에서 흔히 볼 수 있는, 때로는 불법 거주나 범죄에 연루되어 종종 사회 문제가 되는 이주노동자를 대상으로 쓴 시다. 나는 이 시를 읽으면서 시인이 따뜻한 심성의 소유자일 거라고 생각했다. 이 땅의 이주노동자들은 약자 중의 약자이며, '을' 축에도 끼지 못한 자들이다. 시인이 생리적으로 강자보다는 약자, 큰 것보다는 작은 것에 시선이 머무르는 것은 당연하나, 그렇다고 시인이 사회 운동가나 노동 운동가는 아니다.

이 시는 따뜻함과 차가움이라는 두 가지 감각적 차이에 의존한다. 외국에서 온 이주노동자의 처지를 감각적 시어 둘로 포착하는 시인의 감성지수가 매우 높다. 따뜻함과 차가움, 확장과 수축이라는 두 감각 사이에는 말하지 않은 ( )가 있다. 이 ( ) 안에는 이주노동자 람로 깐차 씨가 겪었을 비인간적인 차별과 좌절이 담겨 있다. 낙차 큰 감각차를 이용하여 많은 의미를 함축적으로 처리하는 시인의 역량이 돋보인다.

다음은 권정순 시인의 첫 시집 『화포 소행성』의 표제시다. 시인을 처음 만난 것은 올해 추석을 일주일 앞두고 태풍이 휩쓸고 지나간 다음날, 고향에서 고 조태일 시인 20주기 기념식에서였다. 고향 선배이자 고등학교 대선배이신 고인을 흠모하는 마음에 열 일 제치고 고향행을 택했다. 행사를 마치고 조촐한 뒤풀이 장소에서 한 지인의 소개로 인사를 나누었다. 권정순 시인은 문단에 갓 등단한 새내기답게 시에 대한 열정이 시퍼렇게 살아 있고, 앞으로 좋은 시인이 되리라는 기대를 하게 했다.

다섯 번째 별보다 작은 별일지 몰라

선착장에는 가로등뿐이야
점등인은 보이지 않아
어린 왕자가 점등인의 별에서 보았던 것처럼
등은 1분마다 한 번씩 켜졌다 꺼졌다 하였어
점등인은 어디 있을까
보이지 않아,
참 이상도 하지
눈이 어두워질수록 귀는 밝아
불현듯 우리 바니 소리가 들리는 거야
나는 육지별을 떠나와서 조금 무서움도 있고
엄마 생각도 났는데
어디에서 우리 바니가 컹컹컹 짖어왔어
여기는 바닷가 별이고 화포 소행성인데 말야
내가 어린 왕자만큼 어렸을 적에 살던
육지 소리가 들려온 거야
하루 한 번 해가 지면
마을 사람들은 집으로 돌아와 별을 켰지
마을 앞에서는 한 마리 어미개가 컹. 컹. 컹 저녁을 알리고
한 집 두 집 별이 켜지듯이 소리는 번져
어미개이거나 아비개이거나 새끼개이거나 말야
마치 화음처럼,
별빛 안에는 동그란 밥상에 일곱 나의 식구가 있어
아버지, 어머니, 큰언니, 작은언니, 나, 여동생, 남동생

그리고 우리 바니가 있어
어디에서는 또 뒷산 작은 짐승 소리도 들리고
냇가에 물오리 소리도 들리고 말야
점등인은 보이지 않아
내가 별을 떠날 시각이 되었을 때
누군가 속삭였어
'중요한 것은 마음으로 보아야 해'
나는 화포 소행성을 떠나온 지 1440일째야
밤하늘에는 아주 작은 별이 있어
작지만 가장 빛나는 별
화포 소행성이 있어

— 권정순, 「화포 소행성」 전문

시집의 표제시 「화포 소행성」이 잔잔한 물결처럼 가슴에 와 닿았다. 화포는 전남 순천에 있는 어느 조그마한 어촌이다. 시인이 화포를 찾아 하룻밤을 유하며 쏟아질 듯 반짝이는 별이며, 어촌의 어둠과 개 짖는 소리, 갈대 바람 등등이 잊지 못할 추억으로 남은 듯하다. 마치 가족들의 사랑이 넘치던 고향에서의 어린 시절처럼 자연과 하나 되어 맑고 순수한 공간으로 돌아간 듯한 착각 속에 하룻밤을 보내고, 다음 날 시인은 그 순수한 아름다움을 가슴에 담고 다시 도시의 일상으로 귀환했으리라. 나는 시인의 언어 속에서 두고 온 화포 소행성의 아름다움과 떠나온 고향에서 어린 왕자와 같은 순수함과 시인의 맑은 눈을 발견했다.

순수는 순진과 통하며, 사람들의 마음속에 내재하는 본연이다. 사람들은 나이 먹어 이성으로 지혜로워지고, 그리하여 점점 본연에서 벗어나 불안과 권태와 욕망으로 방황의 나날을 보낸다. 그러다 번잡한 일상을 벗어나 어쩌다 찾은 자연 속에서 혼자되었을 때 순수한 본연의 희미한 옛 그림자를 떠올리며 더욱 고독해지리라.

이 시는 다시 돌아갈 수 없는 소행성이나 어린 시절에 대한 그리움이 바닥에 깔려 있다. 아름다움은 그리움을 낳고, 그리움은 슬픔을 낳는다. 그 세계로 다시 돌아갈 수 없기 때문이다. 애잔함을 담담하게 전하는 감정의 절제에는 울림이 있다. 가식적이지 않은 일상의 언어들이 품위를 잃지 않고 있어, 이 시는 능히 무딘 사람 하나 불러 세울 만한 힘이 넉넉하다.

다음은 김완의 시집 『바닷속에는 별들이 산다』의 서장을 장식하고 있는 시다. 시집을 일별해 보면 그의 시는 발로 쓴 시편이 많은데, 서시격인 이 시가 시집의 메타 메시지 역할을 하고 있다. 김완 시인은 전남·광주 작가회의 회장으로 심장내과 전문의이기도 하다. 그가 개인병원을 운영하면서 틈틈이 시작 활동을 하며 큰 문학단체를 성실하게 이끌어 나가는 것을 보면 존경심이 저절로 솟는다.

한겨울의 언어는
영혼의 지문이라는데

일월의 파도가
모래에 새기는 무심한 경전들……

살아 있는 것들은
모두 흔적을 남긴다

굳어버린 가슴에는
어떤 자국도 남지 않는다

물컹물컹한 존재가
발의 문장으로 되살아난다

— 김완, 「발자국」 전문

발자국은 흔적을 남긴다. 아무리 꽁꽁 얼어붙은 한겨울에도 살아 있는 물컹물컹한 존재는 흔적이 남는다. 느낄 수 있고, 감동할 줄 알고, 하나가 될 가슴이 있다면, 영혼의 지문이라는 언어로 세월이 삶에 새기는 시를 쓸 수 있다. 그러나 굳어버린 가슴은 영혼이랄 수 없는 언어에 일월의 파도가 그저 스쳐 지나갈 뿐 발자국의 흔적이 남지 않는다.

이 시는 이분법적 세계관을 내보이고 있다. '굳어버린 가슴'과 '물컹물컹한 존재'는 서로 대척점에서 마주보고 있다. 지구상의 모든 종교와 온갖 철학이 지향하는 바는 굳어버린 가슴(고체적 사고)이 아니라 물컹물컹한 것(액체적 사고)이다. "물컹물컹한 존재가/ 발의 문장으로 되살아난다"는 표현이 자못 의미심장하다.

시의 형식이 5연 2행시로 시상이 번잡스럽지 않다. '물컹물컹한'이라는 형용사의 질감이 이 시의 시안이다. 시가 상징성도 좋고, 육적 상상력이 풍성하여 이런 시 댓만 있으면 시 부자라는 소리 듣겠다.

마지막으로 나병춘 시인의 시 한 편을 보기로 하자.

언어는 연어보다 작고 씩씩한 물고기
깊은 계곡에서 태어나
수평선 지나 머나먼 난바다로 갔다가
다시 맑고 시원한 고향으로 돌아오는 물고기
그 싱싱한 언어를 찾아
수많은 시인과 화가 음악가들이
천년 하늘 땅을 샅샅이 찾아 헤매지만
아무에게도 발견되지 않았다고 한다
어부도 낚시꾼도
그 희한한 물고기 낚으러
어제도 오늘도 바다와 호수를 찾아다녔지만
아무도 그 얼굴 모습과 색깔과 향기를 모른다
다만 언어라는 물고기 지느러미를 느껴본 자는
어린아이뿐
배고파 울 적에 제아무리 멀리 가 있는 어머니라도

안타까운 소리 찾아 냉큼 달려온다는 오묘한 물고기
그 물고기를 언젠가 잠깐 본 적이 있다
아무도 없는 캄캄한 밤
물고기자리 별자리로 떠서
물끄러미 내려다보는 젖은 눈썹을 본 적이 있다
언어는 새끼연어보다 물방울보다
더 은은하게 빛나는 신비로운 물고기
나의 입술에서 너의 하늘로 헤엄쳐가는
아무도 본 적 없는
풍경 소리 물고기
댕그렁
대앵

— 나병춘, 「언어」 전문

시인에게 언젠가 "나 시인의 시에는 삶이 없다"라고 볼멘소리 비슷하게 불만을 털어놓은 적이 있었다. 그의 시에는 화자를 제외하곤 타자로서 인간이 도무지 등장하지 않으며, 화자는 식물과 동물을 비롯한 사물들의 틈새에서 마치 어린 왕자처럼 군림하고 있다. 사물에 대한 절대 긍정의 세계에서 순응하고 수용하는 미학이 넘쳐난다. 게다가 시의 세계가 한결같이 우주와 생명으로 수렴되다 보니 마치 일본 바둑의 전설적인 명인 다께미야의 우주류를 보는 듯하다. 어찌 보면 박목월 초기 시의 진화된 모습이라고나 할까, 인간 현실과 유리된 그의 작품 세계에 대해서 나름의 불만을 품었다는 게 나의 솔직한 고백이다.

그러나 이번에 발간된 그의 시집을 읽으면서 시인에 대한 나의 편견이 온당치 못했음을 시인하고, 그의 시를 재인식하는 계기가 되어 무척 다행이다. 이번 시집에서는 시인의 존재론적 사유가 시의 깊이와 폭을 확보하여 큰 울림으로 다가왔다. 위의 시만 보더라도 본질에 관한 차원 높은 존재 사유이지 결코 지상의 삶과 유리된 우주류가 전부가 아님을 넉넉히 증명하고 있다.

언어와 연어는 유사 발음에 의한 음성적 연상 관계다. 두 낱말은 음소 'ㅓ'와 'ㅕ'의 차이에 의해 변별력을 가진다. 단모음 'ㅣ'에 'ㅓ' 모음이 결합한 형태가 이중모음 'ㅕ'이기 때문에 언뜻 들으면 같은 소리로 들린다. 언어를 연어라고 함은 어디까지나 은유다. 연어는 강에서 알을 낳고 치어 상태로 자라다 강을 따라 큰 바다로 나간다. 큰 바다를 회유하다 어미가 되면 그 역시 물맛이 그리워 자신이 태어난 곳으로 회귀한다. 연어는 구체적인 사물이기에 형태, 빛깔, 향기가 있지만, 언어는 관념이고 추상이기에 그 누구도 실체를 붙잡을 수 없다. 누군가 언어를 붙잡았다고 말하는 사람은 보조적인 사물을 원관념으로 착각하거나 대신하는 사람이다. 가장 순수한 어린아이만이 벌거숭이 임금님 우화에서처럼 보조 관념이 원관념이 아니라는 것을 밝힐 수 있으며, 어린아이와 같이 순수한 시인만이 그 흔적을 잠시 보았을 뿐이다.

시인은 오염되지 않은 순수한 언어를 찾아 밤을 지새우는 사람이다. 순수한 언어는 연어처럼 싱싱하게 팔딱거리며 살아 숨 쉰다. 어린아이와 같이 순수한 마음과 맑은 눈으로 언어를 뒤쫓는 시인의 열망, 시인은 언어라는 순수 세계에 도달하고자 하는 황홀한 꿈에 젖어 있다. 시인은 어쩌면 가 닿을 수 없는 세계를 추구하는 사람이다. 언어가 상징하는 추상적 심미의 세계는 절간 추녀 끝에 매달린 풍경 소리처럼 손에 잡힐 듯 꼬리를 감춘다. 높고, 순수하고, 가없는 세계에 대한 열망, 시 「언어」는 인간의 열망과 한계를 보여주는 수준 높은 작품이다.

이 사람이 사는 법
—마선숙, 시 「저녁, 십 분 전 여덟 시」와 소설 「저녁의 시」

마선숙 시인이자 소설가께서 고희에 첫 시집과 소설집을 세상에 내놓았다. 남들 같으면 은퇴할 나이에 첫발이라니 결코 예사로운 일이 아니다. 그녀는 그간 4대가 함께 사는 가정에서 대사를 다 치르고, 50이 넘어 대학에 입학하여 문학을 공부했고, 60에 문단에 등단하고, 70에 첫 시집과 소설집을 동시에 발간했으니, 대기만성大器晩成, 실로 입지전적인 인물이다.

누군가 어떻게 시집과 소설집을 한꺼번에 낼 수가 있었느냐고 물었다. 그녀는 시인으로 등단한 지는 몇 년 안 되지만, 소설가가 되려고 스무 살 때부터 습작했으니 어림잡아 50년을 줄기차게 소설 쓰기에 매달렸다고, 그간 쓴 습작을 하나도 버리지 않고 집의 장독대 큰 독에다 쌓아 둔 것이 몇 독이라고 했다. 60이 넘어서도 해마다 신춘문예에 투고했는데, 주민등록번호를 쓰지 않으면 심사 대상에 아예 끼지도 못한다는 사실을 뒤늦게 알았다고 했다. 나이 든 사람은 작품 수준을 떠나 발전 여지나 상품 가치가 떨어져 뽑지 않는다는 것이 우리 문단의 폐단이라고 지적했다.

뒤늦게 가장 아름다운 꽃을 피운 마 언니께(시회詩會에서 여자 시인들이 그녀를 마 언니라 부른다) 다시 한 번 축하의 말씀을 전한다. 마 언니는 뜻밖에 큰 상을 받아 여기저기에서 연락이 오니 적응이 안 되는 모양이다. 그간 무명의 설움과 불운과 노심초사를 한방에 허공에다 축포처럼 터뜨려버리시길 바란다. 그대의 작품들은 더 이상 부끄러운 존재가 아니다.

저녁, 십 분 전 여덟 시에 무슨 일이 일어나는가

시집 『저녁, 십 분 전 여덟 시』는 시인의 삶 주변의 일상사, 가족사, 현장 답사의 기행 시편들이 다채롭게 짜여 있다. 많은 시가 다소 산문적인 묘사 문장의 틀에서 벗어나지 못한 투어적인 언어 습관이 보이나, 이는 첫 시집이기에 충분히 고려할 만하고, 어떤 시들은 언어의 들고남이 날렵하고 절제미와 상상력의 물결이 가슴에 와 닿는 빼어난 것들이 많다. 이 시집의 표제작이자 대표 격이라 할 수 있는 시 한 편을 보기로 하자.

저녁상 물리고
설거지 마치고
나를 주름처럼 포개 넣었던 앞치마 벗는다

찬밥처럼 속절없이 남루해
바다를 불러들인다

선유도 증도 우도

훼손당한 모욕들을 숨기며
푸른색이 멍 같은 바다에
범선 하나 띄운다

나를 담아
물살을 헤치고 망망대해로 나간다
배 기둥에 흔들리는 파문 붙들어 매고

수평선
갯벌
선창가 술집의 노래들 가까워졌다 멀어진다

더 깊이 노 젓는다
나뭇잎처럼 둥둥 표류한다

하염없다

— 「저녁, 십 분 전 여덟 시」 전문

이 시의 화자는 전업주부인 듯하다. 하루 부산했던 일상의 마감을 앞두고 잠시 망중한의 몽상에 젖는다. 아이들이 흔히 쓰는 말로 멍 때리기 삼매경에 빠진 듯하다. 화자의 일상은 새벽에 일어나 아침상 준비하기, 남편 출근시키고 아이들 학교 보내기, 설거지, 빨래, 집 안 청소, 또 시부모 점심상 차리기, 설거지, 시장 보고 다시 밥하고, 저녁상 보고 다시 설거지, 빨래 개고……. 집안에 어른을 모시고 사는 가정주부는 이런 일을 무한 반복해야 한다. 집안일은 아무리 해도 도무지 줄지 않고, 안 하면 엄청나게 표가 난다. 시부모는 어른이라고 무조건 받들어야 하고, 남편은 밖에서 돈 벌어 온다고, 집안일은 아녀자의 몫이라고 거들어 주지 않고, 자녀들은 어릴 때는 어리다고, 크면 컸다고 공부하랴, 직장에 다니랴, 도무지 도움이 되지 않는다. 오로지 집안일은 가정주부 독차지다. 이 노고에 전 가정주부께서 매일 저녁, 십 분 전 여덟 시가 되면 무슨 일이 일어나는가. 쳇바퀴 돌아가듯 잠시도 멈추지 않는 일상에서 과감히 탈출을 감행한다. 일상의 작은 틈바구니를 열고 화자는 몽상에 취해 무한 자유에 몸을 맡긴다.

몽상夢想은 합리적·과학적 사고보다는 직관, 또는 직접적인 체험으로 되돌아감으로써 비로소 파악할 수 있는 것에 대해 사유하는 의식 작용이다. 객관 세계의 현상과 달리 인식 체계와 관련되어 있다는 점에서 현상학적 지향과 매우 유사한 개념이다.(『문학비평용어 사전』, 국학자료원) 몽상이란 그것만으로는 아주 흔히 꿈과 혼동되는 정신적psychique 차원이다. 그러나 시적인 몽상, 스스로 즐길 뿐 아니라 다른 영혼에도 시적인 즐거움을 마련해 주는 몽상인 경우에는, 그것은 이젠 잠 속으로 빠져들어 가는 길이 아니라는 것을 우리는 잘 알고 있다. 정신은 휴식할 수 있으나, 시적인 몽상 속에서 영혼은 긴장 없이 휴식한 채로 맑게 깨어 활동한다.(가스통 바슐라르, 『공간의 시학』)

화자는 자기 삶의 본질이 매일매일 반복되는 일상에 있는 것이 아니라, 비록 짧은 순간이지만, 몽상에 잠겨 상상의 날개를 펴는 가운데 있다고 생각한다. 그녀에게 일상이란 결코 무시할 수도, 생략할 수도 없는 "물리고", "마치고", "벗는" 대상이며, "찬밥처럼 속절없이 남루"한 것이다. 그녀의 삶이 "훼손당한 모욕"으로 그녀에게 멍 자국처럼 남을 때, 그녀의 도피처인 몽상은 그 어떤 것에서도 구속되지 않는 자유 그 자체로 그녀에게 넉넉히 보상한다.

시집을 해설한 박몽구 시인이자 문학평론가의 탁견도 이 시의 핵심을 제대로 짚고 있다. "이 시는 산문적 진술이 장황한 것은 아니지만, 시인이 배치해 놓고 있는 이항대립二項對立의 구조 분석을 통하여 더욱 분명하게 그 의의를 규명해낼 수 있을 것이다. 즉, '주름', '찬밥', '훼손', '멍', '표류' 등의 시어는 화자가 놓여 있는 소외되고 어려운 삶을 말해 준다. 다른 한편 '바다', '범선', '수평선', '노래' 등의 시어들은 그 대척점에서 굴레를 벗어나 자유로운 영역으로 나아가고픈 화자의 욕망을 상징하고 있다."

화자의 육체는 물리적 공간에 갇혀 있지만, 의식적으로 시·공간을 달리함으로써 일상을 탈출한다. 그만큼 일상이 화자의 내면을 심각하게 훼손하고 있다고 보아야 한다. 화자의 희미한 의식은 언젠가 가본 적이 있는, 서해 섬 사이의 푸른 바다를 범선을 타고 달리고 있다. 뱃전에 파도가 부서지고, 가없는 수평선과 부둣가 술집이 멀어지고, 나뭇잎처럼 자유롭게 망망대해에서 표류하는 영혼이 된다. 화자의 몽상에 젖은 내면 풍경을 진솔하게 드러냄으로써 가사 노동에 시달리는 전업주부의 황폐한 삶을 역설적으로 드러낸 수작이라 하겠다.

저녁의 시는 소유인가 존재인가

마선숙 소설가의 첫 소설집 『몸이 먼저 먼 곳으로 갔다』에는 단편 소설 일곱 편이 수록되어 있다. 이 소설들은 다음과 같은 공통점이 있다. 첫째, 소설의 인물이 가족 내 구성원이며, 가족끼리 갈등 양상을 보이는 가족소설이다. 둘째, 가족 내 구성원은 각 세대를 대표하는 인물의 전형성이 보인다. 마지막으로 각 인물의 공통된 욕망은 '돈'으로 상징된다.

소설집의 셋째 이야기인 「저녁의 시」는 한 가정의 아침부터 저녁이 될 때까지의 범상치 않은 이야기로, 마선숙 소설의 공통된 특징을 집약적으로 보여준다. 구성이 치밀하고, 전통소설의 성공 요소라 할 수 있는 인물의 성격 창조에 초점을 맞춘, 그러면서도 문체의 힘을 오롯이 느낄 수 있다. 무엇보다도 우리에게도 현안이 되는 초고령사회의 심각한 노인 문제를 본격적으로 다루었다는 점에서 시사적 의미가 뛰어난 작품이다.

화자인 나는, 중증 치매에 걸린 아내를 돌보는, 십팔 평 소형 아파트에서 사는, 중학교 교장으로 정년퇴임한 73세 노인이다. 어떤 인생인들 한때 좋은 시절이 없었으랴. 남녀가 서로 만나 결혼하고, 자식들 낳아 키우고, 학교 보내고, 성장하여 직장 구하고, 결혼시키고, 살림을 내보내고, 생애 주기의 마지막에는 전장을 누비며 살아남은 퇴역 장군처럼 연금으로 생활하며 전원주택에서 꽃이나 가꾸며 말년을 느긋하게 보내려고 했다. 그러나 매사가 여의치 않아 그와는 정반대의 처지로 전락하고 만다. 특별히 그들이 잘못한 게 아닌데 노년의 마지막 퍼즐이 잘못 맞춰진 것이다.

그들의 삶은 중학교 교장으로 정년퇴임할 때 퇴직금을 일시금으로 받은 것에서부터 빗나가기 시작했다. 박봉에 힘들게 가르쳐 놓은, 대학병원에 근무하는 정형외과 의사였던, 자랑스러운 큰아들이 병원을 개업한다고 퇴직금을 주면 생활비를 후히 주겠다고 하여 한꺼번에 받아 고스란히 내주었다. 처음 일 년은 흡족하게 돈을 줘 만족했는데, 옆에 뼈 전문 대형 병원이 들어서면서 환자가 줄자 자신도 모르게 병원을 정리한 후 식솔을 끌고 미국에 이민을 가 버린 것이다. 그 와중에 둘째 아들이 직장을 관두고 치킨집을 차리게 돈을 보태 달라고, 형만 아들이냐고, 형에게는 큰돈 대줬으니 자기들에게도 달라고 당당히 요구하는데 어쩔 수 없었다. 사는 삼십오 평 아파트를 팔아 반을 내주고 십팔 평 소형 아파트로 나앉았다. 또, 평교사 시절에 죽어라 하고 밤늦게까지 과외를 해서 식구들 모르게 모아둔 비상금을, 둘도 없는 친한 친구가 집 잔금 치를 날짜가 맞지 않는다고 며칠만 돌려 달라고 하여 오천만 원을 꿔 주었는데, 그 친구가 이혼한 후 외국으로 이민을 가 버렸다. 늘그막에 순식간에 빈곤층으로 떨어지고 말았다.

설상가상으로, 몇 년 전 욕실에서 넘어져 머리를 다친 적이 있는, 양순하고 순종적이고 다소곳하던 아내가 갑자기 아무 때나 호통치고, 악다구니를 써대고, 지극히 이기적인 사람으로 표변했다. 검사를 해 보니 치매가 중기를 넘어 약을 먹어도 크게 기대할 수 없는 중증환자라는 것이다. 병간호를 요양 보호사에게 하루 서너 시간이라도 맡기고 싶지만, 본인부담금 때문에 노인이 직접 병간호하느라 온몸이 욱신거리며 걸레 조각처럼 후줄근하다. 아들들과 친구가 자기에게 있는 돈을 빼내어 떠나버리고, 달랑 두 부부만 십팔 평 아파트에 남았는데, 돈도 돈이지만 너무나 육체적으로 힘들어 병든 아내와 동반 자살을 꿈꾸나, 이 또한 살아 있는 자식들에게 누가 될까 봐 실행에 옮기지 못한다.

현실에서 무기력한 노인들은 추억을 먹고 산다. 소설의 부부는 비록 자신들의 곁을 야멸차게 떠나버린 자식들이지만, 옥상 항아리 속에 고이 간직한 앨범이며 자식들이 학교에 다닐 때 자랑스럽게 탔던 상장들을 펼쳐보며 그리움을 달랜다. 또한 가장의 역할을 제대로 하지 못하고 늘 어머니의 싸늘한 눈 밖에 났던 화자의 아버지는 끝내 저수지에 몸을 던져 생을 마감했다. 그리고 그 모자란 아버지가 생애 최초이자 마지막 가출을 단행하여 데리고 왔던 명희, 남과 다름없는 명희에 대한 아련한 추억이 화자의 가슴에 남아 있다. 이 명희에 관한 추억을 치매에 걸린 아내가 불쑥불쑥 꺼내며 그를 괴롭히고, 아내는 아내대로 연적 관계로 고착된 명희의 주홍색 립스틱에 집착한다.

또 화자는 공립 중·고등학교 국어 선생을 하면서 지방 신문 신춘문예에 시가 당선되어 등단은 하였으나 시집 한 권 없는 시인으로 여태 남아 있다. 그는 시인이면서도 시를 쓰지 못하고, 생활전선에서 시와는 먼 삶을 살고 있다. 그러나 그에게 시가 완전히 사라져버린 것은 아닌 듯하다. 그에게 시라는 것은 명희와의 추억과도 같은, 가장 아련하면서도 또한 가까이 다가갈 수 없는 너무나 신성한 영역이었다. 화자와 명희와의 운명적인 관계가 세인들에게 농락당해서는 안 되는 것처럼 그에게 시는 현실에서 모욕 받으면 아니 될 순수하고 아름다운 영역이었다. 그러기에 현실의 욕구에 급급했던 그가 시를 쓴다는 것은 신성 모독에 가까운 일이었다.

현실의 욕구에 급급했던 화자에게 모든 것은 왔다가 떠난다. 아름다운 사랑 명희도 죽었고, 부모, 자식, 친구마저도 떠났고, 그렇게 움켜쥐려고 애쓰던 돈도 덧없이 사라졌다. 소설 끝부분에서 화자는 이렇게 절규한다. "당신이야말로 나의 시요. 내 시는 바로 당신이었어. 당신은 하늘 아래 가장 소중한 사람이오." 병든 아내를 등에 업고 후들거리는 두 다리로 간신히 지탱하며 걷고 있는 화자, 모두 다 떠나버린 자리에 마지막 남은, 치매에 걸린 아내가 자신의 가장 확실한 소유라는 것일까, 아니면 뒤늦게 깨달은, 내 삶의 전부와 맞먹는 존재라는 것일까? 이 무기력하고 때늦은 각성이 지향하는, "나는 어두운 하늘을 바라보며 천천히 환한 불빛 쪽으로 걸어갔다."라는 마지막 장면의 환한 불빛은 어떤 희망의 불빛일까, 현실의 참담에 잠시 눈감고자 하는 자기 최면일까, 아니면 드디어 도달한 시와 같은 내면의 빛일까.

이 사람이 사는 법

마선숙의 시 「저녁, 십 분 전 여덟 시」와 소설 「저녁의 시」의 인물 분석을 통해 작중 인물들이 어떤 정신 영역에 머무르며 불쾌를 멀리하고 쾌를 추구하려 하는가를 살펴보려 한다. 굳이 심리학자나 정신분석학자가 아니더라도 이 시의 화자와 소설의 화자와 치매에 걸린 아내의 정신 영역이 현저하게 다름을 간파할 수 있다. 인간의 정신 영역을 전문가들은 여러 층으로 나누어 설명하고 있다. 불교의 유식학唯識學에서도 크게는 일곱 내지 여덟으로, 더 세분하면 100여 가지 마음의 상태로 나눌 수 있다고 한다. 다만 여기서는 현실에서 비현실로 확장하는 선상에서 크게 의식, 몽유, 기억상실 또는 무의식으로 나누어 살펴보려 한다. 이 정신 영역의 대별은 이 작품들의 인물 유형 분석은 물론이고 작품의 주제와도 밀접한 관련을 맺고 있다.

A : 소설 「저녁의 시」의 화자

소설의 화자인 나는 가장 현실적인 인물이다. 그의 주 정신 영역대인 의식은 흐르는 시간 속에 끊임없이 대상에게 붙잡혔다가 이내 소멸하는 특성이 있다. 의식 중 일부가 반복 강화되어 무의식화되기도 한다. 쾌를 추구하려는 연장선에서 의식은 자신의 생존과 사회적 책임을 다하기 위해 이를 소유하려는 경향이 짙다. 그러나 의식의 소유화는 욕망의 일시적 집착에 불과할 뿐, 시간이 지나면 그 의식이 희미해지듯이, 그 소유도, 집착도 대부분 새로운 사물이나 문제로 대치된다.

이 소설에서 무기력한 아버지가 가정에서 투명 인간 대접을 받고, 한 차례 가출 끝에 저수지에 몸을 던져 자살한 기억을 상흔으로 지닌 화자는, 가정에서 역할이 아버지와는 반대로 유능한 가장이어야 한다는 강박 관념에 사로잡혀 있다. 그가 교사라는 경제적 기반이 약한 직업임에도 불구하고 자식들을 교육하기 위하여 과외를 하고, 지방 신문 신춘문예에 투고하여 시인이 되고, 중학교 교장으로 정년퇴임하는 등의 현실적으로 유능하고 성공적인 인물로 보이고자 하는 페르소나에는 무능한 아버지의 그림자가 음각으로 드리워져 있다.

그러나 의식의 소유화는 욕망의 지향일 뿐 궁극적으로 움켜쥘 수 없다. 그가 그렇게 공을 들이고 대단한 자랑으로 여겼던 아들이 미국에 이민을 가 버리듯이, 들여다보지도 않는 둘째 아들이며, 돈을 떼먹고 역시 외국으로 이민을 가버린 친구며, 마음속에 아련한 사랑 명희도 떠나고, 마치 과거가 사라지듯이 모두 떠나고 사라지는 것이 붙잡을 수 없는 소유욕의 종말이다. 욕망하는 모든 것이 떠나버린 폐허 위에 자신에게 마지막으로 남아 있는 병든 아내를 등에 업고, 이것이 마음속에 진실한 가치로 남아 있는, 써지지 않는 시라고 생각한다.

이 인물의 주된 정신 영역은 의식으로 대상에 대한 소유 또는 집착이 강하며, 집착하면 집착할수록 대상들이 모두 그를 떠나는 경향을 띤다. 시간의 흐름에 따라 욕망 성취도가 더욱 낮아져 불행해질 운명에 처해 있다.

B : 시 「저녁, 십 분 전 여덟 시」의 화자

이 인물의 주된 정신 영역은 몽상이다. 물론 짧은 몽상에 잠기기 위해서 온종일 의식의 영역에서 시달림을 받았으리라는 것은 두말할 필요가 없으나, 이 시의 시적 화자가 더 중요하게 생각하는 정신 영역의 본질은 양이 아니라 질이다.

몽상이란 전문가들의 견해를 빌자면, 무의식의 영역이 아니라 의식과 무의식의 중간쯤, 어렴풋한 의식의 영역으로 주로 시적 상상력이 발동되거나 새로운 시적 이미지들이 출몰하는 곳이다. 정신분석학적으로 말하자면 예술가들의 백일몽과 유사한 것으로 굳이 인과 관계에 얽매이지 않는, 자유롭게 풀어진 의식에 해당한다. 이 몽상에서 시적 상상력이 유발되며, 이는 시인은 물론이고 그 시를 읽는 독자들에게도 틀에 얽매인 의식에서 자유롭게 풀려나는 해방감을 느끼게 해 준다.

현실이 각박하면 할수록 일상에서 벗어나려는 충동이 강할 수밖에 없다. 내몰린 의식이 피할 수 있는 곳은 상처받지 않은 몽상의 세계다.

몽상 속에서 옥죄이는 의식은 드디어 자유의 몸이 된다. 몽상의 주체는 육체적으로 일상의 공간에 갇혀 있지만, 그의 정신은 시간과 공간을 달리한다. 한마디로 유체이탈의 수법과 같다. 몽상은 정신장애자가 아닌 이상 온종일 그것에 잠겨 있을 수는 없으나, 잠시 의식의 틈바구니에서 새가 알을 품듯 몽상에 젖는다. 이 순간은 현실과 상당한 유격을 보이며 무한한 행복감에 휩싸이나, 현실로 돌아오면 다시 의식의 영역으로 떨어지게 마련이다.

C : 소설 「저녁의 시」의 아내

이 소설의 아내는 중증 치매 환자이다. 우리가 흔히 치매를 기억상실증이라 하여 여러 이름으로 부르며, 그 발병 원인과 증세가 갖가지라는 것이 대체로 의학계의 일치된 견해이다. 기억상실증이라 하면 지각능력이 떨어진다든가 언어능력, 기억력 등등의 현저한 감퇴를 말함인데, 아무튼 이로써 현실에서 유리된다.

그녀가 발병하기 전에는 일상의 의식에 젖어 때로는 몽상의 영역에도 자주 출몰했으리라. 그녀는 남편이 진정 사랑한 여인이 죽은 명희였다는 사실에 절망하면서도 전업주부로서 시어머니 모시고 두 아들 키우며 빠듯한 살림에 개인의 욕망을 항상 포기하거나 뒤 순위로 물려야 했던 평범한 가정주부였다. 정신분석학에서 말하는 이드를 초자아로 항상 억압하는 과정에서 자신의 무시당한 욕망이 더욱 강화되어 무의식의 저장고에 깊숙이 쌓일 수밖에 없었다.

그러다가 전두엽 손상에 의한 알츠하이머가 진행되고, 그녀의 기억상실증은 신기하게도 무의식에 강화된 초자아로 인하여 억눌렸던 이드적인 것들이 이상행동과 함께 불쑥불쑥 솟구쳐 오른다. 욕망의 리비도라고나 할까. 사랑을 빼앗긴 명희와 관련된 것, 특히 주홍색 립스틱에 집착하는 것이라든지, 돌아가신 시어머니가 그에게 상처 준 것이라든지, 가장과 가정주부의 역할 바꾸기, 자식들에 대한 집착 등 선택된 기억은 또렷한데 나머지 부분에선 현저하게 기억력이 감퇴하였다. 이점은 프로이트가 말한 무의식의 특징과 비슷한 일면이 있다. 무의식에 가장 기본적인 특징은 시간에 구애받지 않는다는 점이다. 무의식 속에 떠다니는 경험이나 과거 생각들은 시간이 얼마나 지났는가에 상관없이 변하지 않고 과거의 내용이 그대로 유지된다. 무의식의 또 다른 특징은 되도록 불쾌와 고통을 피하고, 도덕과 양심에 얽매이지 않으며 쾌락을 추구한다는 점이다. 이를 염두에 둘 때, 그녀의 정신 영역은 질병으로 인하여 기억력 둔화와 현실감각이 떨어지는 증세 위에 억눌렸던 무의식이 분출되는 특이성을 보여 준다. 일반적인 치매 환자라면 증세의 악화와 함께 무의식의 분출도 감퇴하여야 하는데 이 인물의 경우 무의식에 더욱 고착되어 이상행동과 함께 선택된 기억이 오히려 선명하다.

치매 환자를 돌보는 화자는 아내의 이상행동과 불쑥불쑥 내뱉는 무의식적 공격까지 받아주느라 지칠 대로 지치고 몹시 불행감을 맛볼 수밖에 없다. 그러나 정작 치매 환자 본인은 그리 불행스럽게 보이지 않는다. 그간 초자아에 억압되어 있던 무의식이 자신의 욕구대로 막힘없이 분출된다. 현실의 의식에서 멀어진 정신 영역에서 행·불행을 따질 수 없다. 그녀는 어찌 보면 훨훨 막힘없이 창공을 나는 새와 같은 자유로운 존재이며 욕망의 성취도 매우 높은 단계라 하겠다.

이상 마선숙의 시 「저녁, 십 분 전 여덟 시」와 소설 「저녁의 시」의 주요 인물을 분석하였다. 이 세 인물은 정신의 세 영역을 점유하고 있다. 현실에서 비현실이라는 가로축에서는 A가 가장 현실적인 의식의 영역에 갇혀 있으며, B는 의식과 무의식의 중간 영역인 몽상으로 일상의 압박에서 잠시 벗어나 있다. 가장 비현실적이며 기억상실증과 무의식의 세계를 보여주는 C는 의식에서 완전히 벗어나 무한한 자유를 획득하고 있다. 이를 행복감을 판별할 수 있는 욕망 성취도로 측정하자면 A는 의식의 차원에서 소유하고자 하나 이내 무화되어 항상 불만족의 상태에 처하여 행복 성취도가 가장 낮으며, B는 비록 되돌아와야 한다는 원칙이 있지만, 몽유의 순간은 자신의 존재에 충만한 자유의 흐름에 몸을 맡기는 행복감을 맛보기 때문에 행복 성취도는 중간 정도, C는 의식에서 완전히 벗어난 세계이기 때문에 행·불행을 측정할 수 없는 다른 세계에 머물러 있으나, 굳이 말하자면 제약에서 무한 벗어났다는 점에서 행복의 상태라 하겠다. 즉, 가로축의 선상에는 A→B→C의 순으로 현실에서 비현실로 미끄러지고, 세로축 욕망 충족의 행복감 역시 A→B→C의 순으로 낮음에서 높음으로 올라간다. 이 사람이 사는 법을 굳이 그림으로 그리자면 정확히 일차함수 그래프상의 어느 지점이다.

자벌레論
― 임보 · 홍해리, 「자벌레」

임보 시인께서 근 20여 년 동안 펼치고 있는 짧은 시 쓰기 운동으로 세 번째 4단 시집 『수수꽃다리』를 발간하셨다. 시가 꼭 길어야 좋은 것이 아니라, 누구나 쉽게 읽을 수 있는 짧은 글로, 대중들에게 한 발짝 더 가까이 다가가는 시집이라 하겠다. 또한 우리詩 이사장직을 오래 수행하신 홍해리 시인께서 자신의 시업 50년을 중간 결산하는 의미에서 시선집 『洪海里는 어디 있는가』를 상재하셨다. 그는 그간 20여 권의 시집을 발간하셨고, 시선집을 이미 세 권이나 기획한 바가 있다. 먼 길 가는 이는 자신이 어디만큼 와 있는지 관심이 많은 법이다.

우리 시단에 전설 같은 두 분의 우정에 대해선 아름다운 미담이 넘쳐흐른다. 북한산 자락에 자리잡고 길 건너 저만치 떨어져 오가기를 40년, 한때 한 분은 난에, 또 한 분은 수석에 한눈팔던 기왕지사가 있기도 하지만, 40년을 줄곧 같은 길 걸어오면서 빚은 두 분의 우정은 진한 매화주 향이라고나 할까. 초록은 동색이라는 말도 있지만, 두 분은 같으면서도 다르다. 색으로 치자면 보색補色 관계라는 말이 오히려 적합하다. 당자의 시 한 편을 보기로 하자.

한때 나는 난초에 미쳐 살았다
그때 임보 시인은 돌을 안고 놀았다

내가 난을 찾아 산으로 갈 때
그는 돌을 찾아 강으로 갔다

내가 산자락에 엎어져 넝쿨에 긁히고 있었을 때
그는 맑은 물소리로 마음을 씻고 깨끗이 닦았다

난초는 수명이 유한하지만
돌은 무한한 생명을 지닌다

난을 즐기던 나는 눈앞의 것밖에 보지 못했고
그는 돌을 가까이하여 멀리 있는 것을 보았다

그래서 나의 시는 찰나적인 것이 주류를 이루었고
그의 작품에는 영원의 향수가 향기롭게 배어 있다

한잔하면 나는 난초잎처럼 흔들리는데
그는 술자리에서도 바위처럼 끄덕없다

난과 수석이 서로 잘 어울리는 것을 보면

조화란 어떤 것인가, 차이는 또 무엇인가

눈 밝은 가을날 석란화 한 점 가만히 들여다보며
넷이서 마주앉아 매실주 한잔씩 기울이고 있다.

— 홍해리, 「난蘭과 수석壽石」 전문, 『독종』(2012. 북인)

이 시에서 두 분의 차이에 대해 언급하기를, 자신의 시는 찰나적인 것이 주류를 이루는데, 임보의 시에는 영원의 향수가 배어 있다고 한다. 한잔하면 난을 좇는 자신은 난초잎처럼 흔들리지만, 수석을 좋아하는 임보 시인은 바위처럼 끄떡없다는 것이다. 과연 그러한가. 이 졸고는 두 분의 시에 나타난 차이를 같은 제재, 같은 제목으로 발표한 시 「자벌레」를 통해 살펴보고자 한다.

허무의 초극

자벌레란 자벌레나방의 애벌레를 말한다. 사전에 나와 있기를, 몸은 가늘고 긴 원통형이다. 가슴에 세 쌍, 배에 한 쌍의 발이 있다. 꽁무니를 머리 쪽에 갖다 대고 몸을 길게 늘이기를 반복하여 움직인다. 자벌레란 미물은 시인들이 즐겨 다루는 시의 소재다. 우리 현대시에 자벌레가 최초로 등장하는 것은 백석이 1936년에 펴낸 첫 시집 『사슴』의 시 「산山비」일 것이다.

산山뽕닢에 빗방울 친다
멧비들기가 닌다
나무등걸에서 자벌기가 고개를 들었다 멧비들기켠을 본다

이 시의 '자벌기'는 '자벌레'를 말한다. '벌기'는 '벌레'의 평안, 함경, 경상도 지방의 방언이다. 이 짧은 시는 백석이 장자莊子의 무위자연을 연상하며 지은 시편인 듯하다. 자벌레가 자연의 먹이사슬이라는 생태계 속에서 본능적으로 몸을 사리는 동작이 독자들의 뇌리에 선명하게 부각된다.

홍해리의 자벌레는 어떤 모습일까? 자벌레만큼이나 짧은 그의 시를 보기로 하자.

몸으로 산을 만들었다
허물고,

다시 쌓았다
무너뜨린다.

그것이 온몸으로 세상을 재는
한평생의 길,

山은 몸속에 있는
무등無等의 산이다.

— 홍해리, 「자벌레」, 『비밀』(2010, 우리글)

이 짧은 시는 임보의 말마따나 언어의 절제미를 살린 4단시이다. 이 시의 1, 2연을 보면 자벌레가 기어가고 있다. 몸으로 산을 만들었다가 허물고, 다시 쌓았다가 스스로 허문다는 자벌레의 무한 반복의 생명 현상을 보여 준다. 이것이 자벌레의 존재 실상이다. 이 실상을 바라보며 시인은 자벌레의 존재 의미를 사유한다.

자벌레가 자신의 몸으로 산을 쌓았다가 허물고, 다시 쌓았다가 허무는 행위는 시시포스의 신화를 연상케 한다. 시시포스는 저승에서 신들을 기만한 죄로 커다란 바위를 산꼭대기로 밀어 올리는 벌을 받는데, 그 바위가 정상에 다다르면 아래로 굴러떨어지는 영원한 형벌을 되풀이한다. 알베르 카뮈는 그가 떨어질 줄 알고도 바위를 밀어 올린다는 것과 밀어 올린 바위가 굴러떨어졌을 때 다시 바위를 밀어 올리는 모습을 보고 인간 승리라고 평가했다. 시시포스가 정상에 바위를 올리는 과업을 삶의 목표라고 한다면, 그것이 더욱 큰 존재에 의해 끊임없이 유보당하고 있다. 자벌레 역시 자신의 몸으로 산을 만드는 것을 삶의 목표라고 한다면, 그의 경우에는 자의에 의해 그것을 스스로 유보하고 있다. 자벌레의 경우는 허무주의가 아니라 오히려 허무의 초극으로 볼 수 있다. 왜냐하면 자벌레 스스로 목표를 유보하는 자발적인 선택이기 때문이다.

이는 마치 도자기를 굽는 도공이 가마에서 막 구어 낸 자신의 작품을 자신의 절대적 미감에 의해 과감히 깨뜨려버리는 행위와도 같다. 또한 어렵게 정상에 오른 산악인이 스스로 내려오는 행위와도 같다. 그가 만약 정상에서 내려오지 않고 머무른다면 정상의 깃대는 될지언정 이후 가치 있는 삶을 연장할 수 없다. 그들은 산이 거기 있기 때문에 오르고, 내려오기 때문에 다시 오를 수 있는 것이다. 이 점은 대부분의 예술 행위도 마찬가지다. 시인이 한 편의 시를 쓰고, 한 권의 시집을 상재한 뒤 그것에 만족하여 머무른다면 더는 가치 있는 예술 행위를 연장할 수 없다. 스스로 이룩한 목표를 자발적으로 해체하지 않고서는 예술은 한 발짝도 진전할 수가 없다.

자벌레가 애써 오르고 스스로 허물어버리는 존재 실상의 의미는 무엇일까? 시인은 그 의미를 둘로 나누어 3, 4연에서 언급하고 있다.

3연은 자벌레의 존재 실상에 대한 외적 의미로 '온몸으로 세상을 재는 행위'라고 말하고 있다. 여기서 '재다'라는 말은 '측정하다, 측량하다, 계량하다, 계측하다, 헤아리다, 비교하다, 견주다, 분석하다, 판단하다' 등등의 유의어로, 자신이 척도가 되어 인식 범위 안에서 이성적이고 감성적인 삶을 영위함을 말한다. 자벌레는 일평생 자신이 측정할 수 있는 삶만큼 살아갈 뿐이며, 시인 또한 자신의 척도에 의해서 자기 삶의 범위 안에서 생을 영위할 수밖에 없다. 다시 말해 '재는'이란 말은 인간의 이성적·감성적 판단하에 영위되는 지상적 삶을 말함이며, 구체적으로 시인이 시를 쓰는 행위를 일컬음이다.

4연은 자벌레의 존재 실상의 내적 의미인 '무등無等의 산'은 무엇을 말함인가? 광주광역시에 가면 무등산이 있다. 시市의 경계 안에 우뚝

솟은 산으로 그 안에 입석대며 서석대 등의 비경을 품고 있을 뿐만 아니라, 멀리서 보면 고만고만한 산봉우리들이 마치 무덤을 이루고 있는 듯하여, 미당未堂의 시 「無等을 보며」에서도 죽음의 이미지가 짙게 깔려 있다. 원래 이곳 토박이들이 '무덤산'이라 불렀는데 나중에 '무등산'으로 변했다는 속설도 있다. 아무튼 광주 사람들이 사랑하는 무등산은 평등주의이다. 잘나고 못난 사람 가릴 것 없이 죽음 앞에는 모두 평등하다.

그러나 여기서 말하는 '무등無等의 산'은 평등만을 말하는 것이 아니다. '무등無等'이란 높낮이가 없다는 말보다는 '무애무득无涯无得'의 경지를 말한다. 자벌레, 즉 유한한 존재가 자신의 삶을 마칠 때까지 가는 길에 막힘이 없고, 얻을 것도 없고, 잃을 것도 없다는, 오로지 본성에 충실할 뿐이라는 것이다. 부조리한 존재 실상에 당당하게 맞서는 인간 실존의 참모습이 바로 '무등의 산'이라고 할 수 있다.

시 「자벌레」는 홍해리 시인의 자화상이다. 그는 이 지상의 유한한 찰나적 존재로서 자신의 언어를 가지고 끊임없이 이 지상의 삶에 대해 말하고 있다. 지상적 삶이라는 허무의 실상에 맞서 언어의 세계를 구축하였으며, 무등의 산으로 허무를 초극하려는 삶을 영위하고 있다. 실로 자신의 존재 실상에 대한 명쾌한 외적, 내적 의미를 이 짧은 시 한 편에 피력하고 있다.

초월성과 영원성

다음은 임보의 자벌레를 살펴보자. 그가 칠순을 맞이하여 앞으로 자벌레처럼 살겠노라고 쓰셨다는 시 「자벌레」는 시집 『수수꽃다리』에 수록되어 있다.

순례의 길을 가는
라마의 선승처럼

어느 성지를 향해
그리 바삐 가시는지

가사袈裟도 걸치지 않은
저 푸른 맨몸

일보궁배一步弓拜
일보궁배一步弓拜

시인은 우리 시가 독자들에게 사랑받는 시가 되기 위해서 일본의 하이쿠俳句에 준하는 4단시四短詩라는 짧은 민족시를 창안하여 몸소 쓰기 운동을 펼치고 있다. 4단시는 우리 호흡에 가장 잘 맞게 기·승·전·결 네 구로 되어 있다. 한 구는 4음보 이내, 1음보가 한 구를 이룰 수도 있다. 시의 길이는 가장 긴 것이 16음보, 가장 짧은 것이 4음보이다. 이점은 일본의 하이쿠가 5·7·5라는 자수에 매여 있거나, 우리의 평시조가 35자 이내의 정형시라는 점, 한시의 오언절구, 칠언절구가 20자, 28자에 각각 묶여 있는 것보다 훨씬 융통성이 있는 일종의 새로운 정형시다. 4단시는 시가 짧아 운율이 살아 있고, 또한 선명한 이미지를 그릴 정도의 공간이 확보되어 얼마든지 심오한 인생 철학을 담을 수 있다. 그렇지만 이 또한 수년간 수련 없이는 도달하기 어려운 경지임이 분명하다.

위의 시 「자벌레」는 4단시의 전형을 보여주는 작품이다. 기·승·전구를 2음보씩 두 행으로, 결구는 1음보씩 역시 두 행으로 배행하여 변화를 추구하고 있는, 4단시 14음보 형식이다. 한 구가 4음보 이내로 우리의 호흡에 자연스러우며, 마지막 결구는 2음보로 변화를 주어 호흡을 느리게 하면서 선명한 이미지를 부각하는 데 성공하고 있다.

이 시의 대상은 자벌레다. 자벌레 한 마리가 순례 길을 가는 라마의 선승처럼 가사도 걸치지 않고 맨몸으로 일보궁배一步弓拜(걸음마다 활처럼 몸을 굽혀 하는 절)의 참회의 길, 수도의 길을 가고 있다. 자벌레가 전생의 악업을 끊고, 속죄의 고행길을 가고 있는 라마의 선승으로 직유되고 있으며, "가사도 걸치지 않는 저 푸른 맨몸"이란 무소유의 삶을 말한다. "일보궁배一步弓拜 일보궁배一步弓拜" 리듬감이 지향하는 바는 생의 신비스러움과 경건함, 또는 지상적인 것을 초월하는 영원성을 부각하고 있다.

라마는 티베트에 전래한 불교를 가리킨다. 티베트는 세상의 끝, 히말라야의 그늘에서 신을 숭배하고, 종교적 믿음으로 환생을 기원하는 이들이 살아가는 곳이다. 티베트인들은 인간이 살아가는 가장 높은 산, 신들의 언덕에서 가장 낮은 자세로 코나(순례)를 행한다. 신을 향한 기도와 고행은 숨이 멎을 것 같은 고지대에서 하염없이 오체투지(삼보일배)로 이어진다.

티베트에서의 종교는 사원이나 사당에만 있지 않고, 먹고 말하고 숨쉬는 그 자체라고 한다. 티베트에서 불교는 종교가 아닌 삶이요, 전생의 악업을 끊기 위한 속죄의 고행이며, 내세의 유복한 환생을 위한 현세의 기도이고, 신과 소통하는 유일한 길이다. (성연호의 『세계의 명소』 참조)

임보 시인은 일찍이 지상의 세계와는 가치가 전도된 상상력으로 신선의 세계를 그린 시집 『구름 위의 다락마을』이라든가, 노·장자 유의 선문답 시집과 지상의 삶에 교훈이 될 만한 지혜나 처세가 담긴 잠언 시집 등을 펴낸 바가 있다. 비록 일상사가 시의 대상이 된다고 하여도 그의 시 정신인 선비 정신에 따라 써야 한다는 시론을 견지하고 있어 결국 이상화되어야 할 대상으로서 현실을 그리고 있다. 이점이 홍해리 시인과 임보 시인의 차이점이다. 두 시인의 기질적 차이에서 비롯된 것이겠지만, 홍해리 시인이 지상에서 순간에 사라지고 말 것을 붙들고 애틋한 마음을 토로하며 덧없는 언어로 맞서는 시인이라면, 임보 역시 덧없는 삶이라는 바탕은 같으나, 시인이 추구하여 마지않는 신선의 세계나 종교, 혹은 유토피아적 인문세계를 지향하는 초월성과 영원성으로 허무를 극복하고자 하는 시 세계를 보인다.

건강한 삶의 회복을 위하여

— 정병성, 「눈 내린 식사」 외

《우리詩》 10월호에 실린 정병성 신작 소시집의 시어가 무겁다. 그가 작년 5월에 게재한 시 「국자」에서 "낡은 냄비 속으로 식지도 죽지도 않을 이름/ 구욱-자야--아"라고 풍유적으로 국자를 부르던, 낭랑하고 유머러스하던 목소리가 채 가시기도 전에 다시 접하는 그의 언어는 납덩어리와 같다. 삶이 구차해지고 상황이 악화되었다 하여 세상을 향해 삿대질할 사람이 아닌데, 분명 무엇인가 큰 변화가 있는 듯하다. 이 경우 시를 보고 시인의 상황을 유추하는 것이다. 이번 시 속에는 뭔가 생기가 메마르고 아픔이랄까, 연민이랄까, 그런 정서가 짙게 깔려 있다.

이번 소시집 읽기는 「상장수」라는 산문시에서 시작하자. 시인은 느닷없이 상장수에 관한 기억의 한 토막을 꺼내 놓는다.

> 아저씨 또 왔지 어깨에 허연 광목 끈 메고 왔지 그놈의 밥상 짊어지고 부서진 몸 다시 돌아왔지 엄니는 때깔 좋은 놈 하나 골랐지 옻칠한 피눈물 그놈의 그 밥상 무덤만큼 중했지 먹고 죽은 상다리 시뻘건 몸뚱어리 황토마당에 내동댕이쳐졌지

앵두나무 옆 헤헤헤 웃던 상장수, 상다리 쫙 펼치면 어둡던 쪽
마당 시끌벅적했지 장독대 둘레둘레 꽃폈지 족두리꽃 일으켜
세웠지 상장수 어찌 알고 왔을까 도깨비 같던 읍내 상장수, 난
아직 옻나무 상다리만 보면, 꺾인 무릎을 펴고, 발 한쪽을 삐
걱거리며, 대낮에 기다리지 꽃웃음 지고 꽃밥 풀어 놓던 상장
수, 헤헤헤 슬금슬금 뒷걸음치던 상장수….

—「상장수」 전문

이 시의 서사적 줄거리는 다음과 같다. 읍내 상장수가 마을에 왔는데, 어머니께서 때깔 좋은 놈으로 하나를 샀다. 아마 애지중지하며 온 가족이 둘러앉아 식사 때마다 소중한 쓰임새가 있었으리라. 그러다가 가장께서 밥상 채 황토 마당에 내동댕이쳤다. 고장 난 상을 읍내 상장수가 마을에 나타나자 수리를 했다. 이게 전부다. 그래서 이것이 무슨 서사거리가 된단 말인가.

이 이야기를 이렇게 해석해 보자. 옻칠이 반질반질한 밥상을 주체의 은유적 표현이라고 치자. 상장수는 주체를 지상에 존재케 한 절대자, 즉 신적 존재가 된다. 어머니가 주체를 샀다는 것은 출생을 의미하고, 아버지는 가정에서 가부장적 군림의 존재로 새겨진다. 이렇게 말도 안 되는 단순 은유로 치환하면 이 이야기는 한 가정 안에서 평범한 가족사로 읽힌다.

그러나 말이 된다. 시인께서 신학을 공부했다는 전기적 요소를 들이대지 않더라도 이 치환 은유는 무리가 없다. 이 서사 속의 주체인 나(=

상)의 상태가 양호하지 못하다. 상의 상태가 "꺾인 무릎을 펴고,/ 발 한쪽을 삐걱거리며" 물리적 불편을 보인다. 상장수는 고장 난 부분을 기꺼이 수리는 해 주지만 "헤헤헤 슬금슬금 뒷걸음치던 상장수……"의 말없음표가 마음에 걸린다. 주체에 대하여 일차적 처치는 해 주지만 이후 적극적 개입을 마다하는 소극성을 상장수에게 느낄 수 있다. 뭔가 '불편한 심각성'을 이 시는 함의하고 있는 듯하다.

이 '불편한 심각성'의 정체가 무엇일까? 시 「상장수」에서 인용한 "꺾인 무릎을 펴고,/ 발 한쪽을 삐걱거리며"는 단순한 수사적 차원의 표현이 아닐 수 있다. 다음 시를 보기로 하자.

> 난 거기서 생각하였네
> 칡은 칙칙한 제 몸을 땅에 감추고도
> 손을 뻗어 새파란 숨을 길쭉길쭉 내미는구나
> 가슴으로 온 가슴을 덮는구나
> 바람을 맞대고 부둥켜
> 허물로 실조되었던 기슭을 단단히 동이는구나
> 난 거기서 또 생각하였네
> 미리미리 몸을 묻어 두자
> 덤으로 사는 인생
> 비틀어진 손가락 마디만큼 여린 손을 펴자
> 풀내음에 죄스러운 계절들

얽히고설켜 가늘가늘 여무는 우린
손 눈금 다 닮도록 그렇게
가을을 맞이하자

―「칡넝쿨 앞에서」 부분

이 시의 화자는 '자율신경실조증'이란 증세에 시달리고 있다고 구체적인 병명을 밝히고 있다. 화자는 지금 과도한 스트레스로 인하여 자율신경에 문제가 생겼고, 가슴이 두근거리고 뜨거워지며, 통증을 호소하며, 무더운 여름을 나고 있다. 화자는 병들고 지친 몸을 이끌고 마을 산책로의 넝쿨 사이로 보라색 칡꽃이 달린 칡넝쿨을 바라보며 크게 두 번 생각한다.

첫째는 칡에 관한 명상이다. 칡은 제 몸을 땅에 감추고 밖으로 왕성한 생명을 발하고 있다. 이것이 굳이 특별하달 것은 없지만, 생명 현상이란 대지에 뿌리박고 있다는 점, 밖으로 왕성하게 뻗어 나간다는 점, 그리고 허물어져 가고 있는 것을 단단히 붙들고 있다는 점이 심신이 허약한 화자에겐 그 어떤 힘으로 다가왔을 것이다. 칡에 대한 명상은 몇 개의 감탄형 종결어미로 존재한다.

둘째는 이 명상에 대한 적용이다. 감탄형으로 존재한 칡에 관한 명상을 몇 개의 청유형으로 붙잡는다. 청유형 종결어미란 화자가 청자에게 행동을 공유하자는 말하기 방식이다. 혼자만의 다짐이 아니라 누구에게 행동을 같이하자는 제의이다. 청유 내용은 다음과 같다. 하나, 우리도 몸을 땅에 묻어 두자. 그래야만 왕성한 생명력이 나로부터 일어날

수 있다. 둘, 나로부터 비롯된 미약한 생명력일지라도 최선을 다해서 확장하자. 그것이 우리가 살아 있다는 증거이다. 셋, 이 땅에서 서로 관계를 맺고 있는 우리는 손금이 다 닳도록 손을 잡고 오늘도 살고 내일도 살아가자.

이 시는 감탄형에서 청유형으로 진화한다. 자신의 아픔에 대해서 객관적으로 바라보고 발견의 감탄과 적용의 청유로 시상이 전개된다. 시 끝에 '나'가 도도한 '우리'로 확대된다. 우리는 누구일까? 시대의 아픔을 같이 겪고 있는 자들일 것이다. 나의 가족일 수 있고, 이웃, 밖에 있는 사람들을 말함이다. 같은 처지에 놓여 있는 자에게 보내는 감정을 '연민'이라 한다. 화자는 연민의 시각으로 이 아픔을 극복하려 한다. 그렇다면 화자가 느끼는 어지럼증은 단순히 개인적 차원의 고통이 아니라 우리 사회의 문제일 가능성이 짙다.

연민의 시각은 동정과는 다르다. 동정이 수직적 차원에서 수혜의 시각이라면, 연민은 수평적 차원에서 나눔의 시각이다. 동정에는 자기기만이나 허위의식이 내재할 여지가 다분하나 연민은 진한 유대감을 느낄 수 있다. 화자는 자신의 아픔을 치유하는 길은 연민의 시각으로 타자를 자기화할 때, 자신의 아픔을 동류의 사람들과 섞을 때, 치유의 길이 열린다는 것을 얽히고설킨 칡넝쿨을 보며 자각한다. 이는 건강한 시적 사유라 아니할 수 없다.

그러나, 연민의 시각으로 바라본 동류의 삶은 그리 밝지만은 않다. 그들의 삶의 형태는 시 「달달한 먼지」에서 말하고 있듯이, 달달하다는 것은 중독성을 의미하고, 먼지는 하찮음, 무기력, 절망과 좌절 등을 뜻한다. 사람만이 아니다. 주변부를 둘러싼 나무와 새, 즉 자연까지 무기력에 중독되어 있다. 시를 보기로 하자.

어른들은 노란 주전자에 막걸리를 마시고 범나비처럼 흐느적거리기도 했고 샛노란 달밤 고래고래 소릴 지르기도 했어
노르스름한 세상이 미치도록 달달했기 때문이라고

지금 먼 훗날 갓길에 먼지의 힘으로 진을 치고 있어 먼지로 자식을 키우고 먼지로 세수를 하고 하루 한 번 먼지옷을 갈아입으며 먼지로 울고 먼지로 화장을 해

나무들도 뿌연 먼지로 목욕을 하고 바람은 다시 먼지를 일으키지 달달한 먼지는 지친 새의 영혼을 맑게 하지

비틀대던 범나비의 날갯짓도 어디선가 불어온 먼지를 닮아 팔랑거리고, 사라지고 나타나는 꽃술 차, 흔들흔들 심장은 여전히 살굿빛 먼지에 취해 있어

—「달달한 먼지」 부분

이 세상에 산다는 것 자체가 중독이다. 마치 아편쟁이처럼 현실의 불편함이나 고통을 덜기 위한 가장 쉬운 방법은 중독에서 안식을 구하는

것이다. 이것은 물론 일시적인 마비 현상이며 일순간의 달달한 유혹이다. 만연한 황사처럼 한 치 앞이 보이지 않는 상황에서 내일이 없는 자들이 가장 빠지기 쉬운 길이다. 화자는 생의 중독성이 거꾸로 생존 조건이 되는, 건강치 못한 삶의 역전 현상을 보여주고 있다. 이 시는 다분히 자학적이고 역설적이다. 그러기에 시 밑바닥에는 더욱 진한 연민의 정이 흐르고 있다.

연민의 시각에 의해서 쓴 시에 나타난 동류들의 삶을 살펴보자. 눈 내리는 날 노점에서 더덕을 까서 팔고 있는 할머니, 소금 가마니를 평생 지고 힘든 노동으로 살아온, 연못 가운데 헤엄치고 있는 소금쟁이, 공짜 눈썹 서비스를 받는 마을 회관 할머니들과 눈썹을 그려주고 있는 동남아시아 새댁, 해남이 고향인 할머니의 수다, 늙은 아버지의 뼈를 녹이는 단맛이 된 그리움과 박하사탕, 지하철 스크린도어 작업을 하다가 죽은 비둘기, 그리고 공시생, 이들은 모두 이 시대의 고통 받는 존재들이다. 이들은 이 사회에 한 번도 무대 전면에 등장해 본 적이 없는 사람들이다. 이 땅에서 가난에 내몰리거나 소외되거나 문밖에 있는 자들이다. 이와 관련하여 시 한 편을 보기로 하자.

어린 송이버섯을 뜯거나
늙은 검버섯을 쓸어 담는 이 하나 없이
저 상념 없는 무덤으로
더덕더덕한 더덕은 돌돌 벗겨지고
어느새 흰 눈은 쌓여

끔뻑끔뻑 눈꺼풀만 내리는데
배불리 불룩불룩 수북수북 발은 빠지는데
할머닌 말없이 껍질만 까고
허기진 배는 노르스름한 더미에 파묻혀
잔뜩 파묻혀
돌돌 벗겨 낸 저녁이 어찌나 까만지
멀리서도 하얗게 새하얗게

—「눈 내린 식사」 부분

화자는 눈 내리는 노점에서 늙은 검버섯 같은 더덕 껍질을 까서 좌판 위에 늘어놓고 하루의 양식을 마련하고자 하는 한 할머니에게 초점을 맞춘다. 그의 시선을 사로잡고 있는 생의 짙은 음각과 양각과도 같은 선명한 흰색과 검은색의 대조, “말없이 껍질만 까고/ 허기진 배는 노르스름한 더미에 파묻혀/ 잔뜩 파묻혀/ 돌돌 벗겨 낸 저녁”은 할머니의 하루 양식이자 화자의 양식이지 않겠는가. 이 무채색의 대조가 생의 허기와 상념 없는 무덤으로 다가와 어떤 희망이나 절망도 거부하는 생의 자취로 차갑게 조명된다. 또한, 가지런하면서 절제하며 끝까지 연민의 대상에게 눈을 돌리지 않는 화자의 시각을 보라. 자신의 감정을 쉬 드러내지 않는다. 아프지 않아서가 아니라 너무 고통스러워서 정상적인 감정 표현 기능이 상실된 듯 그는 차분하다. 진짜 고통 받는 자는 그리 엄살떨지 아니하고 그것을 무거운 침묵으로 안으로 삼킨다. 신음이 잇새로 새지 않고, 섣부른 감정의 일단을 들추지도 않는다. 마치 면도날처럼 차갑게 있는 그대로 객관적인 시각을 견지하고 있는 화자의 무거움을 언어를 통해서 느낄 수 있다.

시인은 출구 없는 우울한 성찰만을 지속하며 시를 쓰지는 않은 듯하다. 한 편의 문학 작품이나 영화가 반드시 해피엔딩으로 끝나 관객들이 카타르시스를 느끼며 태연하게 일상으로 돌아가야 한다고는 굳이 생각지 않는다. 출구 없는 성찰이나 방황도 그 나름의 훌륭한 예술적 제재이다. 내가 여기서 다행스럽게 생각하는 이유는 안에 품고 있는 감정을 터뜨리지 않는 한 그것이 자율신경실조증을 더 깊게 하기 때문이다.

시인은 시 「나는 아직도 모란이 그립다」의 제목에서 드디어 '나'라는 주체를 주어 자리에 대범하게 놓고, '그립다'라는 정서의 일단을 과감하게 피력하고 있다. 이 시에서는 적어도 객관적인 시각이니 절제미이니 내재적인 통어니 하는 말보다 자기 자신을 폭로하고 있는표현이 더 적절할 것이다. 시인에게 언어는 믿음이자 생명이며 행동이다.

창호 없는
밤 별밭으로
모란꽃 몇 만 번 피었다졌으므로
새퍼러둥둥 굶주린 달빛에 배추밭을 뛰쳐나온 방광들
온 대륙을
받아내었느니

한반도 비릿비릿한 예식들 다 어디로 사라졌나!

세차게 솟는 오줌 줄기는
여전히 따듯한데
비무장 지대 꽁꽁 언 줄금 하나
문지방 그릴 줄 모른다

흘러라 두 무릎 노오란 줄기여
나는 아직도 요강에 그려진 푸른 꽃들이 그립다

—「나는 아직도 모란이 그립다」 부분

화자가 배추밭에 오줌 누기에 대해서 말하고 있다. 내 몸에서 나온 노폐물을 다시 배추밭에 소매를 주어(거름으로 주어) 싱싱하게 키워냈던 작업을 시인이 기억해 낸 것이다. 우리가 먹는 채소류는 옛날에는 채소밭에 소매를 주어서 키웠다. 요즘은 도시나 농촌 할 것 없이 이 소중한 거름을 수세식이라는 문명의 이름으로 물로 희석하여 하수구로 쏟아버리고 만다. 문명은 실로 소중한 지구적 자원을 세련되게 낭비해 버리는 것이다. 사람의 몸에서 나온 노폐물을 거름으로 사용하여 생명을 키우고, 이 생명을 사람이 다시 먹음으로써 생명을 이어간다는 것은 무엇을 말함인가. 이것은 거대한 생명의 순환이다. 인간 삶의 노폐물이라 할 수 있는 이 시대의 고통과 소외를 거름 삼아 생명을 키워내고, 이 생명이 더욱 큰 생명을 키워내는 건강한 생명의 순환이다.

이것이 시의 건강성이다. 이것이 시의 전복적 사고다. 타고 남은 재가 다시 기름이 되어 타오르는 것이다. 정병성의 시 세계는 불편한 심각성에서 출발한다. 이 심각성은 동류와의 연민의 유대 의식을 통해 만남이 이루어지며, 이 만남을 통해 자기 생명의 확장을 꾀하고자 한다. 실로 건강한 삶의 회복을 노래하고 있다.

기억은 어떻게 시가 되나?

— 강동수, 「두 시에는 데이트를」 외

시인들은 일상 중에서 소재를 취하여 시를 쓴다. 어떤 시인은 이웃의 가난이나 고통을 언어화하고, 또 어떤 이는 꽃이나 나무, 풀 등 자연에서, 생명에서, 관념에서 시의 재료를 얻는다. 각자 목을 축이는 우물이 다르듯이 시를 얻는 곳 또한 다르다.

시인 강동수는 어디에서 시를 얻는가?

그의 두 번째 시집 『기억의 유적지』 해설을 맡은 조영미(시인·문학평론가)는 "그가 첫 시집 『누란으로 가는 길』에서 '기억을 잃지 않는 한, 과거에 축적된 시간은 가장 완벽하고 훼손되지 않는 존재'임을 보여 주었다면, 두 번째 시집에서는 오래된 기억의 단편을 재생해 '살아 있는 화석'(시 「화석」)의 존재를 풍경화 한다"라고 말하였다. 즉, 첫 시집이 기억 자체라면, 두 번째 시집은 현재의 삶에 드러나는 메타포로 존재하는 기억의 풍경을 그리고 있다는 것이다.

강동수 시인이 천착하고 있는 시의 우물은 기억이다.

기억이란 과거의 시간이다. 한 뇌 과학자의 말을 빌자면, 기억이란 어떤 자극(학습)에 대하여 이를 느끼고 머리에 아로새겨 두었다가 자극이 없어지고 나서 그 정보를 다시 상기할 수 있는 정신 기능을 말한다. 기억상실증에 걸린 사람이 아니라면 누구나 응당 기억이 있다. 시인은 과거의 기억 속에서 어떤 이미지나 사건을 언어화한다. 현재는 이미지가 목전에서 막 탄생하는 시점이라 흐물흐물하지만, 과거는 이미 형성된 이미지가 선명하고 사건은 어떤 의미를 띄고 확고하게 고착되어 있다. 그에게 시를 쓰는 행위는 과거 시간에로의 여행이다. 시인에게 기억은 시가 태어나는 자리다. 강동수 시작詩作의 비밀이 바로 여기에 있다.

사고로 앞을 보지 못하는 시인으로부터
시화전 초대장을 받았다
보내는 이 앞에 적혀 있는 한 줄의 아호 같은 글
— 時를 쓰는 사람

시자가 그 시자가 아닌데요

네 알고 있습니다
내가 앞을 못 봐서 사람을 시켰더니…

말끝에 묻어나는 그의 목소리에
화가 담겨 있다
그가 쓰고 싶은 것은 詩가 아니라
과거의 시간일 거라는 생각
지나간 시간들이 배달되는 우체국에서

이젤에 걸려 있는 시화들이
사람들을 맞이했다

—「時와 詩 사이에서 길을 잃다」 부분

아마 사고로 앞을 보지 못한 지인이 시화전을 우체국에서 조촐하게 여는데(이분이 어떻게 시화를 준비했는지 궁금하다), 초대장에 아호를 '時를 쓰는 사람'이라고 쓴 모양이다. 오자를 지적해 주자 화자에게 변명하듯 화가 나 있더라는 이야기다. 그러나 이 시의 화자는 이 오자를 통해서 하나의 시적 진실에 가 닿는다. 詩란 곧 時라는 것이다. "그가 쓰고 싶은 것은 詩가 아니라/ 과거의 시간일 거라는 생각"을 한다. 인간의 삶이라는 것이 과거의 토대 위에 세워지는 것이고, 기억의 총량이 그의 정체성이다. 또, 지나간 시간이 배달되는 곳이 우체국뿐이겠는가. 인간의 모든 기록은 과거형이 기본 시제다. 실로 오자 때문에 확철대오廓徹大悟까지는 아니더라도 시적 진실의 한 측면과 접하게 된다.

전문가들에 의하면 기억에는 단기 기억과 장기 기억이 있다고 한다. 전자는 불안정하며, 머리를 다치거나 전기 충격 등으로 의식이 상실되면 쉽게 소실된다. 그러나 후자는 최초의 기억이 여러 가지 변형을 입어 더욱 확고해지며, 두부 손상이나 전기 충격에 의해서도 쉽게 사라지지 않는다. 정보가 뇌 속에 확고히 고정되어 기억의 흔적으로 남아 있기 때문이다.

텃새의 풍경으로서 의미

그는 삼척 바닷가에서 나고 자라 현재 그곳에서 살고 있다. 태생과 생활 터전이 일치한다는 것이 축복인지는 잘 모르겠으나, 그곳의 자연과 사계절의 변화, 바닷가 마을에 있었던 수많은 사건, 공동체의 특수성 등 고향에 관한 것이라면 손바닥 들여다보듯이 꿰뚫고 있을 것이다.

텃새는 한 장소에서 태어나 그곳이 삶의 무대가 되는, 크게 이동이 없는 새를 말한다. 아마 그곳이 기후며 먹이 등 삶의 조건이 가장 잘 맞아 따로 다른 곳으로 이동할 필요를 느끼지 못하리라. 그러나 철새는 자기들에게 맞는 생존의 조건을 찾아서 멀리 시베리아에서 한반도를 거쳐 따뜻한 남중국해까지 수만 마일을 오르내린다. 여기서 정착과 노마드에 대해서 말하자는 것이 아니다. 시인 강동수는 텃새와 같은 시인이라는 것이다. 그의 시에는 삼척의 집들이며 바닷가, 과거의 기억들과 현재 그곳에서 보고 듣고 느낀 모든 것들이 진열장처럼 나열되어 있다.

단기 기억에 관한 시편들을 살펴보자. 단기 기억은 그에게 풍경으로 존재하는 과거 시간의 메타포이다. 과거의 이미지나 사건이 하나의 풍경으로 현재화되고 있다. 텃새 시인은 삼척의 어느 골목, 거리, 바닷가 등을 과거의 우물에서 퍼 올려 현재의 시간 속에다 쏟아붓고 있다.

봄날은 간다. 영화는
벚꽃 흐드러진 나뭇가지에
못 이룬 사랑을 걸어놓고 서울로 떠났다
사랑이 떠나간 벚나무는
이내 꽃망울을 지우고

진한 사랑의 흔적처럼 버찌의 얼룩만을 남겨놓았다
새봄이 오기 전 버찌 얼룩이 두려운 도로는
벚나무를 모두 잃어버렸다

다시는 꽃을 피울 수 없는
불임의 가로수 길을 걷는다.
꽃잎을 날리지 않는 푸른 소나무는
헤어질 일이 없을 것 같은 사랑을 붙들고

언제나 그 자리에 서 있지만
새봄이 오면 잠자던 도시에 안개처럼
흩뿌려지던 하얗고 눈부신
 나의 젊은
 봄날은 갔다

—「봄날은 갔다」 부분

삼척의 봄날 풍경은 길거리에 화사하게 피어나는 벚꽃이었다. 시인은 이곳에서 평생 봄을 났을 것이다. 봄이 되면 어김없이 벚꽃은 이 생기 없는 도시에 환상적인 색채를 더하여 취하게 했으리라. 그리고는 여인네 치맛단을 끄르듯 어느 날 눈꽃처럼 날리며 자취를 감추고 마는 것이니, 벚꽃처럼 쉬 지는 게 또 있을까. 흐드러지게 피어나는 벚꽃은 젊은 날의 냄비 같은 사랑이다. 꽃이 지고 흔적만 남은 것은 사랑이 떠났다는 것이다.

사랑이 떠난 자리에 사철 푸른 소나무가 서 있다. 소나무도 꽃이 없는 것은 아니지만, 그것을 젊은 날의 사랑이라고 말하기엔 뭐하다. "꽃잎을 날리지 않는 푸른 소나무는/ 헤어질 일이 없을 것 같은 사랑을 붙들고/ 언제나 그 자리에 서 있"다. 그래서 "불임의 가로수 길"이라고 명명했다. 화창한 봄날처럼 젊은 날의 사랑은 왔다 가고, 사랑 없는 거리에서 불임의 나날을 견디는 것이리라.

덧없는 일상이 반복되며, 문득 기억 속의 이미지가 풍경으로 나타났다 사라지는 단기 기억의 시편이다. 이 기억은 시인의 현재의 삶에 그리 큰 심각성으로 다가오지는 않는다. 바닥에 깔린 정조도 그리 무겁지만은 않다. 풍경을 지배하는 기억색memorial color 또한 어둡지 않다. 사람들은 대부분 현재의 시간 속에서 문득문득 떠오르는 이런 단기 기억으로 엮인 삶을 살고 있다. 쉬 떠오르고 쉬 지워지고, 지워졌다고 안타까울 것도 없는 삶을 살고 있다.

단기 기억의 계열 시들이 그의 소시집에 많이 등장한다. 라디오 방송에 대한 추억으로, 기억이란 시간을 뚫고 끊임없이 현재화되는 것이라는 시 「2시의 데이트를」, 한여름에 설빙을 통해 겨울의 눈을 떠올리고 겨울꽃의 향기를 맡는다는 시 「눈꽃가루」, 등대가 보이는 바다가 내려다보이는 풍경을 그리고 있는 시 「바다의 언덕」 등이 그것이다.

현재를 부단히 간섭하는 기억

어떤 기억은 현재의 삶을 부단히 간섭한다. 저 무의식 속에 똬리를 틀고 있다가 시시때때로 불쑥 고개를 내밀어 현재의 삶에 뭔가 불편한 권리를 주장한다. 이런 기억을 장기 기억이라고 하는데, 소위 '트라우마'라고 하는 것도 이에 속한다. 최초의 충격적인 사건이 입력되어 뇌 속에 확고히 자리를 잡으면, 이 기억은 시간을 두고 변형되어 내부 진화를 해나가다, 현재의 시간에 뛰어들어 사람들을 위축시킨다든가 부정적인 감정에 휩싸이게 한다. 그의 시에도 어릴 적 가난과 관련된 부모님의 기억, 형제의 죽음, 또는 사랑하는 지인의 죽음 등이 이에 해당한다.

나 어릴 적 아버지
오징어 잡으러 떠다니던 바다에서
만선이면 정박하던 동해의 어촌마을
지금도 어달리 외치면 비릿한 생선 냄새
까닭 모를 슬픔이 밀려오는
낡은 양은냄비 같은 이름
내가 자라고 뛰놀던 항구도 아닌데
나는 왜 어달리가 슬플까
만선의 고기를 다 풀고도 모자란 술값 때문에
돌아오지 않는 아버지를 찾아
초등학교 형이 기차 타고 물어물어
판자촌 입구에서 찾았다는 어달리 바닷가
그 막막한 노랫가락 선술집은
아직도 바다를 베고 누워 있을까

어달리
그 오래된 판자촌 술집으로 다시 가고픈 나도
이제 불혹을 넘긴 그때 아버지의 나이
오래전 아버지도 떠나고
젓가락 장단 두들기던 색시들 늙은 할머니 되어
세월을 두들기고 있을
해풍에 낡아가는 바닷마을
오징어처럼 질긴
추억의 이름 하나 내 마음 비탈에
매달려 떠나지 않고 있다

―「어달리」 전문

어달리는 강원도 동해시의 작은 어촌마을로 고깃배들의 기항지인 듯하다. 대개 이런 곳은 가난한 어부들이 고된 하루의 노동을 마치고 사무친 삶을 부리는 곳으로 젓가락 장단의 선술집이며 색싯집이 있게 마련이고, 화자의 부친도 가족이 있는 집보다는 이 거리에서 떠도는 나들이 많았던 뱃사람이었던 모양이다.

화자는 그때 나이가 어려 가지 못하고, 아버지를 데리러 다녀온 어린 형이 들려준 이야기 속에서 어렴풋이 어달리라는 지명을 각인시켰으리라. 집을 나가 들어오지 않는 아버지, 어머니의 한숨으로 떠도는 남겨진 집의 곤궁, 아버지의 도피처로 보이는 어달리는 가족들에게 원망의 대상이었으리라. 이후로도 가난은 지속되었고, 가보지 못한 어달리는 그의 안에서 독버섯처럼 성장하여 그의 가난을 물어뜯고 거대한 절망과 두려움의 대상으로 변형되며 온갖 상상을 낳았으리라. 그리하여 현재에도 "오징어처럼 질긴/ 추억의 이름 하나 내 마음 비탈에/ 매달려 떠나지 않고 있다"라고 고백하고 있다.

그의 현재의 삶을 부단히 간섭하는 것은 장기 기억이다. 이것은 기억색이 빨강, 주황, 노랑의 따뜻한 색채가 아니라, 회색, 검은색, 짙은 바다색과 같은 칙칙한 색채를 동반하며 대개는 슬픔의 정조를 띤다. 외롭고 쓸쓸하고 괜히 서글퍼지면 이 장기 기억이 불쑥 고개를 내민다. 반대로 이 기억을 떠올리면 부정적인 정조와 기억색이 뒤따른다. 이것을 심리학자들은 기분 일치mood congruence 효과, 또는 기분-상태 의존mood-state dependent 인출 현상이라고 말한다. 위의 시에서 보면 상상 속의 어달리는 슬픔의 감정 속에 떨고 있다.

이 밖에도 고 이재부 시인 영전에 바친 시 「언젠가 다시 만나리」에서 보면, 흠모하고 존경하는 어른의 죽음으로 인해(추억의 공유 대상이 사라졌다) 허무의 상태, 공空의 정서를 유발하면서 진한 슬픔으로 그에게 충격으로 다가온다. 대개 조시弔詩라는 것이 슬픔을 억제하고 추억을 하나하나 불러내어 기억을 강화하는 글이지만, 시인의 경우에는 고인과 각별했던 관계로 미루어 보아 다분히 장기 기억 속에 저장될 가능성이 짙다.

덧없는 일상은 과거로 흘러간다

현재의 덧없는 일상은 부단히 과거로 흘러간다. 그것이 기억 속에 자리잡기까지는, 시 속에 어떤 풍경으로 자리잡기까지는 숙성의 시간이 필요하다. 현재는 아직 어떤 기억색조차 갖추지 못한 단계이며, 그저 차창 밖으로 휙휙 지나가는 풍광에 불과하다. 현재는 과거의 시간으로 질주하는 기차처럼 내달리고 있을 뿐이다.

그의 시에도 현재에서 건져 올린 덧없는 일상들이 끊임없이 부침한다.

당신과 나는 지금
신뢰수준 20% 플러스마이너스 5%
오차범위 내에 있다
신뢰 수준이 더 이상 내려갈 수 없을 때
종종 사람들은 미련 없이 돌아서지

유빙遊氷처럼 제자리를 맴돌며 지나온 날들
시간은 언제나 평행선을 그었지만
오차범위는 늘 위험 수준에 다다라 있다

신뢰를 잃은 사람들의 이별 소식은
출구조사처럼
마을을 떠돌아다니고 있지만
한계선에 머물러 있는 우리의 시간

사랑하기 때문에 헤어진다는 연인은
아직 신뢰수준이 남아있기 때문

—「당신과 나는 오차 범위 내에 있다」 부분

예를 들자면 이런 시들이다. 일상 중에 부대끼는 인간관계, 특히 남녀관계를 신뢰 수준의 오차 범위 내에 존재하는 관계라고 말한다. 인간관계도 수치로 계측할 수 있다는, 다분히 현대라는 계량화 시대를 비아냥거리고 있다. 이와 같은 계열의 시는 그 존재가 물에 뜨는 돌처럼 가볍다. 배경이 되는 정조도 없으며(감정이 섞이지 않는다), 햇볕에 부유하는 먼지처럼 무게감 없이 세태 풍자에 머물고 있다. 이는 과거의 기억 속에 내장된 풍경이 불쑥 떠오르거나 현재의 삶을 지배하는 시와는 많은 차이가 난다.

이러한 시로 이 시대의 국회와 국회의원의 무능과 말장난과도 같은 행위를 풍자하고 있는 시 「25시 여의도」도 마찬가지다. 풍경이 되지 못한 말들이 잠시 얼굴을 내밀고 떠돌이처럼 여기저기 기웃거리다 사라진다. 그의 시의 방점은 기억 속에서 퍼 올린 시편에 있다.

이제까지의 논의를 요약하자면, 그는 과거의 풍경이 현재의 삶에 불쑥 끼어들거나 부단히 그것에 간섭하는 시편에 능한 시인이다. 그러기에 그를 기억의 시인이라 불러도 좋을 듯하다. 다시 처음으로 돌아가 그는 時가 詩가 되는 원리를 꿰차고 있는 시인이라고 말할 수 있겠다.

시가 태어나는 자리
— 유진, 「아득한 거리」 외

시인과 비평가가 게임을 한다고 치자. 게임은 시인이 감추고 비평가가 찾는, 어린 시절 소풍 가서 했던 보물찾기 놀이와 비슷한 것이다. 먼저 시인이 자신이 노는 말밭에다 각별한 언어를 감춘다. 시인이 감춘 것은 자기 몸을 관통한 정제된 언어다. 비평가는 여기저기 날개를 팔랑대며 나는 나비를 포충망으로 포획하여 채집통에 넣어두었다가 혼자만의 시간에 통 속의 보물을 분류하는 작업을 한다. 비평가는 말밭을 헤집고 단서가 될 만한 것들을 주워 모아 누구나 이해할 수 있는 논리 체계를 수립해야 한다. 누구의 작업이 더 쉬울까? 누구의 작업이 더 빛날까? 감추는 것과 찾는 것이 대등하다고 하더라도 비평가에게는 자신이 찾은 보물이 가짜일 수도 있다는 부담감이 여전히 남는다. 어느 모로 보나 전자보다 후자가 부담스러운 게임임이 틀림없다.

《우리詩》 8월호에 포항의 유진 시인께서 보물을 감추어 놓았다. 시인은 2003년 《조선문단》으로 등단하였고, 첼리스트이자 대학에서 시창작을 지도하는 선생님이다. 또한, 현재 《우리詩》의 편집위원으로 시 잘 쓰고, 시 해설에도 일가견이 있는, 여러모로 베테랑급 시인이다. 이렇게 장황하게 시인을 소개하는 이유는 시인이 보물을 감추는데 최강

자이기 때문이다. 현재로는 그녀가 감춘 보물을 찾을 만한 아무런 단서도 없다. 무성한 말밭의 언어들이 여기저기 흩어져 있어 요령부득이다. 서른두 살 비정규직 남자, 스몸비족들, 소국 화분, 돌산 갓김치, 바다, 돌직구, 저녁, 시, 주차장에서 목을 맨 남자, 빙수……이런 말 조각으로 도대체 어떤 그림을 맞출 수 있을까? 서로 관련성이 없는, 등 돌리고 있는 언어들이 전혀 협조할 기미가 보이지 않는다.

꼭 퍼즐을 맞추어야만 한다면, 우선 하나의 퍼즐 판에 이들이 하나의 그림으로 안치되어야 한다는 원칙만은 지키기로 하자. 나는 하나의 밑그림이 그려져 있는 퍼즐 판에 각양각색의 개성 있는 퍼즐 조각들을 맞추어나갈 것이다. 침대에 맞추어 사람의 다리를 잘랐다는 고대 그리스 아키타의 강도 프로크루스테스처럼 길면 잘라내고 짧으면 늘일 것이다. 남의 시를 분석하는 비평적인 작업에는 다소 위악적인 부분이 따르게 마련이다.

일상과 비일상

일상이란 사람들의 매일의 삶이다. 비일상은 일상 중의 특별한 순간이다. 일상이든 비일상이든 이것은 시간의 축선 위 인간의 삶을 말한다. 일상은 한순간도 멈춤이 없는 현재진행형이다. 한순간도 멈춤이 없음으로 항상 새로운 사건과 사태임이 분명하나, 이것은 신속하게 다가와 곧바로 과거로 돌진한다. 반면 비일상적 시간은 일상에서 문득 자각되는 시간이며, 사물이나 사건의 본질을 꿰뚫는 직관의 시간이다.

'일상日常'은 본질적으로 언제나 '비일상非日常'과 대비되는 사고이다. 일상성은 보통의 것, 정상적인 것이며, 비일상성은 보통이 아닌 것, 이상한 것이다. 한자의 '日常'은 원래 태양이 매일 뜨고 지는 그 항상성을 의미했다. 유의어인 '평생'이라든가 '부단'과 마찬가지로 반복성·연속성·항상성이 함의되어 있다. 이런 의미에서의 일상성은 반복, 재생산, 루틴(routine), 전통과 같은 의미를 담고 있으며, 이에 비해 비일상성은 일회성·생산성·혁신과 같은 의미를 포함한다. (노에 게이이치 외 4인, 『현상학사전』 참조)

일상은 매일매일 반복되는 의미 없는 시간이다. 그 시간 속에서 인간의 삶은 시간의 중압감에 마모되어 갈 뿐이다. 일상 속에서 인간은 비본래적인 자기로 머무를 수밖에 없으며 오로지 퇴락해 갈 뿐이다. 일상은 무자각의 시간이다.

비일상은 일상 가운데 놓여 있지만, 현존재가 삶의 맹목성과 무의미, 시간의 피학성을 문득 깨닫는 시간이다. 비일상은 평면의 일상적 감각이 입체로 일어나는 시간이다. 시가 태어나는 자리는 일상 중에 비일상을 자각하는 순간이다. 다음 시에는 일상과 비일상적 시각의 차이가 잘 대비되어 나타나 있다.

> 한동안 바다를 읽었다. 빛과 바람과 감정에 따라 달라지는 물결, 빛깔, 소리··· 저 다변의 감정들을 넓고 푸른 바다라고 단정 지은 당신은 누구였지
>
> 잘못 읽힌 바다, 깨지고 부서지는 굴욕과 기억의 편린들 둥

둥 떠다니는 감정의 바다를 너 혹은 나라고 읽어도 될까
읽고 읽어도 모를 사람, 읽고 읽어도 모를
나를 잘라낸다
눈을 자르고, 입을 자르고, 귀를 자르고, 몸통을 자르고
다시 나를 퍼즐한다

작은 물 자락이었다가, 너울파도였다가, 해일로 치솟은 산을 일시에 뭉개버리고 다만 넓고 푸른 바다라 일축해버리고 은근슬쩍 낙천주의라 귀띔하는 당신을
그저
당신이라고 믿어도 될까

—「편견」 전문

일상의 분위기에 매몰된 사람들은 "빛과 바람과 감정에 따라 달라지는 물결, 빛깔, 소리… 저 다변의 감정들을 넓고 푸른 바다라고 단정" 짓는다. "작은 물 자락이었다가, 너울파도였다가, 해일로 치솟은 산을 일시에 뭉개버리고 다만 넓고 푸른 바다라 일축해"버린다. 사람들은 대부분 그렇다. 그들은 매일 바라보는 바다에 대해, 그때그때 일렁이는 감정의 변화에 대해 무신경하거나 애써 억압해버린다. 이것이 일상의 속성이다. 일상이란 이것이 가지고 있는 분위기가 있어 좀처럼 범위 밖을 허용하지 않는다. 그야말로 당신이라 불리는 타자의 견고성이다.

그러나 시인은 타자의 뭉툭한 일상성을 거부한다. 바다는 그냥 바다

가 아니고, 파도는 그냥 파도가 아니다. 매 순간 바다는 "감정의 바다"라는 것이다. 그래서 시인은 그냥 바다를 보았다가 아니고 "한동안 바다를 읽었다"라고 표현한다. 시인은 일상의 분위기 속에 매몰되어가는 자신의 감정과 의식을 깨워 일으킨다. 이 비일상적 자각이야말로 일상 속에서 반짝 빛나는 순간, 시간이 정지되며, 상스럽지 않은 예감에 닭살이 돋으며, 몸을 부르르 떠는 순간이다. 시인은 일상의 편견(일상적이며 일방적인 분위기)에 휩쓸리지 아니하고 비일상성의 언어를 붙잡는 사람이다.

시 속의 일상적 시간

인간들이 살아가는 이 세상은 일상의 시간이 지배하는 곳이다. 시가 인간의 삶을 영원한 대상으로 삼는다면 한 편의 시가 태어나는 곳도 결국 일상의 시간이다. 유진의 시가 존재하고 있는 곳도 일상이란 시간의 말밭이다. 그런데 이 말밭은 일상성이란 시간에 짓눌려 매몰되어가는 타자들의 삶으로 가득 찬 세계라고 전술한 바 있다. 이것은 또한 타성화 된 세계로 대개 몰개성적이고, 반복적이며, 무의미가 끊임없이 재생산되는 그런 분위기를 풍긴다. 유진의 시가 놓여 있는 일상적 말밭의 풍경을 살펴보기로 하자.

시 「아득한 거리」의 서른두 살 비정규직 남자는 생존과 자의식 속에서 팽팽한 삶을 살고 있다.

시 「스몸비족」은 스마트폰의 공유로서 존재할 뿐 타자에 대해서 어떤 관계도 맺기를 거부한다.

시 「꽃의 값」에서는 5,000원짜리 소국 화분 하나로 뻣뻣한 아침을 나긋한 저녁으로 갈아 끼우며 수다 떨며 거리를 지나가는 아줌마들의 모습을 보여 준다.

시 「돌산 갓김치」에서는 일상 속의 서사로 한 제자의 지난한 삶이 바닥에 깔렸다.

시 「편견」에서는 타자들의 일축과 단정이라는 일상적인 삶이 편만해 있다.

시 「돌직구」에서는 모습은 보이지 않지만, 서슴없이 돌직구를 날리는 사람을 전경화하고 있다.

시 「통속적인 저녁」에서는 독신녀의 고독과 결혼한 여자의 허영심을 보여 준다.

시 「시 너머의 시」는 언어의 성찬 속에 도달할 수 없는 세계에 대한 허위의식으로 지배된 시단의 모습을 보여 준다.

시 「불편한 봄」은 장례 치른 뒷날 바로 일상으로 돌아가는 슬픔에 대하여,

시 「8월의 메노 모소」는 권태롭게 흐르는 시간 속에 느리게 흐느적거리는 현대 여성들의 모습을 보여 준다.

일상의 시간은 세계 안의 존재를 감싸는 구속력이 대단하다. 아무리 깨어 있는 자라고 하더라도 하루 내 비일상적 시간에 머무를 수는 없고 일상의 나락에 떨어질 수밖에 없다. 사람은 일상 중에 태어나 살다가 이 시간대에 죽는다.

시가 태어나는 자리

비일상적 시간은 시가 태어나는 자리이다. 흐르는 시간이 멈추고 시인은 외부의 사물이나 사건을 직시하며 그것의 본질을 꿰뚫는다. 아울러 시인의 상상력이 발동하여 하나의 퍼즐이 다른 퍼즐과 관계를 맺는다.

유진 시에 나타난 비일상의 시간을 살펴보자.

시 「아득한 거리」에서 생존과 자의식을 저울질하며 사직서를 제출할 것인가 말 것인가를 재고 있는 타자를 생선 한 토막 먹잇감에 집중하고 있는 고양이에 비유하고 있다.

시 「스몸비족」에서는 스마트폰을 몸의 일부인 양 들여다보고 공유와 게임에 빠진 타자들을 "전속력으로 질척질척 뭉개버리는/ 하루, 하루, 하루/ 고개 숙인 공손히 더불어 우주를 정복하는 날까지"라고 풍자적으로 비꼬고 있다.

시 「꽃의 값」에서는 소국 화분이 담긴 카트를 밀며 수다를 떨면서 도로를 횡단하는 일상적인 모습에서 "시리고 뜨거운 궤도를 훤히 꿰고" 있는 아줌마들을 직시하고 있다.

시 「돌산 갓김치」에서는 사연이 있는 제자의 지난한 삶을 숙성된 생의 맛(돌산 갓김치)으로 반추하고 있다.

시 「편견」 그냥 낙천적으로 푸른 바다라고 일축해버리는 타자에 대해 신뢰할 수 없다고 한다.

시 「돌직구」에서는 타자가 날린 돌직구의 아문 상처를 보고 "말에 베인 상처는 두고두고 큰 힘이 된다는 것"을 안다.

시 「통속적인 저녁」은 통속적인 여성들의 삶에 에워싸여 "시답잖은 시를 쓴답시고/ 생계도 못 되는 노트북을 껴안고 자는 나는/ 꽃봉오리에 뽁! 뽁! 소리로 벙글 야생화나 돌보며/ 오매불망 발밑에 붙어 있는 강아지와/ 밤새 귀뚜리울음을 쪼개가며 듣는다"며 화자의 각별한 삶을 자각한다.

시 「시 너머의 시」에서 언어 성찬 속에 갇힌, 완전한 시라는 허울 속에는 절대로 고무되지 않음을 자각한다.

시 「불편한 봄」에서는 비일상적인 사건이 수습되자마자 바로 일상의 시간으로 돌아가 버리는 불편한 시간을 감지한다.

시 「8월의 메노 모소」에서는 권태롭게 흐르는 시간 속에 느리게 흐느적거리는 현대 여성들의 모습을 직시하고 있다.

이와 같은 비일상적 자각이나 감각, 상상력에 의해 시인은 일상 중에 각별한 시간으로 초대되어 시적인 언어를 붙잡는 것이다. 이 비일상적 특별함을 낭만주의자는 '영감'이라는 말로, 정신분석학자는 '무의식적 자각'이라는 말로 표현할 것이다. 아무튼, 이것이 무엇이라 불리든 사물의 본질과 만나는 어떤 특별한 정신적 현상임이 분명하다.

유진은 대학에서 시 창작을 지도하고 있는 시인이다. 그는 제자들에게 일상 중에 깨어 있음과 깨어 있는 순간을 언어로 붙잡으라고 지도하고 있을 것이다. 그녀의 이번 신작 소시집의 의도는 현장에서 시를 가르치는 자답게 직접 시가 태어나는 자리를 우리에게, 제자들에게 보여주고 있다.

그의 '시작 노트'에서 "진부한 상상력은 생각 안에 맴돌고, 삐걱거리는 잠 속에서 생각이 생각의 꼬리를 문다. 게으른 미각과 편협한 상식, 신선함과 권태의 반복인 계행과 융통성의 결합, 이 모든 것들이 상습적인 무지로 통합되는 통속적인 이 저녁, 꼬깃꼬깃 접혔던 하루를 파지분

쇄기에 밀어 넣고, 오늘의 하루 안에서 내일의 하루를 고쳐본다."라고 말하였다. 이 부분을 풀어서 다음과 같이 고쳐 쓸 수 있겠다. 한 편의 시를 쓰기 위해서는 진부하고, 게으르고, 편협되고, 권태롭고, 상습적인 일상의 시간 속에서 상상력이 솟구치고, 신선한 미각과, 편만한 상식과 깨어있는 시간 속에 맞이하는 비일상적인 시간을 붙잡아라.

이 작업은 진정한 시인만이 걸을 수 있는, 지난한 형극의 길이다. 그래서 시인은 백석의 유명한 시구를 빌려 이 작업을 '가난하며 외롭고 쓸쓸한' 길이라고 말하고 있다. 시인께서 열 편의 시로 우리에게 창작의 실제를 보여 주었다. 실로 큰 일깨움이다. 시인의 위대한 고통의 펜 끝에서 만세에 값하는 멋진 시가 나오길 기원한다.

추억은 힘이 세다
ㅡ 남유정, 「모운동」 외

나이를 잊은 듯 단아한 모습에 행사할 때 맵시 있는 진행으로 감탄을 자아내게 하는 시인이 있다. 시인은 몸담은 서울 시내 한 사립초등학교에서 교감직을 충실히 수행하더니, 올봄에 교장으로 영전하였다. 어디서나 열심히 사는 사람은 두각을 나타내게 마련이다.

《우리詩》 9월호에 실린 남유정 시인의 신작 소시집 10편을 꼼꼼히 읽으며 도무지 종잡을 수 없는 시인의 의도에 대해서 고민하다가, 결국 이 시도 내 방식대로 해석하는 것이 가장 낫다는 결론에 도달했다. 장님 코끼리 만지기라는 속담처럼 시 읽기에 완전한 이해란 애당초 불가능한 것이고, 결국 독해하는 자가 자기 이야기를 하고 있을 뿐이다. 요는 어느 정도 논리적으로 공감대를 형성하느냐의 문제이다. 시평은 해설자의 주관적 감상에 불과하다.

시인의 모운동募雲洞 시편은 시가 태어나는 자리를 보여 주고 있다는 점에서 《우리詩》 8월호의 유진의 소시집과 닮은꼴이다. 차이점이라면, 유진의 일상 중에 무의식적으로 일어나는 비일상적인 순간이 시의 탯자리라면, 남유정은 모운동이나 남해라는 구별된 자리, 세팅된 공간에서의 시와 만남을 존재론적으로 보여 주고 있다.

모운동募雲洞은 강원도 영월군 김삿갓면 주문2리에 소재하는 산골 마을이다. 해발 몇백 미터 고지대에 위치한 이 마을이 한때 탄광촌으로 주목을 받다가, 1989년 탄광이 문을 닫으며 그 화려했던 영화의 막을 내렸다. 세인의 뇌리에서 사라진 이 폐광촌이 다시 세간의 이목을 끌게 된 것은, 몇 남은 산골 노인들이 그들의 폐허 위에 벽화를 그리면서부터였다. 퇴락한 산골 마을이 슬로시티로 지정되고, 폐허가 관광자원이 되고, 산길을 뚫어 둘레길을 만들고, 민박집이 들어서고, 소위 힐링 족들을 불러들이고 있다.

시인께서 모운동을 '구름이 모이는 동네'라고 각주를 달았다. 모운동이라는 말은 구름이 목적어 자리에 있기에 '구름을 모으는 동네'나, 모를 관형어로 처리하여 '모인 구름 동네' 정도로 풀이해야 문법에 맞겠다. 그러나 구름이란 것이 모은다고 모여지는가, 저절로 모이는 것이지. 어찌 문법에 맞는 말이 항상 적절할까 보냐. 자동사 '모이다'가 훨씬 자유롭고 유동적이어서 시적이다.

시인께서 모운동에 다녀온 듯하다. 공간적 배경은 모운동의 한 폐교이고, 시간적 배경은 밤이다. 산동네는 으레 밤이 쉬 찾아오는 법이고, 어둠이 깔리면 밤하늘에 깨알 같은 별들이 무리 지어 밤하늘을 수놓는다. 가끔 별똥이 사선을 그으며 꼬리를 감추고, 달은 구름 속에 숨바꼭질하면서 보였다 안 보였다 한다. 모운동은 별이며 달, 숨을 고르며 움츠리고 있는 나지막하고 작은 집들, 바람에 검은 그림자를 일렁이며 흔들리는 나무들, 그리고 이들을 홀로 바라보는 시인을 품고 있는 공간이다.

금세기 최고의 철학가 하이데거를 들먹이며, 그의 철학적 개념 몇을 아전인수 격으로 유치하게 부린다고 해서 누가 탓하랴. 꼭 하이데거의 사유의 틀에 맞출 필요는 없다. 그의 모호한 개념이 도구적으로 이용될 수 있다면 족한 자리다. 지금 나의 손님은 남유정 시인의 10편의 시이지 하이데거 철학이 아니다.

존재와 존재자는 다르다고 한다. 존재자는 이 세상에 널려 있는 사물이다. 사람까지 포함하여 유형무형의 '있는 것'이다. 존재는 '있음'이다. 존재는 존재자의 존재 근거이다. 존재는 그 안에 모든 존재자를 품는다. 비유하자면 어머니의 자궁과도 같은 것이다. 모든 존재자는 존재 안에 생성, 성장, 사멸하며 시간성에 올라타 있다. 우리는 이런 존재자를 유한자라고 부른다. 모든 유한자는 어머니의 자궁에서 태어나자마자 죽음이라는 것을 내포하고 있다. 모운동은 마을 이름처럼 구름이 모였다가(탄생) 흩어지는(죽음) 곳이다. 모운동이 품고 있는 존재자 가운데 오직 사람만이 의식이 있어 죽음과 시간성을 자각한다. 그래서 철학가는 사람을 '현존재現存在'라고 하고, 같은 의미로 '실존實存'이라고 부르기도 한다.

현존재인 사람이, 실존적인 의미에서 사태에 가장 민감한 시인이 어머니의 자궁 같은 모운동에서 제일 먼저 의식한 것은 무엇일까? 그것은 자기 존재의 유한성(죽음)이었을 것이다.

10년째 모운동에 산다고 했다
모운동에서 이 생을 넘을 거라고 했다

나는 누구에게서

이 생을 넘어야 할까
골똘히 별이 깊었다

—「모운동」 부분

바람이 외로움의 이력을 읽는 저녁에
어떤 나뭇잎은 나뭇가지를 그만
놓아버렸지요
한 사람의 손을
놓아버린 적 있는 꿈이
소스라쳤지요

—「모운동 3」 부분

상가를 다녀오는 길
죽음과 삶이
이쪽에서 저쪽으로
저쪽에서 이쪽으로
서로 이름을 부르는
밤길
몽울몽울 구름이 번지는데
누구도 말이 없다

—「달 아래」 부분

시인은 현존재로서 실존을 언어로 붙잡으려는 사람이다. 그가 존재 안에서 생득적으로 느끼는 것은 죽음이란 의식이며, 이 의식 때문에 인간은 불안한 존재다. 불안을 회피하기 위하여 인간은 짐짓 사고와 행위에 자신을 기만하려 하나 홀로 있는 시각이나 타자의 죽음 앞에서는 더는 도망칠 곳이 없이 근원적인 불안에 휩싸이고 만다. 그는 또한 이 지상에 존재하는 모든 것의 기저에 시간성이라는 것이 깔려있음을 의식한다. 현존재의 시간이란 오직 내가 의식하는 현재성만이 있을 뿐이며, 현재성이란 감각에 의해 지각되는 '지금 여기'의 시간이고, 현재화된 과거(기억)와 미래화된 현재(기대)가 있을 뿐이다.

이 시에서 인간의 유한성, 죽음에 대한 의식은 "이 생을 넘을 거라고 했다", "한 사람의 손을/ 놓아버린 적 있는 꿈", "이쪽에서 저쪽으로/ 저쪽에서 이쪽으로/ 서로 이름을 부르는/ 밤길"로 표현된다. 죽음의 의식은 그렇게 명료한 것이 아니라 피어오르는 안개나 불투명한 어둠처럼 막연한 불안감으로 현존재를 감싸고 있을 뿐이다.

시간의 현재성 안에 시인은 오직 감각에 의해 자기 삶을 자각한다. 감각이 없다면 입력사항이 없는 컴퓨터처럼 인간은 먹통에 불과하다. 시인은 일차적으로 '보다'라는 시각적 행위를 위주로 자기 삶을 자각한다.

소담한정식 담벼락을 지날 때
조팝나무가 팔을 뻗어 나를 만질 때

연두에서 연두로
연두에서 꽃으로
꽃에서 초록으로
징검다리처럼 건너뛰어 볼 때
내일 몰라보게 자란 연두가 오늘의 내게
말을 걸 때
흰 담벼락에 온몸으로 쓰는
한 생이 있어
말없이 그윽한 눈길을 읽으며 지나갈 때

— 「조팝나무」 전문

시인은 존재자를 바라본다. 조팝나무 빛깔이 연두에서 꽃으로, 꽃에서 초록으로 변해감을 인지한다. 바라봄은 단순히 한 존재의 지각에 끝나는 것이 아니라, 감각에 의해 나와 다른 존재자와 만남으로 이어진다. 내가 조팝나무를 품고, 조팝나무가 나를 품는 순간, 현존재 안에 무엇인가 흔적이 남는다. 이것을 현존재의 기억이라고 한다.

또한, 삶의 자각으로 인도하는 대표적인 감각에 '듣다'가 있다. 청각은 다른 감각도 마찬가지이지만 순간성이란 차원이 두드러진 감각이다. 소리가 들리다가 이내 사라짐을 통해 자신의 의식 안에서도 하나의 자극이 일어난다. 지각되었다가 금방 사라진 것에 대하여 우리는 애착을 가진다. 그것을 붙잡으려고 하나 의식에 소리 그림자만 남긴 채 이미 실체는 사라지고 만다. 단지 소리에 대한 기억만이 남아 있을 뿐이다.

구름을 걸어온 말들이
자박자박
울타리를 치리
다정한 말이
마음을 간질여 주어
한나절 깊은 잠에 들리
섬에 갇히리
세상에 둘만 남으리

—「빗소리」 전문

빗소리는 세상의 모든 것을 단절시키고 오로지 자기 존재 안에 갇히게 한다. 소리로 촉발된 의식만이 공간에 가득 찰 뿐이다. 소리에 의해서 존재의 닫힘은 고독, 외로움, 쓸쓸함, 죽음의 의식이다. 이 또한 현존재의 의식 속에 흔적을 남기고 사라진다. 흔적의 시간 표현은 현재화된 과거이며, 우리는 이것을 기억이라고 한다. 또한 시인은 기억의 다발을 추억이라고 말한다. 다시 말해 오로지 현재성으로만 채워져 있는 존재의 텅 빈 곳에 현재화된 과거가 기억으로, 다발로 묶어진 추억으로 상흔처럼 존재하는 것이다. 그런데 시인은 나를 붙들어주는 이 추억을 사랑이란 말로 표현한다. 추억은 공유하면 할수록 사랑의 힘이 강해져, 내가 네 안에, 네가 내 안에 있게 된다. 그래서 시인은 '추억은 힘이 세다'

고 말한다.

어김없이 봄이 나무마다
꽃을 살리는 것은
걸어온 힘이 있기 때문이지
산딸기를 타고 흐르던 봄 언덕 향기를
내가 잊지 않은 것처럼
나무에게도 기억이 담겨 있기 때문이지

우리가 평화로이 늙어가는 것은
추억이 마음 한편에 쌓여 가만가만
노래를 불러주기 때문이지
오래 살아남아
다른 사람의 삶 속으로 옮겨가는
사랑이 있기 때문이지

너에게 내가 살기 때문이지
나에게 네가 살기 때문이지

— 「추억은 힘이 세다」 전문

시가 태어나는 자리는 어디인가? 시인은 죽음과 시간성이란 의식 속에 갇혀 있는 불안한 현존재가 다른 존재자와 만날 때 시가 태어난다고 말하고 있다. 지금 여기 불안한 현존재의 감각이 다가가 존재자에 대한 기억과 추억, 사랑으로 피어나는 자리가 시가 태어나는 자리라는 것이다. 부연하자면, 죽을 수밖에 없고, 현재성이란 시간 속에 의식할 수밖에 없는 시인이, 다른 존재자를 감각으로 수용하여, 그들과 기억과 추억, 사랑으로 교감을 나누는 자리가 바로 시의 자리라는 것이다.

쏟아지는 장대비에 꽃이 젖어 화분을 들여놓았다.

비 지나간 뒤 다시 내놓으며 수그린 꽃의 이마를 들어 주었다

민박집 주인이 길게 자란 풀을 자르며 숨어 있는 길을 찾아
주었다

꽃양귀비를 따라 바다로 내려가는 길에서 젖은 풀냄새가 났다

파랗게 말리는 중인 하늘 아래 몽돌 구르는 소리가 마음을
잡았다

둥글게 닳은 돌들이 한결같이 들려주는 속엣말에 귀를 열어
두었다

오랜만에 귓속에서 시가 달그락거리며 속삭였다

—「남해」 전문

이 시는 시의 자리를 요령 있게 보여 주고 있다. 이 시는 7연 단행시로 1연부터 6연까지는 현존재가 다른 존재자와 만남의 순간이며, 시상이 마지막 연에 집중된다. 다른 존재자와의 만남은 현존재의 의식에 하나의 기억으로 남는다. 이 기억의 다발이 추억이 되고, 추억을 공유하는 존재자들은 사랑으로 묶인다. 존재자와의 만남은 흐르는 시간을 타고 있어서 하나의 독립된 문장으로 단행 처리를 하였다. 위와 같이 시인은 깨어 있는 실존 안에서 존재자와의 만남을 언어로 붙잡는 사람이다.

03

사마리아 여인의 노래

가치 전도價値顚倒의 상상력

— 임보, 『구름 위의 다락마을』

다가오는 세기말을 서서히 준비하던 1998년 어느 날, 우리 시단에 전대미문의 사건 하나가 터졌다. 국내 최고의 국립대학을 나와 지방대학에서 후학을 가르치고 있던, 시집을 일곱 권이나 낸 중견 시인 한 분이 이 땅에서 사라졌다. 아니, 정확히 말하자면, 시인께서 모습을 감춘 것은 몇 해 전 IMF 금융 위기가 발발했을 무렵이었다. 몇 년 동안 일절 모습을 내비치지 않던 시인의 부재를 주변 사람들이 의식하기 시작했을 무렵, 먼 나라에서 한 지인에게 편지 한 통을 보내와 그제야 그간의 그의 구체적인 부재가 세상에 알려졌다. 시인은 그동안 누구에게도 알리지 않고 이 땅을 떠나 먼 나라를 주유하고 있노라고, 그곳에서 보고 듣고 겪은 이야기들을 써 보내니 여러 사람과 읽어 보기 바란다는 내용이었다. 이것은 한 시인의 실종이 아니라 먼 나라 탐방기 사건이었다.

시인이 보내준 원고의 첫 장에는 '구름 위의 다락마을'이라는 제목이 붙어 있었다. 그간 시인에게 무심했던 지인들은 다소 미안한 마음으로 원고를 읽었다. 참으로 기이한 이야기였다. 세상에는 그들이 가보지 못한 곳도 많지만, 먼 나라 다락마을은 신선들이 사는 곳이란다. 신선들이 사는 곳이라니…… 혹시 이 친구 머리가 잘못된 게 아니야? 그러나 지인들은 그가 결코 허무맹랑한 말이나 하는 위인이 아니라는 것을 잘 알고 있었다. 그곳에서 풍류를 즐기며 행복한 나날을 보내고 있는 시인의 처지가 여간 부럽지 않다는 사람도 있었다.

지인들은 적잖이 황당했지만, 시인이 보내온 먼 나라 이야기를 시집으로 묶어 세상에 내놓기로 하였다. 세상은 사람이 사람의 자리를 상실하고, 사람을 살리는 살림살이가 오히려 사람들을 결딴내는 사태에 직면하여 많은 사람이 절망과 고통의 구렁텅이에서 허우적대고 있었다. 시인이 보내온 다락마을 탐방기는 어쩌면 삶에 지친 사람들에게 오아시스의 우물과도 같은 역할을 할 수도 있을 것 같았다.

시집 『구름 위의 다락마을』이 출간되었다. 이제 이 희한한 희망의 메시지가 불티나게 팔려 고통받는 사람들에게 한 모금의 샘물이 되기를 고대하였다. 시집을 사려는 사람들이 구름 떼처럼 몰려들어 서점에 장사진을 치고, 인쇄소의 윤전기는 밤낮을 가리지 않고 바삐 돌아가리라. 눈물의 IMF로 고통받는 자마다 처방전 없이 약을 사듯 서점에 들러 시집을 사리라.

그런데 시집이 서점가에 깔린 지 한 달, 두 달, 지인들의 기대와는 달리 세인들은 시집을 거들떠보지도 않았다. 서점에서는 서가에 꽂혀 있던 시집을 내리고 팔리지 않는 책을 벌써 반품 처리해 달라고 요구했다. 어떤 전문가는 현실을 극복하는데 전혀 도움이 되지 않은, 세상과는 전혀 상관없는 뚱딴지같은 이야기라고 악평을 쏟아냈다. 또 어떤 젊은이는 시인을 가리켜 시대에 뒤떨어진 고루한 사람이라고, 어떤 독자는 이런 시를 쓰는 사람을 법으로 금해야 한다고까지 말하였다. 이들은 대개 시집을 읽어보지도 않고 무성한 소문만 듣고 자신의 견해를 남발했다.

시집을 성실하게 읽어 독자들에게 그 나라의 지도를 친절하게 그려준 전문가는 단 한 사람도 없었다.

이 사건은 그렇게 싱겁게 끝났다. 이 땅의 IMF 금융 위기를 극복하기 위하여 서민들이 자발적으로 그들의 장롱 속에 고이 숨겨 놓은 아이들 돌반지며 자신들의 패물을 기꺼이 내놓았을 때, 강남의 부자들은 숨겨 놓은 금괴를 더 깊숙이 감추면서 IMF를 돌파했듯이, 시인의 먼 나라에 대한 시집 발간 사건은 아무 일도 없었다는 듯이 조용히 묻혀 버리고 말았다. 다만 그날의 지인들은 아직도 가끔 모여 무슨 금서를 돌려보듯 시집을 낭독하며 신선 세계를 이야기한다. 시인은 아직 구름 위의 다락 마을에 머무르고 있다. 이 땅을 떠난 지 이십여 년, 이제 그 나라에 완전 동화되어 그 마을의 주민으로서 역할을 다하고 있노라고 한 지인이 소식을 전했다.

이 글은 그의 시집을 읽고 지인들이 나눈 이야기를 곁에서 막내인 필자가 옮겨 적은 기록이다. 그 모임에서 나눈 말들이 워낙 고결하고 차원이 높아 그가 이해 못하는 말들이 많아 그냥 알아들을 수 있는 말만 적었다고 한다.

보편성으로의 의도적 회귀

새로운 신화를 꿈꾸고 있는 시집 『구름 위의 다락마을』 머리말에서 시인은 이렇게 말했다.

"이 연작은 시적 화자가 이상향理想鄕인 선경仙境을 주유周遊하면서 그가 보고 겪은 것을 단편적으로 기록한 형식으로 되어 있다. 작품과 작품들 사이에 유기적 관계는 없다. 거의 전거典據가 있는 이야기들이 아니고 작가 나름의 순수한 상상력의 소산所産임을 밝힌다.”

위의 머리말에 기대어 이 시집의 작품 세계가 시인의 순수한 상상력의 소산이라는 말에 주목하자. 상상력이란 무엇인가에 대해서 자고로 이견이 분분하지만, 적어도 ‘구름 위의 다락마을’이 ‘비사실적, 부재한 사물에 대한 사고의 일종, 기억도 지각도 아닌 구체적인 재현을 사람들은 상상력이라 부른다’라는 베르그송의 견해와 정확히 일치한다.

시에 있어서 상상력에 대한 연구를 본격적으로 시작한 이는 낭만주의 비평의 이론적 근거를 제시했던 영국의 콜리지이다. 콜리지는 상상력에 대해 논하는 글에서 상상력을 제1상상력primary imagination과 제2상상력secondary imagination으로 나누었다. 제1상상력은 무한한 자아 안에서 이루어지는 영원한 창조행위, 즉 신과 같이 거룩하고 신성한 존재의 무한한 창조 행위가 인간 안에서 이루어지는 데 작용하는 상상력이다. 따라서 제1상상력은 한 개인의 의식이 아닌 신화나 종교에 관련된 일종의 집단의식 또는 전의식前意識의 문제라 할 수 있다.

제2상상력은 제1상상력의 반향에 지나지 않고, 그 자신 ‘의식적 의지’를 수반한다. 그러므로 개개인에게 반영된 제1상상력의 한 변모 혹은 굴절이라 생각해도 좋다. 제2상상력은 집단의식으로서의 제1상상력이 개인의식에 반영되어 작품의 개성 혹은 작품의 특수한 미적 구조를 형성해내는 일에 관련된 상상력이다. 따라서 제1상상력과 제2상상력은 문학에서 보편성과 특수성의 문제로 귀착된다.

문학 작품의 가치를 규정하면서 제시되는 대표적 기준 하나는 당대를 반영한 시대성과 아울러 그것을 넘어 보편적이고도 영원한 인간의 삶을 이야기하는 불후성이다. 여기서 불후성은 보편성universality이라는 말로, 당대성 혹은 시대성은 특수성individuality이라는 말로 고쳐 불러도 좋다. 보편적인 것은 영속적이고 특수한 것은 시대적이다.

그렇다면 보편성과 특수성은 상상력과 어떻게 조응할까? 콜리지의 제1상상력과 제2상상력은, 오든의 견해에 의하면, 제1상상력은 신성한 존재에 대한 것임에 비하여 제2상상력은 인간적인 법칙, 일정한 형식, 미의식에 조응한다는 것이다. 제1상상력이 사회집단의 보편적 존재인 신성성과 조응하고, 제2상상력이 그 시대의 특수성 또는 시인의 개성과 관련해 개인의식을 형성하는 것이다. 따라서 제1상상력은 고전주의와 창조적인 의도 없이 다만 정착된 틀에서 같은 모형의 제작을 되풀이하는 '추상적 형식abstract form'을, 제2상상력은 낭만주의와 끊임없이 새로운 형식을 실험하는 '유기적 형식organic form'을 지향하는 상상력으로 보는 것이 자연스럽다. 그것은 기정화 되고 보편화된 어떤 정형을 지향하는 것이 고전주의라면, 이의 안티테제라 할 새롭고 혁신적인 질서를 창조하고자 하는 문화적 감성이 낭만주의이기 때문이다. (이상은 오세영의 『시론』 참조)

위의 글은 시집 『구름 위의 다락마을』을 이해하는 데 몇 가지 결정적인 실마리를 제공해 주고 있다.

첫째, 시집 『구름 위의 다락마을』은 콜리지의 분류에 의하면 제1상상력 위주의 작품이다. 이 시집은 한 개인의 의식이 아닌, 신화나 종교에 관련된 집단의식이나 무의식과 관계하고 있기 때문이다.

둘째, 시집 『구름 위의 다락마을』은 문학의 보편성에 가치를 두고 있다. 이것은 시대성을 뛰어넘어 문학의 영속적 가치를 추구하고 있기 때문이다.

셋째, 시집 『구름 위의 다락마을』은 고전주의 계열의 작품으로 추상적 형식을 지향하고 있다. 시집은 콜리지의 제1상상력을 위주로 신선세계라는 보편성의 가치를 추구하고 있다. 고전주의의 중요한 특징 가운데 하나가 정태성靜態性이다. 작품 내 정조가 낭만주의처럼 유동적이고 의지적이지 않다. 그리하여 전거典據가 중요시되며 형식이 확고하여 큰 변화가 없다.

시인은 이 시집이 전거가 있는 이야기가 아니라고 밝히고 있다. 그러나 과연 전거가 없는 문학 작품이 가능할까? 세상에 새로운 것은 아무것도 없다는 말이 이 경우에 합당하다. 문학은 긍정적이든 부정적이든 문학적 전통을 암묵적으로 이어받아 문학으로서 존재한다. 그러나 이런 광의의 전거를 말함이 아니라 협의의 구체적인 전거로서 이 설화는 적어도 우리 민족의 집단무의식 속에 내장된 이야기이다. 우리는 어린 시절 어른들로부터 이런 세상 밖의 이야기를 얼마나 숱하게 들었던가. 집단무의식이 아니더라도 이와 비슷한 샤머니즘 설화라든가, 훨씬 세련된 중국으로부터 전래된 도교 설화들이 이 시집에 상당 영향을 끼쳤으리라. 또한 이 시집의 형식이 전래의 설화 형식을 그대로 차용하고 있다는 점도 간과해서는 안 된다.

또 한 가지 곁들여 말하자면, 설화 속의 지명이나 사람 이름, 즉 고유명사의 한자 사용에 대한 전례의 문제다. 구체적으로 시집에 나타난 지명은 백하白河, 우구寓丘, 천불동千佛洞, 도화동桃花洞, 자암동紫巖洞, 유란곡幽蘭谷, 청석동靑石洞, 운월사雲月寺, 곡천曲川 고을, 자운동紫雲洞, 청계淸溪, 방학동放鶴洞, 자하동紫霞洞, 운포雲浦, 홍호紅湖, 방이放

耳, 벽궁壁宮, 화경華鏡, 운곡韻谷 등이며, 사물 이름으로는 노과주露果酒, 황지黃芝, 용정龍井, 수정水晶, 옥매玉梅, 현금玄琴, 규珪, 와蝸, 청모青帽, 홍모紅帽, 흑모黑帽, 황모黃帽, 녹정綠井, 황정黃井, 청석靑石, 단환丹丸, 우백雨白 등이며, 사람(신선) 이름으로는 운우雲牛, 무악巫岳, 초당草堂, 표瓢, 인월引月, 와우蝸牛, 토공土公, 사부沙夫, 토문土門, 지음至音, 난형蘭兄, 사북蛇北, 우공羽公, 토숙土叔, 목계木溪, 초공草公, 모공毛公, 석제石弟, 천궁千宮, 목천木川, 노산露山, 황주黃舟, 도우道友, 운소韻巢, 운미韻眉, 우출于出 등이다.

고유명사와 사물의 이름을 나타내는데 상징성이 풍부한 한자어의 차용은 이 시집이 우리 또는 중국의 도교 경전을 번역해 놓은 것이 아닌가 하는 생각이 들 정도다. 국문학의 한문학적 전통과 맥락이 닿아 있는 한자어 남용은 보편성으로의 의도적인 회귀의 증거로 보인다.

불완전한 변증법적 구성

시집의 구조는 A→B→〔A〕로 되어 있다. A는 현실 세계, 시인과 독자들이 사는 욕망의 세계, 이 세상이라 일컫는다. B는 신선 세계, 신선계의 인물(신선), 사물, 풍습, 놀이, 풍류 등이 병렬 구조로 나열되어 있다. 〔A〕는 다시 현실 세계로의 복귀를 뜻한다. 그런데 A라고 하지 않고 〔A〕라고 한 까닭은, 어떤 연유에서인지 현실로의 복귀가 유예되고 있기 때문이다. 이점이 이와 비슷한 구조로 되어 있는 설화들과의 차이점이며, 시집 전체의 구성이 변증법적으로 완전하지 못하다는 근거이다.

다시 말해, A→B→〔A〕 구조는 이 시집의 화자가 인간계가 아닌 다른 곳에서 신비한 체험을 하고 돌아온다는 서사 방식이다. 이 구조는 중국의 「남가일몽南柯一夢」의 고사故事, 당나라 도연명의 산문 「도화원기桃花源記」, 조선 숙종 때 김만중이 쓴 국문소설 『구운몽九雲夢』을 비롯한 수많은 몽유 또는 몽자류 소설, 조선 중기 홍만종이 쓴 우리나라 신선 전기집 『해동이적海東異蹟』을 비롯한 도교 설화가 대동소이한 구조로 되어 있다.

A에 대해서는 시집에 구체적으로 기록된 바가 없다. 시대적 배경도 알 수 없다. 다만 A는 B와 차별적 근거로써 존재할 따름이다. A와 B는 시간적 공간적으로 다른 물리적 토대일 것이라는 점은 어렵지 않게 짐작할 수 있다. B에서 화자의 의식을 추출하여 조합해 보면 A가 대충 어떤 곳인지 가늠해 볼 수는 있다. 화자는 A에서 충족되지 않는 욕망에 고통 받는, 풍류를 좋아하는 일개 시인이다. 그가 A에서 벗어나는 길은 오로지 상상 속에서만 가능하다.

A에서 B로의 이행, 이 단계를 동류의 설화들은 비교적 상술한다. 그 이유는 적으나마 사실성을 획득하기 위해서다. 현실에서 비현실로, 의식에서 무의식으로의 이행 자체가 이미 사실성을 저버리는 행위인데 어떻게 그것을 획득할 수 있단 말인가. 최초의 누군가가 이 대목에서 심사숙고했으리라. 그리하여 이행의 도구로써 가장 손쉬운 꿈을 발견했다. 이후 이 도구는 이 단계에서 거의 관행처럼 쓰이게 되었다. 이 시집 또한 현실에서 신선 세계로의 이행을 관행에 의존하여 힘들이지 않고 실현한다. 그러나 도연명의 「도화원기桃花源記」는 "동진 태원연간(376~395)에 무릉(지금의 후난성 타오위안현)에 살던 어느 어부가 강을 거슬러 올라가던 중 복사꽃이 피어 있는 수풀 속으로 잘못 들어갔는

데 숲의 끝에 이르러 강물의 수원이 되는 깊은 동굴을 발견했다"라고, 꿈이 아니라 현실에서 현실로의 이행을 그리고 있다. 이 변종은 사실성을 획득하기 위해, 다른 시간과 공간대를 설정하고 있다.

시 「처음 노래」를 보면, "팽나무 가지에 올라 낮잠을 자다 문득 떨어졌다"는 것이 A에서 B로 이행의 시적 사건이다. 팽나무는 느티나무만큼이나 시골 마을에 흔해 당산나무로 대접을 받는 나무다. 당산목이라 하면 오래되고 우람한 나무일터인데, 그 나무에 올라 잠을 잤다는 것부터 심상치 않다. 낮잠을 자다 문득 떨어졌다는 것은 실제가 아닌 꿈의 세계로의 이행으로 보아야 하며, 상승이 아니라 하강의 이미지가 신선세계로의 이행을 뒷받침하고 있다는 것이 특이하다. 또한, 나무 위에서 구름 위로 떨어졌다는 것은, 이치로 따지자면 팽나무가 구름 위로 솟아 있는 거목이란 말인가. 그러나 이 같은 해석은 어디까지나 의식 차원에서 분별이다. A에서 B로의 이행은 의식에서 무의식으로, 분별에서 상상으로의 이행이기 때문에 분석 자체가 무의미하다.

B는 시 속에서 '구름 위의 다락마을'로 나타난다. 구름은 자유자재로 그 형상을 바꾸는, 고정적이 아니라 유동적인 존재다. 구름이라 하면 대개 '자유롭다, 헛되다'는 상징적 의미를 지닌다. 마치 현실로부터 촉발된, 현실과는 유리된 상상의 세계라 할 수 있다. '다락마을'은 사전에 없는, '다락+마을'이 합성된 말이다. '다락'은 '높다, 좁다'의 의미가 있다. 집에서 다락이란 공간은 안방 위 지붕 아래의 구체적인 생활공간이 아니라 아이들의 놀이 또는 생활 물품을 보관하는 장소다. 다락+논[다랑논]은 천수답의 맨 위 산자락에 붙어 있는 좁은 논배미를 뜻한다. '구름 위의 다락마을'은 신선들이 사는 공간이다. 상상 속의 신선들이

사는, 고지대의 조그마한 마을이지만, 그 규모는 지상의 척도로 잴 수가 없다.

B는 신선들의 공간이다. 세상에서 우연히 추락한 화자는 B를 유람하며(다분히 A의 의식을 가지고), B 공간의 신비하고 기이한 인물(신선)들과 풍물, 풍속, 가치 등과 접하며 서서히 동화되어 간다. 모든 인물과 사물들이 자기 자리에 있으며, 수단이나 도구가 아니고 존재의 성스러운 빛에 둘러싸여 있다. B는 시인의 상상 공간이자 무의식의 공간이며, 존재의 성스러운 영역인 시적 공간이다.

B 공간에 처한 화자는 이제 A가 실제인지 B가 실제인지 그 경계가 모호해진다. 『장자』의 '호접몽胡蝶夢'처럼 자기가 나비 꿈을 꾸고 있는지, 나비가 자기 꿈을 꾸고 있는지 헷갈린다. 헷갈리기는 장자나 시인이나 화자나 독자나 모두 마찬가지다. 수유須臾 같은 인생, 잠깐 머물다 가는 A가 진짜라고 누가 장담할 수 있단 말인가. 무의식과 상상의 공간인 B가 진짜고 잠시 두고 온 A는 한여름 밤의 꿈처럼 아득하다.

〔A〕로의 복귀, 이와 같은 설화의 끝은 대개 떠나온 세계로 복귀한다. 일장춘몽에서 깨어나 그 세계에 대한 미련을 못내 버리지 못하면서 또한 이 세상의 삶에 대해 덧없음을 깨닫는다. 꿈의 세계로 복귀하길 고대하나 다시 갈 수 없음을 안타까워하는 부분이기도 하다. 그런데 이 시집은 문득 도달한 '구름 위의 다락마을'에서 하산이 우연인지 의도적인지 유예되고 있다는 점이다.

나는 이 시집에서 화자가 의도적으로 하차를 거부한 쪽에 무게를 두고 있다. 그 근거는 화자가 B에서 처음에는 수동적일 수밖에 없었으나 시간이 흐를수록 그들과 동화되어 나중에는 다락마을에서의 삶, 즉 풍류를 적극적으로 즐기고 있다는 점이다. 그가 아직도 다락마을에 기거하고 있다는 근거는 이후에 시인이 펴낸 시집들의 시 세계에서 그 흔적들을 찾을 수 있다. 화자는 다시 세상으로 내려온 것이 아니라 여전히 B에 머물면서 이번에는 거꾸로 지상에 관해서 이야기하고 있다. 즉 시각의 전환이 이루어진 것이다. 시집 『구름 위의 다락마을』이 A→B를 바라보고 있다면, 이후 시집에서는 B→A를 투시하고 있다는 인상을 지울 수 없다.

가치 전도의 시 세계

A와 B는 차원이 다르다. A가 의식적, 실제적 공간이라면, B는 무의식적, 상상의 공간이다. '호접몽'에서 A가 장주가 주체인 세계라면, B는 나비가 주체인 세계다. A와 B는 시·공간적 토대가 다르다.

B의 시간 개념을 살펴보자. 여울의 다슬기가 큰 바위만 한데, 천 년 수결水潔을 닫고 한 덩이 바위로 올라선 것인지, 한 덩이 바위가 만 년 묵수默修를 쌓아 한 마리 다슬기로 명命을 얻은 것인지 모르겠다(시 「노과주露果酒」). 표瓢라는 신선은 나무에 물을 주는데 마른 나무 뿌리를 좇아 한 천 년쯤 물을 나르다 보니 그놈들도 물바가지를 알아본다(시 「귀」). 자암동紫巖洞 골짝 석굴에 사는 한 석공石工은 이레에 겨우 한 획을 쪼는데, 그의 정이 머물다 간 석벽의 길이가 천 리도 넘는다(시 「정釘」). 시간 단위가 최소 천 년, 만 년이다. 측정 불가의 시간은 나이를 알 수 없다든가, 시간을 공간화시켜 짐작게 한다. A에서처럼 분초를 나누는 마땅한 척도가 B에는 없다는 것도 이유이지만, 워낙 유구한 세월

이라 일일이 세기가 어렵고 또 그렇게 할 아무런 의미도 없다. B는 정태적靜態的 세계다.

B의 공간 개념 역시 측정 불가다. 시 「자작나무에서 돌배나무까지」를 보면, A와 B의 공간개념에 대해서 지상의 탐방객인 화자와 다락마을의 신선인 토공土公이 대화를 나누고 있다. 화자의 공간 개념은 이 세상 관점이다. 과연 이 세상은 화자의 재치 있는 답변만큼이나 큰 세상이다. 세상은 너무 커서 시간 개념을 동원해 광대함을, 측정 불가를 답하고 있다. 그러나 다락마을 토공의 십여 평 되는 집 뜰을 잴 수 있는 척도가 없다. 자작나무에서 돌배나무까지의 거리를 부득이 시간 개념으로 나타내는데 화자가 짐작만 하라는 것이다. 다락마을에서 십여 평 안의 두 나무 사이의 거리가 지상의 계측으론 측정 불가다.

A와 B의 물리적 토대가 다르다는 것은 인간의 의식과 무의식, 현실계와 상상계가 결코 같은 기준으로 측정할 수 없음을 말한다. A에서 수유須臾가 B에서는 영겁永劫이며, A에서 좁쌀 한 톨의 크기가 B에서는 무한대다. 물론 그 역도 가능하다. 서로 다른 물리적 토대 위의 인물과 사물의 존재며 삶의 방식이 같을 수 없다.

A의 반작용으로서 B의 경제 관념을 살펴보자. B는 길거리에 담금주를 담가놓고 지나가는 나그네가 목이 마르면 젓대를 독 안에 꽂아 마시면 되는 세계다(시 「노과주露果酒」). B의 어떤 인물(신선)도 이윤 추구의 경제 활동에 종사하는 이가 없다. B에서는 거래 수단인 돈이라는 게 애초에 없다.

시 「거래去來」를 보면, B에서의 구체적인 거래 방법은, ①필요한 사람에게 나누어 준다. ②서로 물물 교환한다. ③물건을 사고 단환丹丸으로 갚는다는 것이다.

이 거래를 통해서 경제적 이익을 보는 사람은 아무도 없다. 경제적 이익을 보는 자가 없기 때문에 이것을 거래라고 할 수 없다. 단환이 화폐가 아님은 분명하다. 그저 고마움을 표하는 정도의 나그네 휴대용 음식이다. 다락마을에서는 거래가 보시나 적선의 개념이다. 마치 원시공산사회나 요순시대의 대동사회와도 같다.

B에도 권력이라는 게 있다. 그러나 남 앞에 서서 남을 부리며, 생명체를 자신의 목적에 맞게 수단이나 도구로 쓰는 것은 권력을 탐하는 마음이라 하여 부정적이다. 시 「벌罰」에서 보면, 중년의 한 사내가 큰 돌멩이를 등에 업고 느티나무 주위를 돌고 있다. 까닭을 물으니 간밤의 꿈에 천의 군마를 거느리고 강을 넘었다는 것이다. 마음이 때에 절어 아직도 더럽지 않으냐며 얼굴을 붉힌다. A에서 사내라면 마땅히 수신제가 치국평천하修身齊家治國平天下의 삶이 이상적이겠지만, B에서는 남 위에 군림하는 생각마저도 부끄러운 것이 된다. 꿈속에서나마 권력을 탐하였기에 스스로 자신에게 벌을 가하는 세계다. 무엇을 위한 수신修身인가, A와 B의 권력은 하늘과 땅만큼이나 차이가 난다.

B에도 권력으로 상징되는 촌장村長이 존재한다. 시 「촌장村長」을 보면, 촌장을 뽑는 방법이 요순 선양堯舜禪讓과도 같다. 요堯 임금은 중국 상고시대 삼황오제의 한 명이다. 그는 자기와의 친분을 가리지 않고 아주 재능이 뛰어난 순舜을 자신의 후계자로 삼아서, 군주의 지위를 물려주었다. 그러나 그 선양의 이면에는 후학들이 논하기를 거현설擧賢說, 추대설推戴說, 찬탈설簒奪說 등이 있고 보면, 권력을 선양한다는 것도 그리 간단치만은 아닌 듯하다. 또한, B의 권력은 고대 그리스의 플라톤

이 말한 철인 통치哲人統治와도 비슷하다. 도시국가인 폴리스가 철학자에 의해서 통치될 때 비로소 올바름이 실현되고 조화가 달성된다는 것이다. 시민 모두가 정치에 참여하는 민주정치는 국가의 조화를 깨뜨리는 주범이다. 그러나 철인 통치는 현실에서는 존재한 적이 없는 이상적 정치 형태이다.

아무도 촌장을 하겠다고 자원한 사람이 없어 후임을 낙점하는 데에 세 해가 걸린 촌장 선출, 촌장을 뽑겠다는 선출 장소에 한 사람도 나오지 않는 선거, B에서는 이렇게 뽑힌 촌장에게 어떤 권력도 위임하지 않는, 그야말로 무위無爲의 권력이다. 이런 권력은 A의 입장에서는 있으나 마나 한 것이다.

B에도 경쟁이 없는 게 아니다. 경쟁이란 같은 목적에 대하여 이기거나 앞서려고 서로 겨눔을 말한다. 생물학적으로는 생물이 환경을 이용하기 위하여 다른 개체나 종과 벌이는 상호작용으로 생물의 개체 수가 공간이나 먹이의 양에 비해 많아지면 생긴다. 그러나 B에서의 경쟁은 A와는 의미가 다르다. 즉 B에서는 놀이나 풍류, 또는 기능에서 경쟁을 벌이는데, 전혀 이해관계가 발동하지 않고, 이겼다고 해서 그 어떤 대가가 주어지는 것도 아니다. 이겨도 그만 저도 그만이다.

시 「대국對局」에서는 두 신선이 바둑을 두는데, 바둑이란 승패가 어쩔 수 없이 갈리는 놀이다. A의 관점으로는 많이 이기면 이길수록 좋은 것이고, 아예 실력 차가 나면 깔고 두는 접바둑이란 것도 있다. "그들이 상上으로 치는 선승善勝은 일호승一戶勝/ 오호五戶 이상의 승勝은 패敗보다 낮은 것으로 치는데/ 부득이 그 욕심을 줄이지 못할 때에는/ 차라리 돌을 던져/ 상대에게 예의를 갖추는 모양이다." A에서는 이기거나 앞서는데 그 겨눔의 목적이 있는데, B에서는 이기거나 앞서더라도 상대에게 예의를 갖추는 배려가 더 중요시된다.

B에서는 신선들이 어떤 풍물이나 기예를 두고 다투기도 한다. 시 「신발」에서 노산露山과 황주黃舟는 신발쟁이다. 노산은 규珪라는 신발을 만드는데, 이것을 신은 자는 불 위를 그냥 걸을 수 있다. 황주는 와蝸라는 신발을 만드는데, 그것을 신은 자는 물 위를 그냥 걸을 수 있다. 두 사람이 각기 자기 신발을 놓고 자랑하는데 지나가는 한 나그네가 자신의 맨발을 쳐들어 보이며 "나는 이것으로 다 걸을 수 있다"하고 웃으며 지나간다(시 「신발」). 여기에서도 다툼이 있다. 걷기에 편리한 수단이 되는 신발을 놓고 서로 자기가 만든 물건이 기능적으로 우세하다고 다툰다. A의 모습과 별반 다름이 없다. 그러나 이 다툼은 지나가는 나그네의 맨발이 승리한 것으로 보인다. 가장 소박하고, 가장 덜 가치적이며, 비수단적인 것이 가장 우위를 차지하는 다툼이다. 이 정도 다툼이라면 무위에 가깝다. 이 역시 지상적 사고의 역전 현상이다. 시 「궁술弓術」, 「지두指頭」, 「운포雲浦 가는 길」에 동일하게 나타난다.

이 같은 지상적 사고의 역전 현상, 가치 전도의 시 세계는 평론가 황정산의 말마따나 "시인은 이런 선경의 상상을 통해 그 반대편에 놓여 있는 지금 여기의 삶을 돌아보고자 한다. 그것을 통해 우리가 얼마나 부자유하고 엉망인 곳에서 살고 있는지를 다시 깨닫게 해 주고 있다."(「아름다운 엄살」, 《불교문예》, 2016 가을호)라고 말했다.

평화로운 세계

B는 이익을 탐하지 않으며, 남을 이기려고 하지 않고, 신선과 신선, 신선과 동·식물, 그뿐만 아니라 동·식물끼리도 서로 화합하며 조화를 이룬다. 이런 곳을 A에서는 유토피아, 혹은 지상낙원이라고 부른다. 모든 존재자가 성스러운 빛으로 존재할 뿐 남에게 수단이나 도구로 전락하지 않는 절대 긍정, 평화로운 세계다.

사람(신선)과 동·식물의 어울림을 보면 다음과 같다. 움막에서 다람쥐와 한 식구로 살아가는 노옹老翁(시 「다람쥐」), 조령鳥嶺이란 산 밑에서 새를 치며 사는 우공羽公(시 「우공羽公」), 산옹이 캔 더덕을 망태 속에 넣어 마을로 날려 보내고, 돌아올 땐 산옹의 무짠지에 도토리 밥 점심을 실어 나르는 박쥐(시 「박쥐」), 평생 함께 살던 노파의 시체를 매장하는 원숭이(시 「원숭이」)다, 대나무 밑에 사는 초당草堂이라는 자가 대이파리로 소리를 내면 뭇짐승이 다가와 갸웃거리고 천리 밖 봉황도 날아들어 깃든다(시 「죽화竹花」). 늘 큰 박통을 지고 다니며 식물들에 물주는 표瓢는 천년 묵은 고목의 죽은 가지들도 그의 손이 닿기만 하면 싹이 다시 돋아나오고, 그가 지나는 곳의 풀들은 무성히 솟아오르고, 온갖 백과百果가 그 맛과 곱기를 자랑하며 다투어 열린다(시 「귀」). 어족들에게 날아오르는 법을 가르치고 있는 사부沙夫(시 「어익魚翼」), 비둘기와 함께 사는 지음知音(시 「북」), 십여 아름 큰 싸리나무 아래서 꿈속에서 처음 만난 큰 구렁이 등을 베고 낮잠을 자는 사북蛇北(시 「잠」), 원숭이 무리를 길들여 목화 농사를 짓고 있는 토숙土叔(시 「목화밭」), 죽은 비둘기의 영혼을 불러들여 다시 살려내는 노인(시 「비둘기」), 한 마리 벌이 된 목천木川과 잘 익은 천도天桃 먹기(시 「도화밀천桃花蜜泉」) 등에서도 인물(신선)과 자연이 하나 되어 분별이 없는 세계 속에서 상생하고 배려하는 모습을 볼 수 있다.

B는 또한 동물과 동물들끼리도 생존경쟁이 아니라 상생과 배려하는 공간이다.

왕거미 한 놈이 줄을 드리고 있는 곁에
나도 그물을 하나 쳐 놓고 기다린다
얼마를 기다렸던가
해는 뉘엿뉘엿 서산에 기우는데
잠시 졸았는가 싶은 순간에
그물이 출렁거린다
노루가 한 마리 걸려들었다
그러자 하늘을 빙빙 갈고 있던 독수리 놈이
날쌔게 노루를 향해 몸을 꽂아 내리다가
그놈도 덩달아 걸려들었다
그놈들의 목을 치려고
도끼 자루를 잡아 치켜올렸더니
쇠붙이만 땅에 떨어진다
생나무 자루가 어느덧 썩었던가 보다
그러자 독수리란 놈
그물의 고리를 물어뜯어
잡힌 노루를 풀어 주고는
다시 하늘로 치솟아오르는 게 아닌가.

—「그물」 전문

동물과 동물끼리도 적자생존의 살풍경이 아니라 모두 한 식구처럼 더불어 사는 세계다. A에서의 관행에 입각한 사냥 행위에 대해 B에서 생명을 소중히 살리는 부끄러움으로 깨우치는 시편이다. 이것이 진정한 삶이다. 인간만을 위한, 인간이 주체가 되는 삶이 아니라 어떤 생명체라도 다른 생명체의 수단이 되지 않고 모두 평등하게 평화롭게 주체적 삶을 살고 있다.

이는 일찍이 구약성경에서 표명한 평화의 나라와 닮은꼴이다. "그때 이리가 어린 양과 함께 살며 표범이 어린 염소와 함께 누우며 송아지와 어린 사자와 살진 짐승이 함께 있어 어린아이에게 끌리며 암소와 곰이 함께 먹으며 그것들의 새끼가 함께 엎드리며 사자가 소처럼 풀을 먹을 것이며 젖 먹는 아이가 독사의 구멍에서 장난하며 젖 뗀 어린아이가 독사의 굴에 손을 넣을 것이라"(이사야서 11: 6~8).

시인이 꿈꾸는 B는 이런 곳이다. A에서는 힘센 자가 약한 자를 억압하고, 많이 가진 자가 오히려 없는 자에게는 빼앗는다. 이는 오로지 인간이 동물이나 식물들로부터 자신의 욕망을 충족시키기에 급급한 삶이다. 교육이란 무엇인가. 욕구충족을 원활히 하기 위하여 약탈의 기술(사냥술)을 가르치는 것이다. 시인은 A에 진정한 평화가 도래하기 위해서는 인간뿐만 아니라 모든 생명이 동등한 가치 위에 평등하며, 상생하고 배려할 때만이 진정한 평화적 삶을 구가할 수 있다고, A의 반성적 토대 위에 B를 세우고 있다.

화자의 태도 변화

시에서 말하는 사람을 '시적 화자'라고 하며, 화자가 청자나 제재에 대해서 취하는 특정 태도를 어조語調 또는 억양抑揚이라고 한다. 어조는 제재와 청중(독자), 때로는 자기 자신에 대한 화자의 '태도'로 정의된다. 요컨대 '목소리'의 비유다. 이 목소리가 화자의 태도를 표현하는 것이다. 어조는 화자의 '심리' 상태에서 파생되는 것이 아니라 주체와 대상의 '관계'에서 파생된다. 어조는 화자의 감정만을 드러내는 주관적인 태도가 아니라, 대상과의 관계를 반영하는 객관적인 지표다. 곧 내가 어떤 태도로 세상을 보는가가 어조를 낳는다기보다는 세상이 어떤 방식으로 나와 연계되었는가가 어조를 낳는다. (권혁웅 『시론』 참조)

위 권혁웅의 말을 참고하여 이 시집에 나타난 화자의 어조를 분석해 보면, B는 화자가 대상에게 친밀감을 느끼는 예찬의 방식이다. 다시 말해 A에서 화자가 대상보다 우월하나, B에서는 화자가 대상보다 열등하다.

이 시집에서 다분히 시인의 대리인으로 보이는 화자는 어떤 인물인가. 시 「시詩」를 보면 "하룻밤 신세를 진 원두막 노인에게 사례할 것이 없어서 짐 속에 든 시편詩篇을 둬 개 골라 읽어줬더니"라는 구절을 통해 화자가 시인이라는 것을 알 수 있다. 또 시 「녹정綠井」에서 우물물을 마시고 소년의 얼굴로 돌아갔다는 구절이 있는데, 이로써 그가 나이 지긋한 중년 이후의 사람이라는 것도 알 수 있다. 즉, 화자는 나이 지긋한 시인이다.

화자의 A에서의 행적은 일절 언급된 바가 없다. B에 나타난 화자의 의식은 처음에는 지극히 지상적인 것이다. 평범한 세상 사람으로 경제에 종속되어 있으며, 권력을 필요악으로 생각하며, 경쟁에서는 남을 이겨야 한다는 몸에 달라붙은 사고에 젖어 있다. 단, 시집 전편에 걸쳐 술과 음률, 서화와 풍류에 남다른 관심이 있는 것으로 나타났다.

이 화자의 심리 변화가 이 시집을 이해하는 데에 상당히 중요한 역할을 한다. 화자의 심리는 시적 대상과의 관계에서 태도로 드러남을 앞서 밝혔다. 일개 지상적 안목의 화자가 우연히 생소한 B에 뚝 떨어져 신비롭고 기이한 인물의 행적과 사물과 삶의 방식에 접하여 '경이驚異'의 심리 상태에 빠져 있다. 우리가 일상을 벗어나 낯선 곳을 여행할 때 접하는 사람과 사물 들이 낯설게 느껴지며, 새로운 시각으로 바라보는 그런 심리 상태와 같다. 또한, 경이의 심리 상태는 어린아이의 그것이다. 세상에 물들지 않은 어린아이의 눈에 비친 온갖 것이 얼마나 새롭고 신비롭겠는가. 어린아이들에게는 세상 자체가 낯선 곳이며, 호기심의 대상이다.

이 경이의 감정은 화자의 무딘 감각을 일으켜 세워 그가 접하는 인물과 사물들을 신선하게 바라보는 계기를 마련한다. 사물을 때 묻지 않은 눈으로 기존의 편견이나 관념에 치우치지 아니하고 사물 그 자체로 바라보게 한다. 일상에 매몰되어 무디고 관념화된 시각은 존재의 빛을 상실한 사물을 타성에 젖은 시선으로 바라보게 하는데, 경이의 감정에 휩싸인 순간 사물은 그 자체를 온전히 드러내며 시적 상상력이 충만한 세계로 화자의 눈앞에 전개된다.

시집 전편에 걸쳐 경이의 감정에 휩싸인 화자의 태도는 후반부로 갈수록 서서히 변화되어 감을 감지할 수 있다. 시집의 전반부에는 B 공간에서 만난 신비하고 기이한 인물과 사물 들, 오동나무밭, 백하白河, 노과주露果酒, 다슬기, 새우, 대, 박쥐, 다람쥐, 부엉이, 독수리 등을 바라보는 화자의 시각과 태도가 A와 B의 시차에 적응하지 못함인지 이렇다 할 태도 표명 없이 수동적인 관찰자의 위치에 머물러 있다.

이러한 화자의 태도는 시 「도화밀천桃花密泉」에서 변화된 모습을 보인다. 자운동紫雲洞 복숭아 꽃밭에서 동행하던 목천木川의 발목을 꼭 잡고 한 마리 벌이 되어 도화밀천을 기어들어가 꿀을 파먹기도 하고, 잘 익은 천도天桃를 골라 깨물면서 즐기는 화자의 능동성이 드러나기 시작한다. 마치 동화나 마술 세계와도 같으며, 놀이동산에서 놀이기구를 신나게 타고 노는 어린아이와 같은 심정으로 돌아간 듯하다.

또한, 시 「녹정綠井」에서 보면, 화자는 녹정의 샘물을 마시고 젊은 소년의 모습으로 돌아가 마음속으로 흡족하게 생각하고 있었는데, 늙지 않는 게 큰 형벌이라는 지나가는 노인의 말을 듣고, "나는 한참 동안 우물 속의 소년에 취해 앉아 있다가/ 문득 이 무슨 망령된 욕심인가 하고 일어서서/ 고개를 넘기로 했다." 고개를 넘는다는 것은 물론 황정黃井을 찾아가 다시 원래의 모습으로 되돌아가겠다는 의지의 표명이다. 이는 A의 무자각적인 지상적 사고에 물들어 있는 화자 자신에 대한 부끄러움이며, B의 사고를 긍정적으로 받아들여 능동적으로 행동하는 모습이다. 이 시에서 드디어 A〉B의 의식이 A〈B로 전환되는 것을 볼 수 있다.

끝으로 시 「천궁天宮」과 시 「운미雲眉」에 이르면, 비록 화자가 가장 중요한 가치라고 여기는 풍류에 관계된 것이지만, 기꺼이 그 세계에 합류하여 즐기는, 적극적인 참여자의 모습을 볼 수 있다. 천궁이라는 기생의 마음을 사로잡기 위하여 주호의 청주를 마시고, 서화를 뽐내며, 미녀의 현금에 맞춰 천궁을 부르며 춤을 추다 정신을 잃고 쓰러진다.

사물과의 관계에서 파악되는 화자의 심리를 분석해 보면, 평범한 A의 사고에 붙들려 있던 화자가 신비하고 기이한 B에 접하여 경이의 감정으로 모든 사물을 대한다. 처음에는 수동적으로 위축될 수밖에 없던 관찰자의 화자가 서서히 B에 동화되면서 오히려 지상적 사고에 부끄러움을 느낀다. 나중에는 B의 세계에 적극성을 띤 능동적 화자로 변화해 감을 볼 수 있다. 이 시집에서 화자는 평면적 인물이 아니라 입체적 인물이다.

다락마을의 형이상학

B의 세계가 인간계가 아니라 신선 세계라고 하여 무조건 A의 전도된 모습만으로 채워져 있는 것은 아니다. 무릇 한 채의 집을 지을 때도 그 중추에 상량上樑이 있듯이 B의 세계를 떠받들고 있는 하나의 형이상학이 있다.

월천月川 강가에 이르러 잠시 쉬는데
절벽에 한 자 남짓한 길이의 '一'자가 새겨져 있다.
목계木溪의 얘기론
여러 천 년 전에 지나던 초공草公의 글이라고 한다.
무슨 뜻인가고 물으니
제대로 다 들어 말하기는 어렵지만
"흐르는 물이 끝이 없어 산천이 늘 푸르다"라고 일러 준다.

다시 한나절을 더 간 뒤 화구火口라는 골짜기에서 쉬는데
또한 그 골짝의 절벽에도 '一'자字 한 획이 새겨져 있다.
이번엔 내가 초공草公의 글씨를 또 보는구나 했더니
이건 초공草公이 아니라 모공毛公의 것이라며
"타는 불이 그칠 줄 모르니 하늘이 늘 붉다"라고 한다.
내가 보기엔 같은 一자인데 어찌 그리 뜻이 다르단 말인가.
내 마음의 낌새를 알아낸 목계木溪는 껄껄 웃으며
같은 사람도 한번 그은 획을 다시 그렇게 할 수 없거늘
하물며 다른 사람들이 만든 그것들이
어찌 같을 수 있겠느냐는 것이다.

— 「일자一字」 부분

이 시는 비교적 사실적으로 접근이 용이하지만, 이 시집 가운데 가장 난해한 부분이다. 시인은 시집 후기에 '엄살의 시학詩學'이라 하여 「일자一字」 해설을 별도로 실었다.

> 이 작품에서 내가 꿈꾼 것은 기표(시니피앙)의 절대 자유다. 어떠한 약속도 상징도 아니면서 주체를 다 담을 수 있는 그런 몸짓을 생각해 본 것이다. 그런데 사실 이 문제는 수신자의 감수성에 귀착된다.
>
> 내가 꿈꾸는 선계仙界에서도 생성과 소멸의 대원칙이 지배

한다. 다만 그 주기가 지상과 같지 않을 뿐이다. 생성과 소멸은 세상을 움직이게 하는 역동적인 장치다. 만일 생성만의 세계가 있다면 그 세상은 소멸만의 세계가 지닌 공허감보다 더 견디기 힘든 답답하고 울적한 세상이 아니겠는가. 영원한 생명을 상상해 보라. 얼마나 지루하고 멋없는 정황인가. 내가 꿈꾸는 낙원에도 생명은 유한하다. 다만 머물고 싶을 만큼 머물다 갈 수 있다. 이 얼마나 신나는 자유인가.

생명의 동력은 물이며 소멸의 매체는 불이다. 초공草公의 '一'자는 무궁한 생성의 근원인 물을 노래한 것이고, 모공毛公의 '一'자는 끝없는 소멸의 메신저인 불을 노래한 것이다. 생명은 소멸에 이르고, 소멸은 다시 생명을 낳는다. 둘은 고리를 이루어 돌고 돌아 앞뒤가 없다.

— 작품 「일자一字」 해설 부분

위의 인용을 요약하면 다음과 같다. 즉 일자에 들어 있는 의미나 상징성에 대해 압축한 말이다.

첫째, 일자의 상징적 의미는 기표(시니피앙)의 절대 자유다.

둘째, 일자의 상징적 의미는 처음(물)과 끝(불)으로 생명과 소멸의 영원한 순환이다.

셋째, 일자 안의 모든 존재는 생명과 소멸의 순환 속에서 절대 자유다.

주지하다시피 소쉬르는 언어를 기표(시니피앙)와 기의(시니피에)의 자의적 결합이라고 했다. 기표가 없는 기의는 맹목이며, 기의가 없는 기표는 무의미하다. 언어가 되기 위해서는 기표와 기의가 짝을 이뤄 상대방을 구속해야 한다. 그런데 기표의 자유를 말하고 있다. 기의 없이 기표가 혼자서 자유롭게 고삐 풀린 망아지처럼 맹목적으로 뛰논다는 것이 아니라, '어떤 상징도 약속도 아니면서 주체를 다 담을 수 있는' 기표를 말하고 있다. 기표는 하나인데 무한대의 기의들을 거느리고 있는 것을 상상해 보라. 아마 기표는 누워서 떡 먹기인데 기의는 상황에 맞는 의미 찾기에 진땀을 뻘뻘 흘리리라. 그래서 어떤 기표 속에 담겨 있는 기의를 끄집어낸다는 것은 예민한 감수성의 소유자만이 가능할 것이며, 어떤 기표의 의미는 너무 크거나 오묘하거나 언어 이전이어서 도저히 전달할 수 없어 이심전심以心傳心, 불립문자不立文字로 전할 수밖에 없다는 것이다. 사람들은 의미하는 바가 너무 커 말할 수 없을 때, 또는 인간의 언어를 초월하는 세계에 대해서 말할 때, 대부분 입을 다물거나, 굳이 말로 표현한다면 '일자一字'라든지 '신神', 또는 '존재存在'라고 할 것이다. 그러나 이것들은 인간의 언어의 끝에서 어렴풋이 지피는 것에 불과하다. 시니피앙의 자유란 시인들의 영원한 꿈이자 절망이라 아니할 수 없다.

'일자一字'의 상징적 의미를 생각해 보자. 일자는 물이요 불이며, 시작이자 끝이다. 일자는 음과 양이며, 하늘과 땅이고, 알파요 오메가다. 일자는 모든 존재자를 존재케 하는 신이자 존재다. 초공의 일자와 모공의 일자는 기표는 같지만 하나는 생성이며 또 하나는 소멸이라 하였다. 이 생성과 소멸이 모든 생명체의 운동원이자 에너지이며, 모든 존재자의 바탕이다. 이를 일컬어 신이라 해도 존재라고 해도 기표의 절대 자유에는 아무 손상이 없다.

이 시니피앙의 절대 자유 안에 존재하는 모든 존재자는 자유다. 그러기 때문에 시니피앙의 절대 자유인 B의 세계에서 모든 존재자는 절대 자유 안에 기거하고 있다. 시인이 B에서 만난 신비하고 기이한 능력을 지닌 인물(신선)들이며, 전이라는 특이한 동물, 원숭이, 박쥐, 부엉이, 독수리, 다람쥐, 구렁이, 다슬기, 호박꽃, 복숭아꽃, 연, 물고기, 나무 등등이 하늘과 땅과 죽을 자와 신적인 것 안에서 경이의 존재자로 성스러운 빛을 발하고 있다. 시인은 행복하게도 이것들을 언어로 붙잡는 죽을 자이다. B의 사물들은 그 어떤 존재자도 다른 존재자의 수단이나 도구가 되지 아니하며, 또 이들 사이에는 위계라는 것도 존재하지 않는다. 그러기에 시인은 B의 유람이 마냥 행복할 수밖에 없다. 생성과 소멸의 안에서, 자유롭게 존재하는 시니피앙의 절대 자유 안에서, 시인은 전혀 구속감을 느끼지 않는다.

A의 세계는 어떠한가. 인간은 자연을 부리기 위하여 소위 문명이라는 것을 발달시켜왔다. 인간의 지혜가 늘어날수록 자연은 황폐해졌으며, 급기야 인간 자신도 황폐해지고 말았다. 문명의 발달사는 착취의 역사이며, 인간을 포함하여 자연계의 야성 상실은 존재의 성스러운 빛이 사그라지고 말았다. 인간의 가장 소중한 탄생과 죽음마저 이제 거룩한 존재의 빛을 상실하였다. 그리하여 시인은 다락마을에서 마지막 노래를 다음과 같이 부르고 있다.

그 나라는
앞에서 끄는 자도
뒤에서 따라가는 자도 없다
가진 자도 없고

가지려 하는 자도 없다
우리가 나란히 서서
하늘의 무지개를 보듯이
우리가 시새우지 않고
서로 바람을 마시듯이
풀과 나무들이 어우러져
산야山野를 이루듯이
그 나라의 모든 것은
주인이 없어서
그 나라의 모든 것은
다 그들의 것이다.

— 「그 나라의 주인」 전문

B는 지배자도 억압받는 사람도 없고, 가진 자도 못 가진 자도 없고, 사람들이 자연 속에 어우러져 동화되듯, 자연도 저희끼리 어우러져 숲을 이룬다. 생성과 소멸 안에서 주관자도 없고, 모두가 자기 존재를 성스럽게 드러내고 있을 뿐이다. 이것은 일자로 시작하여 일자로 마감되어 다시 일자로 생성하는 영원한 생명의 고리이며, 아무것에도 붙들림이 없는, 위도 아래도 없는 세계이다. 이것이 시인이 황폐한 이 땅에서 꿈꾸어 마지않는 참 세계이며 살만한 세상이다. 시인의 몸은 비록 A에 머무를 수밖에 없지만, 그 의식만은, 그의 언어만은 B에서 내려오기가 쉽지는 않을 듯하다.

매화와 낙타의 이중창
― 홍해리, 『매화에 이르는 길』

아내에게 바치는 안타까운 사랑의 노래인 시집 『치매행致梅行』(황금마루, 2015)이 발간되자 우리 시단은 경악했다. 치매 환자를 돌보는 보호자 입장에서 150편 분량의 시집을 펴낸 것은 우리 시문학사상 초유의 일이었다. 시집 『치매행致梅行』은 이 땅의 치매환자 80만여 명을 돌보는 가족은 물론이고 수많은 독자의 심금을 울렸다.

그 시집의 여운이 채 가시기도 전에 시인께서 시집 『매화에 이르는 길』을 상재했다. 이 시집은 『치매행致梅行』의 속편으로 각 시편의 부제가 '치매행·151~230'이다. 같은 내용의 시편이 80편 추가된 것에 불과하다고 할지 모르지만, 이번 시집은 전편보다 더 성숙하고 진화된 모습을 보인다. 전편이 치매에 걸린 지어미를 돌보는 한 지아비의 사랑을 노래했다면, 속편은 거기서 한걸음 더 나아가 인간 존재의 실상에 대한 깊은 성찰이 담겨 있다. 치매행은 단지 치매에 걸린 아내를 돌보는 지아비의 고통, 절망, 몸부림을 보여주는 시집이 아니다. 전편과 속편을 통틀어 시인이 말하고자 하는 바가 무엇인지 알기 위해서는 시집 『매화에 이르는 길』을 주목해야 한다.

시인께서 시집 책머리에 "치매는 치매癡呆가 아니라 치매致梅라 함이 마땅하다. 매화에 이르는 길이다. 무념무상의 세계, 순진하고 무구한 어린아이가 되는 병이 치매다."라고 전편의 책머리를 그대로 인용하였다. 이어, "나도 언제 세상을 꽃으로 보고 그 길을 따라 하염없이 걷고 있을지도 모른다. 그 길 끝에 매화가 피어 있다."라고 짧게 끝맺고 있다.

이 책머리에서 우리가 감지할 수 있는 것은, 시인이 희구하여 마지않은 세계가 치매, 즉 '매화에 이르는 길'이라는 것이다. '매화'의 의미는 무엇일까? '치매癡呆=치매致梅=매화에 이르는 길'을 전제한다면 결국 매화란 무념무상의 세계이며, 순진무구한 어린아이의 세계에 대한 은유다. 매화에 이르는 길은 어떻게 가능할까? 위의 논리대로라면, 치매癡呆에 걸리면 된다. 지금 아내는 그 길에 들어섰는데 말 많고 자의식이 충만한 화자는 도저히 그 세계에 갈 수 없다. 이것이 이 시집 전편에 걸쳐 있는 모든 갈등의 원인이며 비극이다.

매화와 낙타와의 거리

아내의 나라는
말이 웃음으로 꽃피는 곳,

그냥 바라다보면
꽃이 피고
새가 노래하듯

웃음이 모든 말이 되는
천국이지만,

(…)

오늘도 남편이란 이름이 쓸쓸해
나이 든 낙타는 막막한 사막을 생각합니다.

— 「낙타행 -치매행·152」 부분

세상에서 '치매에 걸렸다'고 말하는 아내의 세계를 화자는 "자유의 나라", "천국"으로 비유한다. 그곳은 말이 웃음으로 꽃피는 곳이며, 웃음이 모든 말이 되는 세계다. 불교의 염화미소拈華微笑가 연상되는 이 세계는 말하지 않아도 의미가 통하는 세계다.

반면에 화자가 처해 있는 세계는 "작달비 내리퍼붓는 해질녘/ 너덜겅길"(치매행·151, 이하 숫자만 기록함)이며, 자신을 사막을 걷고 있는 "나이 든 낙타"로 비유한다. 니체가 인간 정신의 세 가지 변화에 대해서 말하면서 가장 저급한 단계로 낙타를 들었다. 오로지 의무에만 매달려 있는 자, 짐을 잔뜩 실은 노예 상태의 인간 정신을 지칭하는 말이다. 사랑하는 아내를 돌봐야 하는 화자의 처지를 비유한 말이지만, 이 말에는 아내와 화자의 세계가 구별되어 있음을, 자신은 매화의 세계를 희구하나 낙타의 삶에서 벗어나지 못하고 있음을 은연중 밝히고 있다.

이 시집을 이해하는 요체는 시의 대상인 아내와 시인에게 부림을 받는 화자와의 거리 문제다. 시의 대상인 아내의 세계는 매화의 세계이고, 화자가 못내 희구하는 세계이며, 지고지순의 경지로 상정된다. 이런 아내를 돌보는 화자가 오히려 자의식과 언어의 벽에 의해 감옥에 갇히는 역전 현상으로 나타나며, 아내의 세계를 두드리는 화자의 의지는 번번이 좌절된다.

이 거리는 물리적이라기보다는 심리적 또는 심미적이다. 둘 사이의 거리가 좁혀질수록 아내의 세계에 접목하고자 하는 화자는 합일의 경지를 지향하며, 갈등이 나타나지 않고 화해가 이루어지고, 행복감에 휩싸인다. 그러나 아무리 부부가 일심동체라고 하지만 두 세계는 차원이 다르기에 합일은 실패로 돌아간다. 다시 거리가 멀어지면 아내의 세계에서 동떨어진 화자는 안타까운 방황과 절망감을 맛본다.

이 둘의 관계는 지구를 돌고 있는 달로 비유할 수 있다. 지구와 달은 서로 끄는 힘으로 달이 지구 둘레를 끊임없이 돈다. 치매에 걸린 아내가 지구이고 그 주변을 맴도는 화자가 달인 셈이다. 가까워진 듯 보이지만 이들은 결코 하나가 될 수 없다. 또다시 달과 지구는 별개의 존재로 멀어진다. 그러다가 다시 하나가 되려는 듯 가까이 다가오는 것이다. 이 운동이 둘 사이에 무한 반복된다. 이 시집에서 똑같은 이야기가 변주되면서 반복되고 있다는 인상을 받는 이유는 지구를 도는 달처럼 반복되는 일상이기 때문이다.

매화와 낙타와의 이중창

'우리'라는 화물을 적재한

좌청호 우백호左靑號右白號

한 쌍의 배

한평생 긴긴 세월 동안

망망한 바다

막막히 항해하는

멍텅구리배!

—「부부 -치매행·165」 전문

이 시는 아내와 화자를, 매화와 낙타를, 지구와 달을, 좌청호와 우백호를 '우리'로 부르고 있다. 두 개의 다른 세계가 '우리'라 불리기까지 서로 닮거나 닳아가는 과정이 얼마나 많이 축적되었을까? 지구와 달을 합하여 무엇이라고 부르는가. 화자는 우리라고 부른다. 비록 추진력도 없이 한평생 긴긴 세월 동안 망망한 바다를 막막히 항해하는 멍텅구리배이지만, 그래서 애잔한 페이소스가 없는 것은 아니지만, '우리'라는 말에는 공동운명체라는 일체감이 배어 있다.

그런가 하면 사랑은 가벼워지는 것이라고 하면서 아내는 젖은 옷을 갈아입으며 웃고 있다(182). 아내의 치매약을 화자가 잘못 먹어 이제 나도 치매 환자가 되었으며 '내가' 약을 먹어도 '아내'가 나았으면 좋겠다(186). 추석 연휴에 세상과 단절되어 두 늙은 내외가 무위하며 집안에서 노는 분위기를 연출한다(196). 그리하여 화자는 "풍진 세상,/ 너 하나/ 나 하나/ 너랑 나랑,/ 달랑/ 달랑,"(225)이라고 두 음절 두 마디 형식으로 울림소리를 활용하여 들뜨는 감정을 표출하고 있다.

낙타는 매화의 세계를 희구한다. 그러나 애당초 매화의 세계라는 것이 실체가 없는 추상적인 관념에 불과하다. 이 추상적 관념을 다시 자유의 나라니 천국이니 하는 더 모호한 관념으로 덧입혀 더욱 오리무중이다. 정작 매화는 자신의 나라가 어떤 곳이라고 말한 적이 없고, 그것을 지상의 언어로 표현할 수도 없다. 매화의 세계는 화자의 의식에만 존재한다.

화자가 매화의 세계에 도달하는 데는 두 가지 걸림돌이 있다. 하나는 매화의 세계는 화자의 의식 소산이라는 것이다. 실제로 그런 세계가 있는지는 매화의 세계에 이미 도달한 자만이 알 수 있으나, 치매에 걸린 자와 걸리지 않는 자는 의사소통이 불가하다. 또 하나는, 매화에 도달하기 위해서는 이 세상의 문법을 버리고 매화의 문법에 맞추어야 하나, 화자로서는 그것이 불가능하다는 것이다. 화자를 부리는 시인이 말과 의식을 버리고 과연 존재할 수 있을까? 결국, 이 두 난제는 애초에 매화에 이르는 길이 불가능하다는 것을 말하고 있는지도 모른다. 그렇다면 불가능한 목표를 상정하고 거기에 도달하기 위해서 시인은 헛된 노력을 하고 있지 않은가. 이 점이 인간 존재의 비극적 실상이다. 인간이 상정한 목표, 저 이상 세계나 영원한 미의 세계에 도달하기 위해서 몸부림치는 인간의 고투가 실로 장엄하며 눈물겹지 아니한가.

매화와 낙타의 실상

지구는 거의 제자리에 있다. 다만 달이 지구에서 점점 멀어져 거리가 발생한다. 거리가 멀어질수록 시인의 자의식의 언어는 확대된다. 실상에 관한 반복적 언어가 구사되고 언어유희(pun)가 암초처럼 불쑥 솟아오른다.

이번 시집에서도 아내를 돌보는 시인의 눈물겨운 분투가 화자의 입을 통해 간단없이 나열된다. 아내와 화자가 소통되지 않는 상황에서 끊임없이 반복되는 삶의 현장이다. 아내는 딸이 누군지도, 시집간 지도 모른다(155). 가장 신성한 아침을 먹는 시간에 늙은 밥을 앞에 놓고 깨작거리며 숟가락과 젓가락이 따로 논다(159, 163). 아내가 집안에서 보물찾기하듯 의심스러운 휴지 뭉치를 감춰두기도 하고(164), 명절이 돌아와도 부모님 제사가 돌아와도 제사상을 차릴 수 없고(173), 자기에게 소홀하다 싶으면 여지없이 지뢰를 매설하기도 하고(175, 176, 191), 급기야 아내의 가출 사건이 온 집안과 동네를 발칵 뒤집어 놓는다(183, 190). 참으로 많은 시편이 화자의 눈물겨운 고투 장면을 파노라마처럼 펼쳐 보인다.

이와 같은 시편들은 전편에서 눈에 익었던 모습이다. 전편에는 자신의 운명에 반항하는 화자의 모습이 눈에 많이 띄었는데, 이번 시집은 체념과 순응이 엿보여 오히려 읽는 이의 마음을 더 아프게 한다. 이것을 달리 순명順命이라고 말할 수도 있겠지만, 꼿꼿한 시 정신 하나로 평생을 지탱해온 시인의 변화가 긍정적으로만 보이지는 않는다.

배고프면
밥 먹자 하고,

아프면
병원 가자는,

말만이라도
할 수 있다면,

걱정 없겠다
정말 좋겠다.

— 「원願 -치매행·169」 전문

이미 소통의 기대는 저버렸고, 매화를 돌봄의 지위로 격하시킨 화자의 바람은 가장 기본적인 생존이다. 이 시에서 "말만이라도 할 수 있다면 걱정 없겠다"에서 말은 사치스러운 시적 소통을 의미하지 않는다. 가장 일상적인 대화를 뜻하는데, 아내는 그것마저 비우고 버렸다는 것이다. 그러나 화자는 말에 집착하기에 갈등이 일어나고 있다.

낙타의 노래

화자가 아내를 돌보면서 절망과 좌절만을 곱씹고 있는 것은 아니다. 매일 반복되는 일상 속에서 시인의 성찰은 깊어 간다. 나는 누구이며, 인간이란 어떤 존재인가, 삶이란 무엇이며 죽음이란 무엇인가, 죽음을 뛰어넘는 가치가 있다면 그것이 무엇인가 등등 성찰의 언어가 시편 속에서 빛난다.

시인은 이 세상에서 인간의 삶이란 "물고기/ 한 마리/ 튀어올랐다/ 잠깐 눈 감은 사이/ 비늘이 반짝/ 사라지는"(185) 찰나의 현시, 한때라고 본다. 이 찰나의 존재가 의식과 말을 가지고 무한 상상의 시공을 펼치는 인간은 때로는 황량한 빈들의 꽃으로 피어나기도 하지만, 결국 집으로 돌아가는 존재라는 것이다.

인간의 일생이란 물음표로 시작하여 느낌표로 끝난다(102). 인간은 이승에서 꽃이 피고 진다고 안타까워하며(184), 또는 달관한 사람인 양 그러려니 하면서 살아간다는 것이다(178). 어떤 이는 삶과 죽음이 하나라고 말하기도 한다(170). 그러나 인간의 삶이란 잘났든 못났든, 부자든 가난뱅이든, 요절하든 장수하든, "세월을 버리면서/ 쌓아 올리는/ 나이탑 따라/ 저문저문 저무는 가을날"(200)이라는 것이다. 우리는 모두 저무는 가을날 같은 인생이어서, 비어 있는 "들녘"을 지나 "집으로 가는 길"(109, 187, 207)이라는 성찰이다.

가을걷이 다 끝나고 나면
나는 가을 거지가 됩니다

불 꺼진 빈집에는
침묵의 울음이 찬바람에 사그라들고
길었던 기다림을 털어 버린
영혼의 눈썹 한 올 한 올 위로 눈이 내립니다
마지막 한 톨까지 새들에게 다 주고 난
빈 들녘이 마침내 가득해집니다
봐야 보이고 들어야 들리는
한세상 사는 일이 한줌 바람이었습니다
잠시 생각에 잠겼다 깨어, 나는
날개 속에 부리를 묻고 밤을 지새는
철새들같이
이제 망각의 긴 겨울잠에 들어
윤슬처럼 반짝이며 오는 봄을 꿈꾸고 싶어
영영 깨지 않을 잠속으로 들어갑니다.

—「들녘 -치매행·174」 전문

인간 존재의 실상을 들녘으로 비유한 시인은 시의 마지막을 영영 깨지 않을 잠속으로 들어간다고 노래하고 있다. 잠이란 무엇인가. 잠이란 인간의 의식과 말이 죽는 시간이다. 들녘에서 집으로 가는 길이란 의식과 말이 안식을 얻어 매화에 이르는 길로 안내한다.

결국, 시인은 죽음을 노래하고 있다. 화자와 아내의 거리가 가장 먼 대척점이다. 시인은 이 시집 전편에 걸쳐 너무나 자주 죽음을 암시하거나 노래하고 있었다. 세상과 단절된 절해고도에서 화자는 차라리 얼음 미라가 되어 천년 뒤에 녹아 이 땅에 스며들어 화석이 되어 가루가 되는 삶을 꿈꾼다(180). 삶과 죽음이 둘이 아니고 하나라고 말하며(170), 죽고 싶다고 직설적으로 말하는가 하면(81, 210), 죽으면 그만이라는 세상, 병든 아내와 함께 죽고 싶다는 소망을 내비치고 있다(117, 166).

물론 노인이 제 일신도 지탱하기 힘든데 병든 아내를 병간호한다는 것이 결코 쉬운 일이 아니다. 정말 죽을 만큼 힘든 일이다. 시편 행간에 흘러넘치는 '죽고 싶다'는 하소연을 그냥 듣고 넘겨서는 절대로 아니 된다. 그러나 여기서 잠, 즉 죽음이란 인생의 깊은 성찰로서 죽음으로 봐야 한다. 전술한 바와 같이 매화에 이르는 길은 두 가지가 있는데 하나는 치매에 걸려 세상의 말을 버리고 무념무상의 세계로 돌아가든지, 아니면 죽음이라는 것이다. 죽으면 매화에 이르는 길에 장애가 되는 의식이나 말이 사라져, 일찍이 어떤 인간도 말해 준 적이 없는 매화의 세계에 도달할지도 모르는 일이다.

또 낙타의 노래

그러나 시인은 생에 대한 비관론에 사로잡혀 이승의 삶을 접고 무위의 세계로 돌아가자고 노래하고 있지는 않다. 아무리 무위의 삶이 매력적으로 보인다 해도 이승에서의 삶이 그래도 가치 있다고 생각하고 있는 듯하다. 비록 매화 언저리에서 방황하는 삶이지만, 이승에서 자기 세계를 구축하고자 하는 시인으로서의 열망과 고통 받는 자들끼리 서로 기억을 공유하며 나누는 우정을 값지게 생각하고 있기 때문이다.

시인은 똑같은 아픔을 겪고 있는, 선배격인 원로 시인 한 분과의 우정을 소중히 여긴다. 시 「동병상련」(194), 「어제와 오늘」(201), 「홍주와 꽃게」(219), 무려 세 편에 걸쳐 원로 시인과의 교류를 통해서 추억과 아픔을 공유하는 자들끼리의 우정의 소중함을 노래하고 있다. 우정은 빈들 같은 삶에서 서로를 붙들어 주는 힘이다.

아울러 평생 언어를 다루는 시인이기에 매화에 이르지 못하는 한이 있더라도 시인의 길을 버릴 수 없다는, 니체의 말을 빌려 말하자면 너무나 인간적인 운명애運命愛다. 그는 형편없이 구겨져 버린 삶 속에서도 "깨끗하고 아름다운 말로/ 차끈한 사랑의 언어로/ 진실되고 정확한 어휘로 시를 엮어,/ 자유와 생명과 자연을 찬양하고/ 사람과 사랑을 그리고 노래하리라."(204)라고 새해 아침 메시지를 발하고 있다.

그리하여 이 시집의 끝부분에서 "오늘이 마지막 산책이 아니기를, 이 길이 뭍길이든 물길이든 하늘길이든 어딘가로 이어지는 시작이기를"(229) 바라는 희망의 노래를 부르고 있는가 하면, 끝판에서는 "오늘 밤 잠이 들면 깨어나지 말기를, 내일 아침 해 떠도 눈을 뜨지 않기를" 바라면서도 "오늘 밤에 잠들면 깊은 잠자고 내일 아침 해 뜨면 깨어나기를"(230) 역설적으로 소망한다. 실로 『매화에 이르는 길』은 진흙 속에서 피어나는 화사한 연꽃이며, 어떠한 절망 속에서도 끈질기게 생을 이어가는 희망의 노래다.

촉도난蜀道難

— 홍해리, 『봄이 오면 눈은 녹는다』

치매행이 세 권에 이르도록 아직 끝이 보이지 않습니다. 세간에 이르기를 참으로 지독한 사랑이라고 말합니다. 여느 시인이라면 잘해야 시집 한 권으로 떨어질 고뿔 같은 사랑을 장장 세 권에 걸쳐 아직도 껴안고 있으니, 우리 문단에 간병 문학이라는 새로운 장르를 열었음은 물론이요, 한 인간으로서 인정에 곡진함이 세상에 물결칩니다.

당신께서 말씀하시길, 병든 아내를 팔아먹고 있는 시인이라고 자조하곤 하셨습니다. 어떤 이는 자신이라면 그런 시를 쓰지 않겠노라고 부정적인 언사를 생각 없이 입에 올렸습니다. 또 어떤 이는 시인께 이런 절창을 안겨주려고 아내가 병이 든 모양이라고 탄식과 아울러 그의 시를 상찬했습니다. 그런가 하면 경향 각지 치매 환자를 돌보는 가족들이 서로 고통을 나누며 고맙다는 인사를 숱하게 전하는 것을 곁에서 지켜보았습니다. 인생의 쓴맛을 본 겸손한 자들은 당신의 언어에 연민의 눈물을 뿌리는가 하면, 가리개를 씌운 경주마처럼 자기 앞만 보는 자들은 오불관언이라 하였습니다.

제가 시인님 곁에서 시인의 길을 걷게 된 것이 햇수로 8년, 그 기간이 사모님의 투병 기간과 우연히 일치하여, 발병에서 지금까지 가까이에 있었습니다. 워낙 당신께서는 자신의 신상에 관해서는 과묵하신 분이라 세세한 것까지는 몰라도 그 진행 과정은 알고 있습니다. 저는 시인님과의 인연으로 1시집 『치매행致梅行』(2015,황금마루)의 끝에 「필화筆花 한 송이」라는 과분한 발문을 붙였습니다. 2시집 『매화에 이르는 길』(2017, 도서출판 움)이 발간되고 나서는 시집의 해설 「매화와 낙타의 이중창」을 《우리詩》(2017.7월호)에 발표했습니다. 시인님을 걱정하는 사람들은 당신께서 애써 침착함을 유지하나 내면의 노심초사와 전전긍긍을 지켜보며 팔 걷고 나서서 거들 수도 없고, 매번 물을 수도 없고, 그런다고 아무 일 없다는 듯이 지나칠 수도 없는 실로 난감한 시간을 보내고 있습니다. 아직도 시인님과 사모님의 고난은 현재진행형입니다. 우선은 이번 세 번째 시집이 발간되어 시인께서 붓을 들고 있는 한 절망은 아니라는 단순한 생각에 와락 고마움을 껴안았습니다.

이 글은 감히 시집의 발문이라기보다는 당신께서 그동안 잘 견뎌주셔서 고맙고, 앞으로도 더 큰 어려움이 닥치더라도 좌절하지 말고 잘 이겨내시라고, 김종삼 시인의 「墨畵」에서처럼 발잔등이 부은, 물 먹는 소의 목덜미에 손을 얹은 행위였으면 좋겠습니다.

치매행은 간병看病 기록이다

치매행은 치매에 걸린 지어미에 대한 지아비의 간병 기록입니다. 간병을 흔히 '병수발' 또는 '병시중'이라고 합니다. 중증 환자나 나이가 들어 거동이 불편한 환자의 손발이 되어주는 것인데, 전문 요양사가 있지만, 대부분 가족이 돌봅니다.

시인을 걱정하는 주변 사람들이 노인이 집에서 중증 치매 환자를 돌보는 것이 너무 힘드니 시설 좋은 가까운 요양원에 모시자고 얼마나 권했는지 모릅니다. 그러나 당신께서는 한사코 거부했습니다. 자식들이 나서서 어머니를 요양원에 모시자고 간곡하게 말씀드렸지만, 당신께서는 그 제안도 끝내 거절하셨습니다. 시인의 의식 속에는 요양 시설에 대한 부정적 인식이 자리잡고 있는 듯합니다. 그러나 어찌 그뿐이겠습니까. 당신의 내면에는 아내의 발병에 대한 자신의 책임이랄까, 그런 것이 있는 듯합니다.

시 「내 탓」(305, 시집 인용 출처는 부제에 붙은 일련번호만 사용한다.)을 보면 "아내가 와불이 되다니/ 아 내 탓이로다, 내 탓!"이라고 절규하고 있습니다. 아내의 발병이 자기가 밤낮없이 술 먹고 다니고, 주말이면 난蘭 캐러 다니고, 시도 때도 없이 시 쓴다고 혼자 놀아서 집안의 태양이 빛을 잃었다는 것입니다. 이런 부채의식은 급기야 "안다미씌워서야 쓰겠는가/ 내가 지고 갈, 내 안고 갈 사람"(262)이라고 결론을 내립니다. 여기서 '안다미씌우다'는 "자기 책임을 남에게 지우다"라는 말입니다.

당신은 그런 사람입니다. "사람은 몸에 옷을 맞추지만/ 때로는 몸을 옷에 맞추라 한다// 짧은 다리는/ 긴 다리보고 맞추라 하고,// 긴 다리는/ 짧은 다리한테 맞추라 한다."(232)면서, 와불처럼 누워 있는 사모님에게 우리답게 사는 것이 무어냐고 묻습니다. 사모님은 묵묵부답입니다. 사람마다 살아가는 환경과 여건이 제각각인데 보편적인 척도로 개별적인 것을 일률적으로 재단한다는 것은 모순이라는 것입니다. 마치 침대 길이에 맞춰 다리를 잘랐다는 프로크루스테스의 침대와 진배

없는 것이지요. 시인께서는 마지막까지 아내의 품위를 지켜주기 위하여, 지어미에 대한 지아비의 지극한 사랑으로 오늘도 병상을 지키고 있습니다.

치매행은 간병 일지입니다. 시인께서는 무려 8년 동안이나 치매에 걸린 아내 곁에서 그 진행 상황을 사실적으로 기록하였습니다. 치매행 연작 330편에서 시인의 시적 언사를 거둬버리면 고스란히 사모님의 상태에 대한 객관적인 기록만 남습니다.

시 「일지」(299)를 보면, 사모님의 발병부터 최근까지 시간의 흐름에 따라 그간의 경과를 진술하고 있습니다. 시작은 발병 전 '평화'라는 말에서 출발합니다(1~4행). 최초의 증세를 느낀 것은 언어장애가 나타나고부터입니다(5~7행). 인근 큰 병원으로 달려가 진찰을 받고 드디어 발병을 확인합니다(8~11행). 알츠하이머 전두엽 기능 장애로 이상행동이 돌출되는 시기가 뒤따릅니다(13~25행). 집에서 관리가 어려워 주간 요양 센터에 보냅니다(26~36행). 이 시기에 새 정권이 들어서고 치매 국가책임제라는 정책이 발표됩니다(37~41행). 사모님을 더 이상 요양 센터에서 받아주지 않아 집에서 24시간 간병인을 써가며 돌보고 있습니다(45행). 시는 결코 모호하거나 어렵지 않습니다. 치매행 연작은 한결같은 어조로 평이합니다. 치매가 이 시대의 공동문제라면 누구나 쉽게 읽을 수 있어야 한다는 게 당신의 생각입니다. 시적 기교로 자기 생각과 정서를 표현한다는 것은 오히려 사치스러운 일입니다. 물에 빠진 사람의 다급한 절규가 어떻게 시적 표현일 수 있겠습니까?

이 사실적인 시 뒤에 당신께서는 의도적으로 2015. 8. 14.~2017. 11. 11.까지의 짤막짤막한 관찰 일지를 달아놓았습니다. 이것은 시인께서

정기적으로 대학병원에서 처방전을 받아 약을 짓는데, 환자가 거동할 수 없어 시인께서 담당의에게 내보이는 진료 자료입니다. 왜 시인께서는 생략하여도 될 긴 부록을 299 뒤에다 달아놓았을까요. 간병이 이렇게 힘들고 고생스럽다는 것을 말하고 싶어서일까요. 저는 그렇지 않다고 생각합니다. 이것을 시의 끝에 붙여 그 실상을 노출한 것은 시인이 겪고 있는 특별한 상황을 객관화시켜 8년간 부부가 겪었고, 지금도 진행 중인 고난의 실체를 폭로하고자 함이 아닌가요. 부부가 싸우고 있는 상대의 유치찬란한 실상을 백일하에 드러냄으로써 인간이 얼마나 낮아질 수밖에 없는 존재인가, 우리가 경하해 마지않는 삶이란 것의 바닥은 어떤 모습인가를 여과 없이 드러내려는 의도로 보입니다. 이 역시 당신이 아니고서는 불가능한 일입니다.

치매행은 간병인看病人에 관한 기록이다

치매행은 화자가 치매 환자를 돌보며, 환자의 상태에 따라 일희일비하며, 그리고 소망까지 피력하고 있는 시집입니다. 화자와 환자의 소통 부재는 병세의 악화와 정비례합니다. 시의 화자는 누구인가요. 환자를 돌보는 간병인이자 시인 자신입니다. 시인이란 언어로 표현해야 하는 천형天刑을 타고난 사람인데 이 소통 부재의 무력감은 시종여일 당신을 절망케 합니다.

치매행은 화자의 독백으로 이루어진 시집입니다. 거대한 모노드라마의 대사가 메아리도 없이 절벽에 부딪혀 낙엽처럼 떨어집니다. 무대 위에 등장인물은 두 사람인데 한 사람은 침묵의 역을 맡아 자기 역할에 충실하고, 한 사람은 상대방 주위를 맴돌며 꽃을 보고, 새를 보고, 꿈을 이야기하고, 우리가 맞이할 봄날을 이야기하면서 끝임 없이 혼자서 말합니다. 무대 위의 두 사람 다 자기 역할에 기진맥진하고 있습니다.

저는 이런 당신의 모습을 1시집 발문에서 헤밍웨이의 소설 『노인과 바다』에 나오는 산티아고 노인과 같다고 표현했습니다. 그는 84일간 줄기차게 바다로 나가 빈 배 저어 돌아오는 재수 없고 불우한 노인입니다. 그 노인이 85일째 다시 바다에 나가 이번에는 천신만고 끝에 큰 물고기를 잡게 됩니다. 그러나 집으로 돌아오는 길에 상어를 만나 사투 끝에 부두에 도착했을 때에는 앙상히 뼈만 남은 물고기를 달고 있었습니다. 저는 노인의 사투를 거대한 절망에 저항하는, 도도한 허무주의에 대항하는 모습이라고 하였습니다. "사람은 박살이 나서 죽을 수 있을지언정 패배는 당하지 않아"라는 당찬 사자후가 바로 당신의 목소리라고 하였습니다.

그런가 하면 2시집 해설에서는, 시 「낙타행」(152)의 한 구절을 인용하여 당신을 '낙타'로 비유했습니다. 낙타는 오로지 의무에만 매달려 있는, 짐을 잔뜩 실은 노예 상태의 인간을 지칭하는 말이라고 니체가 말하였습니다. 사랑하는 아내를 돌봐야 하는 당신의 처지를 빗댄 말이지만, 이 말은 매화로 비유되는 아내의 세계와 화자의 세계가 구분되어 있음을, 자기 역시 매화의 세계를 희구하나 낙타의 삶에서 벗어나지 못하고 있노라고 쓴 적이 있습니다.

또한 매화인 아내와 낙타인 화자의 관계를 지구와 달로 비유하였습니다. 지구와 달은 서로 끌어당기는 힘으로 달이 지구 둘레를 끊임없이 돕니다. 치매에 걸린 아내가 지구이고 화자가 그 주변을 맴도는 달인 셈입니다. 지구와 달이 가까워질 듯 멀어집니다. 이 둘의 거리가 가까워지면 화자는 행복감에 휩싸이고, 멀어지면 나락에 떨어집니다. 달과 지구의 운동이 무한 반복되듯이 화자 또한 희망과 절망이 반복됩니다. 치매행에서 똑같은 이야기가 변주되면서 반복되는 것은 지구를 돌고 있는 달처럼 일상이 반복되기 때문입니다.

치매행은 시시포스 신화의 재현입니다. 그리스 신화에 의하면 시시포스는 코린토스의 왕이었는데, 신들을 기만한 죄로 영원한 형벌을 받게 됩니다. 그가 받은 형벌은 올림포스 산정 위로 커다란 바위를 밀어 올려 거의 산꼭대기에 다다르면 아래로 굴러 떨어지고, 다시 올리면 굴러 떨어지는, 영원히 의미 없는 노동입니다.

산티아고의 노인이자 낙타며, 달이자 간병인이며, 화자이자 시시포스인 그대여!

그대는 무엇 때문에 그리 절망합니까?

그대가 바라는 것이 무엇인가요?

그대가 가고 싶은 세계는 어디입니까?

당신께서 염원하여 마지않은 세계는 인간계를 뛰어넘는 구경究竟이나, 누구도 발을 딛지 못한 이상향이나, 지극히 관념적인 형이상학의 범주가 아닙니다. 병들어 아파하는 지어미를 오로지 지극정성으로 간호하는 지아비의 마음에 간절히 구하는 바가 무엇이겠습니까? 병든 아내가 낫기를 바라는 마음뿐이라는 것이 너무도 당연하지 않습니까? 아내가 예전처럼 병에서 자유 몸이 되어 두 분께서 꽃 피는 봄날이며 새 우는 소리, 푸른 신록이며 짙푸른 녹음, 떨어지는 낙엽이며 분분히 날리는 눈을 바라보고 싶다는 것이 그리 큰 소망인가요? 자식들과 손자 손녀를 무릎에 앉히고 오순도순 정담 나누며, 아내의 사랑스러운 눈매를 그윽이 바라보고 싶다는 것이 그리도 큰 욕심인가요? 당신께서는 소소한 일상의 회복을 꿈꾸고 있습니다.

그러나 현실은 복낙원을 허용하지 않습니다. 실낙원과 복낙원 사이를 우왕좌왕하는 것은 어디까지나 당신만의 일이고, 사모님은 전혀 반응이 없는, 아무런 생각도 표현도 없는 와불이라는 것입니다. 이 세상 모든 것의 한복판에 핵처럼 존재하고 있는 아내의 병세는 날로 심각하여 가고, 그럴수록 시인은 성마르고, 감정의 굴곡이 심해지고, 절망과 좌절 속에 어쩔 줄을 모릅니다.

절망에서 터지는 절규가 시집을 가득 채우고 있습니다. 치매행 2시집에서 가끔 보이던 희망이 3시집에 이르면 거의 자취를 감춥니다. 고작해야 과거 사실에 대한 가정이 미온적으로 나타날 뿐 어디로 가는지, 어떻게 할지도 모르는 폐선이 다 된 목선 한 척(250), 희망을 뜻하는 뱃고동에 귀먹고 등댓불에 눈멀어 그야말로 캄캄한 그믐밤을 헤매고 있다(252)는 것이 화자이자 간병인이자 시인의 현주소입니다.

촉도난蜀道難

인간을 부조리한 존재라고 설파한, 프랑스의 작가이자 철학가인 카뮈는 시시포스를 모티프로 그의 철학을 개진하였습니다. 그는 아이러니하게도 시시포스를 인생을 충만하게 사는 부조리의 영웅으로 간주했습니다. 죽음을 증오하고 의미 없는 일을 반복하도록 선고받은 시시포스가 행복한 존재라는 것입니다. 왜냐하면 그는 비극적인 순간에도 자신의 비극적 존재를 제대로 인식하고 있기 때문이라는 것입니다.

불가에서 말하기를 색즉시공色卽是空이라고 합니다. 색즉시공이란 현실 세계의 생멸 변화하는 물질 현상의 실상은 실체가 없다는 말입니다. 즉 우리가 울고불고 하는 이 현실계의 모든 것이 실은 없다는 것이지요. 당신께서 그토록 마음 쓰고 있는 것들, 매일 매일의 일상이, 와불이 되어 누워 있는 아내가, 새가, 꽃이, 낙엽이, 분분히 날리는 눈들이 실상은 가상의 세계에 불과할 뿐 실체가 아니라는 것입니다. 그렇다면 시시포스의 도로徒勞는 무슨 의미가 있으며, 세상은 과연 살 만한 가치가 있습니까?

그럼에도 불구하고 카뮈는 이 부조리한 실상을 제대로 인식하는, 내일 또다시 커다란 바위를 산정에 올려야 하는 시시포스를 행복한 존재라고 말하였습니다. 85일째 바다에 나가 마침내 큰 물고기를 낚았으나 상어에게 물어뜯긴 불우한 노인 산티아고는 88일째에도 역시 바다로 나갈 것입니다(커다란 물고기와의 사투와 상어 떼로부터 고기를 지키기 위해 2박3일이 걸렸다). 불가의 '색즉시공色卽是空' 또한 '공즉시색空卽是色'이란 말과 짝을 이뤄야 비로소 완전해집니다. 공즉시색은 아무것도 없는 폐허 속에서 하잘 것 없이 보이던 일상이 오롯이 돋아나고 있지 않습니까?

끼어들 계제가 아니지만, 잠시 제 이야기를 하는 것을 용서해 주시기 바랍니다.

저는 젊은 시절 당나라 시선 이백의 「촉도난蜀道難」을 읽은 적이 있습니다. "어허라/ 험하고도 높구나/ 촉도의 험난함이여/ 하늘 오르는 것보다 어려워라"(噫吁戲 危乎高哉 蜀道之難 難于上靑天). 이백이 장안에서 촉蜀, 지금의 사천四天 지역으로 갈 때 지나는, 잔도棧道로 이어진 험난한 길을 읊은 한시입니다. 당시 저는 이 시를 읽으며 촉도의 험난함에 모골이 송연해졌습니다. 앞으로 내가 겪을 인생이 이런 험로구나 하고 생각하며, 미래에 대한 막연한 불안감에 휩싸인 적이 있었습니다.

인생의 중반을 넘어, 그간의 여정도 촉도와 같은 험로였는데, 아내가 덜컥 불치의 병에 걸렸습니다. 매뉴얼대로 수술하고 이후 노심초사하며 관리하기 십 년, 그리고 재발하였습니다. 다시 병상을 지키기 4년, 그 어느 날이었습니다. 그날은 토요일 오후였는데, 큰 병원에서 입원기일이 다 찼다고 그보다 작은 협력 병원으로 쫓겨났을 때였습니다. 병실에 날짜 지난 신문이 있어 잠시 들여다보는데 문화면의 한 기사가 눈에 들어왔습니다. 서울 성북동에 있는 간송미술관에서 조선 시대 회화전을 연다는데, 국가지정문화재 보물인 현재玄齋 심사정沈師正의 〈촉잔도蜀棧圖〉가 전시된다는 기사였습니다. 그날 오후 몸과 마음이 피폐할 대로 피폐한 제가 누군가에게 병실을 맡기고 물어물어 미술관을 찾아갔습니다.

심사정의 촉잔도는 종이에 그려진 담채화로 8m가 넘는 두루마리 그림이었습니다. 비록 채색은 약간 바랬지만, 보관 상태가 좋은지 험난한 산세며 거센 물줄기, 툭툭 불거진 기암절벽들이 파노라마처럼 눈앞에 펼쳐졌습니다. 위로는 해를 끄는 여섯 마리 용도 돌아가야 하는 높은 표적 같은 봉우리가 있고, 아래는 거센 물결 꺾어 도는 계류가 있었습니다. 누른 학들조차 날아 지나지 못하고, 날쌔다는 원숭이도 오르자니 걱정입니다. 벼랑 위엔 거꾸러질 듯 마른 소나무 걸려 있고, 빠른 여울 내지르는 폭포는 다투어 소리치고, 급류에 부딪혀 구르는 돌 일만 골 천둥입니다. 이백의 「촉도난蜀道難」이 고스란히 화폭에 담겨 있었습니다.

저는 그림 앞에서 발을 뗄 수가 없었습니다. 심호흡을 해도 두려움과 떨리는 마음이 진정되지 않았습니다. 그것은 내 인생 역정이었습니다. 저는 천 길 낭떠러지 절벽 위 실낱같은 잔도 위에 후들거리는 두 발로 숫제 서 있었습니다. 더구나 저는 홑몸이 아니었습니다. 병든 아내를 업고 어린 자식들 손목을 잡고 잔도 위에서 오도 가도 못 하고 있었습니다. 어렵사리 잔도 하나를 겨우 넘으면 또다시 더 높은 잔도가 아찔하게 허공에 매달려 있고 발아래 급류가 삼킬 듯이 우르릉대고 있었습니다. 산 넘어 산이요, 물 건너 물입니다. 한참을 얼이 빠져 그림을 들여다보고 있는데, 아, 그런데 뜻밖에도 그 안에는 어떤 온화하고 부드러운 빛이 서려 있었습니다. 비록 인생은 험난하고 촉도는 무진하나 저를 위로하고 감싸주는 듯한 따뜻함이 화폭에서 우러나왔습니다. 아니, 이것은 저의 착각일 수도 있겠습니다. 당시 저는 인생의 험로에서 누군가로부터 진심으로 위로받고 싶었는지도 모릅니다. 저는 입술을 깨물고 밖으로 뛰쳐나와 미술관 사택으로 들어가는 휴게 자리 소나무 아래에서 얼마나 뜨거운 눈물을 흘렸는지 모릅니다.

이제 이 글을 맺고자 합니다. 치매행 연작 안에는 덧없는 일상을 뛰어넘어 영원의 세계를 매만지는 듯한 시편들이 있습니다. 저는 이것들이 가장 시인다운 시편이며, 치매행의 진수라고 생각합니다. 이 시편들은 고난 중에 반짝이는 별처럼 서정의 영원성을 드러내고 있습니다. 마치 번갯불이 번쩍할 때 눈에 비치는 현상계의 실상이며, 높이 나는 새가 한눈에 내려다보는 하감의 세계라고 생각합니다. 촉도를 건너는 법은 어렵습니다. 아슬아슬한 잔도를 밟고 계류를 건너 촉 땅으로 가야만 합니다. 이것은 초월이며 보다 더 큰 세계로의 비상입니다. 다시 말하자면 시인만이 촉도를 건너는 법을 알고 있습니다.

> 강을 안고 날아가는 쇠기러기야
>
> 오늘 밤은 내게 와서 고이 쉬거라
>
> 하늘가에 흘러가는 날개의 물결
>
> 기럭기럭 우는 소리 은하에 차다.

—「한천寒天· 260」 전문

내장사 혹은 내장탕

— 전선용,『뭔 말인지 알제』

언젠가 봄이었다. 우리시회 시인들이 북한산에 모여 시화제를 지내는데, 예의 꾸부정한 키에 은빛 찬란한 헬멧을 쓰고 어울리지 않는 작은 스쿠터를 타고 낮도깨비처럼 그가 현장에 나타났다. 그는 잘못 뛰어든 노루처럼 행사장 뒤편에서 주춤대더니, 한 순서가 끝나자 진행을 맡고 있던 나에게 다가와 죄송해하며 주머니에서 꼬깃꼬깃 구겨진 종이돈 몇 장을 꺼내 건네주고는 황망히 산을 내려갔다. 그 몇 장의 지전이 당일 그의 퀵 서비스 일당이었다.

무언가 자신의 내면에 들끓고 있는 언어를 끄집어내지 않으면 죽을 수도 없다는 사실을 깨달은 그가 시와 만났다. 한때 잘 나가던 사업적 수완과 창의력이 방향을 틀자 누가 가르쳐주지도 않은 언어들이 쏟아지기 시작했다. 자신의 능력이 어느 정도 되는지 알고 싶어 경쟁률이 센 공모전만 골라 출품하면 신기하게 덜컥 당선되었다. 한 대학교 평생교육원에서 시 강의하시는 스승을 찾아 시 쓰는 마음가짐을 다잡았다. 저 위에 계신 분의 능력이라 믿지만, 주변에 어느덧 공모전의 귀재라는 소문이 파다하게 퍼졌다. SNS상으로 그와 소통하는 사람이 수백이나 되었다.

그러나 그는 여전히 허기와 갈증을 면하지 못하고 있다. 시인이라는 호칭은 그에게 밥을 해결해 주지 못했다. 시인은 직업이랄 수 없고, 작가는 직업이 될 수 있다고 했다. 그는 밥을 해결하기 위해 막노동꾼, 퀵서비스, 외판원, 일용직, 알바……도시의 밑바닥을 몸으로 밀고 나가며 자신의 직업은 시인이라고 생각한다. 그는 직업에 충실하기 위해서 오늘도 시를 쓴다. 가난한 사람들에게, 백수들에게, 내일이 없는 청년 알바들에게 다가가 그는 밥이 될 수 없는 시의 밥을 한 그릇씩 퍼주며, 인간은 누구나 꿈꾸는 자유가 있다는 것을 전하고 싶어 한다.

그의 시 나이는 아직 청년이다. 그도 꿈같은 어린 시절이, 보살핌을 받는 유년기와 질풍노도의 사춘기가 있었다. 그의 처음은 가족의 발견이고, 다음은 나, 다음은 세상, 그다음은 세상보다 더 큰 세계다. 시인은 지금 어느 지점을 지나 성장 중이다.

그의 처음은 이렇다.

달이 몰락한 골목에서 떨어진 유년을 줍는다
술 취한 사내가 더위에 끌려가는 언덕배기
복숭아를 담은 봉지가 비틀거린다
보름달을 따왔노라고 소리치며 귀가한 아버지
물컹한 복숭아를 잠든 내 입에 물리곤
까칠한 턱수염을 볼에 비볐다
얼큰하게 술이 오른 얼굴만큼 불그레한 복숭아

복숭아 과육이 배여 나온 진득한 기억은
머릿속에 포스트잇처럼 붙었다가
여름이면 밤하늘을 물끄러미 보게 했다
그 해 별은 왜 그리 반짝이던지,
별이란 별은 죄다 당신별이라 했다
별을 유난히 좋아해서 복숭 씨 같은 별을 삼키고
울대에서 키우길 서너 달,
아버지는 북쪽 하늘에 점지해 둔 별자리로 갔다
복숭아 밭떼기 몇 마지기 살 돈을
왜 병원에 주느냐고 버틴 건 순전히 나 때문
늦은 귀가도 별을 사랑한 것도 다 자식을 위해서였다
학명에도 없는 복숭아 별자리가 내 기억 속에 들어서고
아버지와 나만 아는 밤하늘에
복숭아나무가 자라기 시작했다.

—「복숭아」 전문

그의 시詩살이는 아버지에 대한 추억으로 시작된다. 술 취한 아버지의 귀갓길은 어린 아들을 위해 달덩이 같은 복숭아를 사 들고 와 잠에 취해 있는 아들을 굳이 깨워 먹이고, 애정을 표현하고, 그러다 돌아가셨다. 아버지는 복숭아였고, 복숭아를 입에 물고 바라본 하늘의 별과 아버지의 죽음, 그것이 화자의 아버지에 관한 지배적인 기억이었다. 기억 속의 아버지는 지극히 가난했고, 어린 자식을 위해 자신의 삶을 포기

했던 헌신적인 가장이었다. 화자가 유년을 생각할 때마다 아버지의 사랑이 복숭아 단맛으로 물큰 피어나리라.

이 시는 복숭아라는 시적 대상에 담긴 아버지의 사랑 이야기를 담담하게 그리고 있다. 이 시는 이미지에 의존하기보다는 그 안의 내재되어 있는 이야기에 의해서 짜여 있다. 시적 대상이 되는 사물 하나를 추켜들자 마치 고구마나 감자처럼 서사가 매달려 있는 형국이다. 이것이 그의 시의 첫 모습이다.

이 시에는 화자의 무의식 속의 개인적 신화가 내재되어 있다. '복숭아를 먹었다 → 복숭아씨 같은 별을 삼켰다 → 복숭아 별자리가 생겼다 → 밤하늘에 복숭아나무가 자랐다', 이것은 시인이 시적 대상을 신비화시키는 몽상적인 수법만이 아니라, 사물을 내적으로 인지하여 의미를 확장하는 패턴으로 자리잡는다. 이것은 일종의 식물적 신화임이 분명하나, 여기서는 그 낌새와 기미만을 맛볼 뿐 구체적으로 이후 그의 시의 서사에 어떻게 작용하고 있는지는 더 많은 텍스트가 축적되어야 살필 수 있겠다.

홀어머니와 한집에서 기숙한 이후의 가족사는 시적으로 구체적이다. 자식이 아무리 나이를 먹어도, 자식이 아무리 큰일을 하다가 둘러엎어도 여전히 품 안의 자식이다. 일정한 직업이 없이 빈둥거리는 것처럼 보이는 미덥지 않은 자식에게 자신의 노후를 의탁한다는 것은 진즉 날이 샜고, 이 집안의 든든한 기둥으로 여태껏 생계를 이어가는 힘겨운 노년의 삶이 전편에 흐른다. 시 「마부의 아침」, 「세탁」, 「빨래판」, 「요강」 등에서 가난한 가족의 삶을 들여다보기에 몰두하는 시인의 모습이 눈에 선하다.

이제 시인은 집 밖으로 나갈 때가 되었다.

내장사를 말하는데 불경스럽게도 내장탕이 왜
생각났을까
동음이의어 내장
내장은 불판에 올려 지글지글 타거나
붉은 육수에 토렴 당한다
내장산도 그래서 벌겋게 된 것은 아닐까
맨살을 내밀고 한겨울 났으니 얼어터진
노점상 얼굴처럼 온 산이 울긋불긋하다
보기만 해도 얼큰한 풍경에 내장탕도 붉혔으리
땡그랑대는 절간 풍경도 노을빛에
불콰하게 덜렁거리고
종소리에 취해 흔들거리는 중생들
내장을 빼고 살아서 빙어처럼 투명하다
텅 빈속에는 배알도 보이지 않는데
집에 두고 온 간 쓸개
투명한 것으로 달래는
소주 한 잔에 내장탕
얼큰하다,

—「내장사 혹은 내장탕」 전문

시인의 눈앞에 보이는 사물이나 이와 관련된 의식을 '현실계'라고 부른다. 또한, 현실계로 인해 촉발되는 시인의 내면세계를 '상상계'라고 부른다. 전자는 시에 단독으로 존재할 수 있으나, 후자는 전자에 의해 끌림을 당해야 드디어 발현된다. 대개 이 둘은 팽팽한 긴장 관계를 유지하며 대등하게 나타날 수도 있고, 어느 하나가 다른 것보다 더 확장되기도 한다.

이 시는 다음과 같이 분석할 수 있다.

이 시의 제목이 가리키는 내장사는 '현실계'이며, 내장탕은 '상상계'다. 두 세계는 독자적인 서사를 지니고 있다. 시적 현실인 내장사의 이야기가 주主 이야기이며, 시적 상상인 내장탕의 이야기는 부副 이야기이다. 이 두 이야기의 연결고리는 ①동음이의어로 '내장'이라는 말과 ② 형용사 '붉다(벌겋다)'라는 말이다.

주 이야기의 메뉴는 다음과 같다.

①내장산은 벌겋다.

②내장사의 풍경이 노을빛에 불콰하게 덜렁거린다.

부 이야기의 메뉴는 다음과 같다.

①내장은 불판에 올려 지글지글 타거나 붉은 육수에 토렴 당한다.

②내장탕은 붉다.

③중생들은 내장을 빼고 살아서 빙어처럼 투명하다.

④중생들은 텅 빈 속에 배알도 보이지 않는다.

⑤중생들의 속을 달래는 내장탕은 얼큰하다.

이 시는 주 이야기와 부 이야기가 처음에는 팽팽한 긴장감을 가지고 서로 간섭하며 영향을 끼치다가, 중반부 이후에는 부 이야기의 독무대가 된다. 물론 시인의 주된 관심은 주 이야기가 아니라 부 이야기에 있음을 메뉴의 양만 보더라도 알 수 있다. 이 시는 서민들의 애환, 가난한 사람들의 이야기다. 시인은 현실계와 상상계를 넘나들며 시적 풍요를 만드는 데 비상한 재주가 있다. 현실계는 토대가 되고 상상계는 유동적이다. 이것이 그가 시를 만드는 기법적 차원의 노하우다.

시인은 이 시대의 무산자다. 시인은 그것에 대해서 생리적인 안목을 가지고 있다. 마치 염색체의 염기서열에 별종으로 새겨져 있기나 한 것처럼. 시 전편을 살펴보면 대략 그의 생존 전략은 공사판의 일용직 노동자, 퀵 서비스, 알바 등이며, 그와 동류의 삶을 사는 전철 내의 외판원이라든가 이 시대에 자본 없이 몸으로 부대끼는 부류에 대해 거의 직관적인 이해를 가지고 있다. 물론 그도 IMF 이전에는 잘나가던 사업체를 굴리던 사람이었다. 삶의 극단과 극단을 섭렵한 그의 생존은 어떠한 유형이 되었든 그 생리를 꿰뚫고 있다.

그러나 그의 직업 아닌 직업은 시인이다. 시인은 가난한 자인가, 절대 그렇지 않다. 비록 생존의 허기를 느낄 수밖에 없는 존재이지만, 그의 욕망은 세상 사람들과 궤를 달리한다. 가난하되 가난한 자가 아니며, 부자이되 결코 부자가 아니다. 시인은 부자도 가난뱅이도 아닌, 문밖에 있는 사람이다. 그러기에 시인은 이 세상의 삶에 대해서 위선적이거나 위악적이지 않은, 있는 그대로를 볼 수 있는 사람이다.

달과 별이 재갈 물린 밤,
음역이 중후한 골목에서 생의 악보를 뒤적거린다

깜깜한 파이프 관을 따라 긴 호흡을 풀어 놓은 삶
잔기침으로 마른 울대를 다스리는 리허설은
가난을 실감 나게 표현하기 위한 연습이다
꼬부라진 악기는 우리들의 삶의 방식이거나
이상하게 답습된 불쌍한 자세,
스타카토처럼 똑똑 부러지는 좌절을 맛본 탓에
묽은 침만 고이는 마우스피스는 언제나 질척하다
간혹 무반주로 들리는 고양이 울음
담과 담을 타고 넘나드는 비틀린 교성은
들쑥날쑥 이퀄라이저로 송출되는 생의 간주다
풀어진 밸브를 조일 틈도 없는 골목에서
되돌이표처럼 돌아오는 실직은
순전히 짧은 호흡 탓만은 아닌 듯,
불가촉천민이라고 말하기엔 숨 가쁜 연주
굽은 골목을 펴려고 입안에 바람을 가두자
떨리는 바이브레이션이 식도로 넘어간다
뒤적뒤적 뒤지는 생의 악보에서
미완의 꿈을 찾는 가난은 깊고 둥글다.

—「호른」 전문

시인의 특기인 수사적 표현을 더없이 동원한 이 시의 배경은 도시의 가난한 자들이 사는 낙후된 동네다. 이곳은 지금도 별반 다름없이 70

년대의 궁기가 자르르 흐르는 달동네의 어느 골목을 연상시킨다. 아마 실직 가장 한둘이 대낮에 파자마 바람으로 대문 밖을 어슬렁거리거나 해바라기를 하고 있을지도 모른다. 시인은 이 동네의 구불구불한 골목길을 호른이란 목관악기의 둥그렇게 감겨 있는 기다란 몸통에 비유한다. 긴 골목의 동네가 생의 악보이며, 이 안에서의 삶이 호른 연주로 대체된다. 호른 연주에 관한 음악적 언어들이 이 가난한 동네를 꽉 채운다. 스타카토, 마우스피스, 이퀄라이저, 밸브, 되돌이표, 바이브레이션 등, 호른 연주는 이 동네의 삶의 은유적 표현이다.

부 이야기가 주 이야기를 덮어버리는 수사적 성취는 온전히 은유의 힘에 의존하고 있다. 은유는 어떤 사물을 다른 사물에 빗대어 표현하는 수법이다. 전자를 원관념이라고 하고, 후자를 보조관념이라고 한다. 은유는 단순히 보조관념을 이용하여 유비적 관계성을 드러내는 것에 만족하는 것이 아니라 하나가 하나를 지워버리는 강제적 현상이 발동한다. 이 시에서는 원관념은 주 이야기이고, 보조관념이 부 이야기다. 주 이야기는 거의 안내자 역할만 수행한다. 시적 변형이 이루어지는 순간이다. 은유는 막강한 힘을 가지고 있다. 그러기에 이 시를 읽다 보면 가난이란 실체가 사라지고, 가난이란 아픔이 사라지고, 가난이란 남루가 지워져, 가난은 음악처럼 가벼워져 샤갈의 그림처럼 동네의 골목길이며 지붕들 위를 떠돈다. 시인은 두 이야기 사이를 교묘히 교직시키며 나가는 노련한 항해사다.

시인은 왜 이와 같은 작업을 수행하는 것일까? 가난한 현실 속에서 언어의 연막을 살포하여 독자들로 하여금 취하게 하는 그의 기교가 어떤 점에서 유효할까? 빈약한 현실에서 꿈꾸는 자의 특권인가? 실제로 이런 시의 유형이 공모 시의 패턴인가? 아니면, 문밖에 있는 시인이 가난한 자들에게 잠시 막막한 현실을 잊게 하며, 가난도 이렇듯 음악처럼 가볍고 감미로울 수 있다는 위로의 향연인가? 나는 시인의 의도에 대해서 가급적 긍정적인 차원에 한 표를 던지고 싶다. 나의 이런 판단을 뒷받침하는 시 한 편이 있다.

꽃이 지고 있다
오진이기를,

독하다는 방사선 치료
탈모가 된다는 건 좌절이 아니다

싹이 돋고 열매를 맺기 위해 잠시,
아주 잠시 내려놓을 뿐이다

천 마디 위로보다
슬퍼서 눈물 흘리는 것보다

너와 아픔을 같이 하려고
지금 잠깐 지는 것뿐이다.

— 「낙화」 전문

이 시는 시인이 한 암 환자에게 보내는 격려의 악수다. 암 환자는 방사선 치료를 받고 있다. 방사선 치료와 함께 화학치료를 병행하는 것이 일반적인 암 치료의 매뉴얼이기에 탈모는 어쩔 수 없는 일이다. 머리카락이 다 빠지고 탈진하여 축 처져 있는 환자를 앞에 두고 시인은 눈물을 글썽이며 위로의 말을 건네고 있다. 열매 맺기 위해 잠깐 지는 것이라고, 아무것도 아니라고.

이 짧은 시에도 이야기는 있지만, 부 이야기가 주 이야기를 덮지 않는다. 가장 연민의 언어를 토하는 순간은 어떤 수사적인 대체보다도 내면에서 우러나오는 간절한 목소리로, 아픔을 같이하는 생득적인 언어를 발한다. 이 짧은 시 한 편을 통해 그의 시는 이 세상의 고통 받고 있는 사람들에게 보내는 한없는 위로와 격려의 제스처였음을 알 수가 있다. 직업 아닌 직업 시인으로서 자신과 같은 삶을 사는 사람들에게 따뜻한 손을 내미는, 어쩌면 그의 모친이 믿고 있는 신앙을 자기 나름대로 실천하고 있는지도 모른다.

요약하자면, 전선용 시인의 시는 서사적 구조가 주조를 이루고 있으며, 시 한 편에 두 개의 서사의 틀이 있는 경우, 주 이야기는 현실계, 부 이야기는 상상계로 되어 있다. 이 둘은 은유적인 관계로 주 이야기가 원관념, 부 이야기가 보조관념으로 되어 있다. 그의 시의 특징은 보조관념이 원관념을 덮어버리듯이 상상계인 부 이야기가 현실계인 주 이야기를 덮어버린다는 데 있다. 이는 현실의 결핍을 상상의 욕망으로 대체해버리는 경향으로, 시인의 의도는 결핍된 사람들에게 희망의 메시지를 전달하거나 혹은 위로와 격려의 악수를 보내는 제스처로 해석된다.

이제 시인은 첫 시집 발간이라는 단계를 접고 더 높은 곳을 향하여 도약하려 한다. 그곳은 더 깊고 넓은 사유의 바다이며, 더 자유롭고 충만한 언어의 세계일 것이다. 이 시대의 소외 받고, 고통 받는 자뿐만 아니라 모든 사람에게 사랑받는 시인으로 거듭나기를 기원한다.

존재의 무거움, 그 유동성에 대하여
— 전선용, 『지금, 환승 중입니다』

1.

시인이 그린 그림 중에서 나에게 가장 인상 깊은 것은 그의 첫 시집 『뭔 말인지 알제』 제3부 아래 여백의 삽화다. 어느 집 옥상인 듯 빨랫줄에 널린 빨래가 바람에 펄럭이고 있다. 그림 오른쪽에는 빨랫줄을 붙잡아 맨 말목 하나가 오랜 세월의 장력 탓인지 오른쪽으로 약간 기울어져 있다. 이 말목에서 오른쪽 허공까지 빨랫줄이 늘어져 있는데, 팽팽한 나이론 줄이 아니라 제 형태를 약간 고집하는 피복 입힌 전선인 듯하다. 그 가운데 키 작은 바지랑대 하나가 중간다리를 놓고 있다. 빨랫줄 위에는 치마며 바지, 수건, 셔츠, 양말, 홑이불이 집게에 묶여 있고, 마침 살랑대는 바람에 한쪽으로 약간 날리는 것이 아직 물기를 머금고 있는 듯하다. 왼쪽 하단에 '임전林田'이라는 낙관, 어찌 보면 손바닥만 한 빨랫감 하나가 바닥에 떨어져 있다.

흔히 어디선가 본 듯한 풍경이다. 내가 이 그림을 좋아하는 이유는 과장 없는 우리네 삶의 소박함으로, 이 빨랫감을 정성 들여 빨아서 탈탈 털어 널었을, 눈에 보이지 않는 손길과 볕 좋은 양지와 살랑대는 바람까지 잡아내는 솜씨다. 그런데 이번 시집에 이 그림에 걸맞은 화제시 한 편이 실려 있어 눈길을 끈다.

야윈 몸으로 허공을 버틴 노고가 구름이라면
저 가벼움은 모정이 증발하여 모인 것이다

서로 붙들지 않으면 주저앉거나 스러지는 습성,
심전도 그래프같이 아슬아슬한 고비사막을 건너는
낙타 먹구름 비를 머금고 있다

바닥에 뿌리가 없다는 것을 알기까지
출렁거리는 허공은 무위

망각의 수평선은 젖고 마르고 젖고 마르고
중심을 잡는 것은 세월이었다

바지랑대 높이를 낮춰줄까

앙상한 다리뼈는 한 생을 버티던 바지랑대
치맛자락을 감아올리는 바람은 건방지게 대들고
봄볕은 가시관이 되어 골고다를 넘어간다.

—「바지랑대」 전문

그림과 시를 동시에 작업하는 사람은 장면을 포착하고, 그것을 세밀하게 표현하는 능력이 여느 사람과는 다르다. 눈에 보이는 것만이 전부가 아니고 그 이면을 꿰뚫는 안목을 지녀야 진정한 화가이며 시인이다.

시인이 옥상에서 빨래를 널고 있는 엄마를 발견한다. 엄마의 평생을 지탱해온 가녀린 다리가 빨랫줄을 받들고 있는 바지랑대와 같다는 생각이 들었다. 여기서 '빨랫감=엄마의 지난한 삶=구름'이라는 등식으로, '빨랫줄=세월'로 그의 의식이 확산된다. 이제 시인은 이 같은 확산거리를 가지고 시 한 편을 다듬는다. 엄마가 널고 있는 빨랫감은 구름이며, 그 구름은 "심전도 그래프같이 아슬아슬한 고비사막을 건너는/ 낙타 먹구름"이라고 표현한다. '심전도 그래프'와 '낙타'라는 매개어를 통해서 엄마가 병원에 입원한 적이 있고, 평생 가족들을 위해 헌신만을 강요받았다는 것을 알 수 있다. 그리고 "비를 머금고 있다"는 표현은 아직 빨랫감이 물기를 머금은 상태라는 이면에 고단한 삶이 현재에도 진행 중이라는 것을 나타낸다. 4연의 "망각의 수평선"은 빨랫줄이고, 5연의 허공에 매달린 바지랑대라는 표현은 1연의 허공에 떠 있는 구름을 받들고 있다는 것과 잘 상응한다. 그리고 마지막 연에서 시인은 바지랑대가 바로 엄마라는 것을 은근슬쩍 밝히는데, 시적 대상이 사랑하는 엄마이기 때문에 더는 딴청 부리기가 겸연쩍어 슬그머니 정답을 까발리는 착한 아들의 모습으로 돌아가고 있다. 비록 모자지간이지만 인간 대 인간으로서 연민과 사랑과 배려가 물씬 묻어나는 시다.

시인은 자신의 시론을 "시란 발견과 발명이다"라고 말한 적이 있다. 시란 삶 속에서 마주치는 사물이나 사건 속에서 시적인 것을 발견하고 이를 내면화하여 숙성시켜 표현하는 것이라고 했다. 이 경우 내면화 이하가 발명이라는 것이다.

시 창작의 '발견-발명' 이론은 물론 그가 처음 꺼낸 말은 아니다. 요즘은 하도 일반화되어 그 출처가 모호한 말이 되었다. 대개 시인이나 이론가들이 발명까지는 아니더라도 발견만 잘하면 한 편의 좋은 시를 쓸 수 있다고 말한다. 물론 이 세상에 없는 새로운 가치를 창출할 수만 있다면 더없이 좋을 것이다. 그러나 시인이 아무리 창의적인 생각을 하는 자라 하더라도 매 시마다 발명하기가 어렵다. 관찰이란 단순히 외면만을 보는 것이 아니라 동아시아 시학인 '관물론觀物論' 차원에서 사물의 껍질보다는 본질을 꿰뚫어 보는 것이다. 눈에 보이는 사물이나 사태를 분석하고, 의미를 붙이고, 수사적 표현으로 달리 부르는 행위까지를 관찰의 범주에 포함시킨다.

위의 시를 이 시론에 입각하여 분석해 보자. ①엄마가 옥상에서 빨래를 널고 있다. ②엄마의 다리가 바지랑대와 같다. ③엄마는 구름을 널고 있다. ④구름은 아슬아슬한 고비사막을 건너는 비를 머금은 낙타 먹구름이다. ⑤망각의 수평선 같은 빨랫줄은 세월이다. ⑥바지랑대는 허공에 매달려 있다. ⑦바지랑대의 높이를 낮춰주고 싶다. ⑧엄마의 치맛자락을 감아올리는 바람이 건방지다.

①은 우연히 화자의 눈에 띈 하나의 장면이다. 여기까지만 발견이라 할 수 없다. 이하는 발견의 내적 확장이다. ②는 시각적 지각 현상을 통해 부분으로 전체를(제유), 또한 유사성으로 의미가 겹쳐진다.(은유) 즉, 엄마=바지랑대. ③, ④는 엄마가 널고 있는 것은 구름이다. ③의 구름이 다소 가벼운 것은 모정이 작용한 것이고, ④의 구름이 무거운 것은 아슬아슬한 고비사막과 낙타와 먹구름 때문이다. 사실은 빨랫감이 물기를 머금고 있다. 구름은 엄마의 지난한 삶의 은유적 표현이다. ⑤는 엄마가 살아온 세월을 빨랫줄에 비유하고, ⑥은 엄마의 삶이 뿌리

없는 허공에 대롱거리고 있다는 것이고, ⑦, ⑧은 엄마의 삶을 대하는 화자의 정서적 반응이다. 결국 이 시는 시적 발견과 의미 확장, 시인의 대상에 대한 정서적 반응으로 내적 구조를 이루고 있다.

이 시를 이렇게 장황하게 분석하는 이유는, 이 시뿐만 아니라 그의 대부분의 시가 이 틀에 입각하여 써졌기 때문이다. 그는 뛰어난 안목으로 외부 사물을 관찰하고, 그 의미를 깊이 궁구하여 자신만의 언어로 확산시켜 나가는 수법이 몸에 밴 시인이다.

2.

시의 가치 판단을 유보하고 그의 시의 특징의 하나인 시의 외적 구조를 밝혀 보자. 시의 외적 구조는 그 안에 시간성이 있느냐 없느냐에 따라 형식을 달리 한다. 먼저 시간성이 있는 시 한 편을 보기로 하자.

> 벚꽃이 낙하하고 얼마 뒤 버찌가 떨어졌다
>
> 말하자면 벚꽃은 전조 현상
> 팔랑개비 같은 꽃잎은 쓸려갔지만
> 버찌는 콘크리트 바닥에 할 말을 거뭇거뭇 남겼다
>
> 그들만의 언어로 보도블록에 눌러앉은 종족의 유서들
> 스타카토같이 찍힌 무성한 말 줄임은
> 대를 잇는 증표다

잘 살아라,

아버지가 남긴 호흡도
내게 거뭇거뭇 남았다.

—「버찌」 전문

봄에 벚꽃이 피고 지면 육칠월에 적색에서 흑색으로 버찌가 여문다. 이것이 바닥에 떨어져 으깨져 여기저기 스타카토처럼 말줄임표 형상으로 얼룩진 것을 시인이 보았다. 하나의 생명이 꽃피어 열매 맺고 지상에 마지막 남기고 간 것이 마치 아버지가 유언으로 화자의 가슴에 남긴 흔적과 흡사하다. 이 시는 '버찌가 남긴 흔적=아버지의 유언'이 결합하면서 한 편의 시가 되었다.

이 시의 1~3연까지는 시인이 눈에 보이는 현상을 관찰한 것으로 시간상으로는 현재에 해당한다. 물론 현재라는 시간은 '지금 여기'를 가리키는 시점에 불과하다. 잠시도 멈추지 않는 현재는 순식간에 과거로 편입되거나 재빨리 미래로 돌진한다. 눈앞에 펼쳐지는 의식 속의 자각의 시간을 현재라는 이름으로 묶어 보자. 이에 대해 4~5연은 순수 무의식이나 기억-이미지에 축적된 과거의 시간이다. 이 시는 시간상으로 '현재-과거'의 형식이다. 현재 눈앞의 지각에 대한 의미가 과거의 무의식이나 기억-이미지에서 그 근거를 퍼 올리는 형식으로 되어 있다.

이를 시간의 축에 따라 재구성해 보자. ①아버지가 유언을 남기고 죽었다. (과거) ②벚꽃이 지고 버찌가 바닥에 떨어졌다. (현재) ③버찌가 바닥에 흔적을 남겼다. (현재) 시인은 ②, ③의 지각-이미지를 통해 문득 ①이라는 순수 무의식과 기억-이미지를 떠올림으로써 시의 외적 구조를 완성시켰다. 즉 ②, ③이 ①을 근거로 할 때 비로소 진정한 의미를 획득하고 있음을 볼 수 있다.

프랑스의 생철학자이자 현상학자인 베르그송(Henri Louis Bergson, 1859~1941)의 시간 개념에 입각하여 위의 형식을 분석하자면, ①의 과거 사실은 순수 무의식이나 기억-이미지로서 이미 형성되어 과거에 축적되어 있는 관계로 더 이상 변형되지 않고 고착된 사실이다. 다만 시간이 갈수록 점점 희미해져 사라질 뿐이다. 그러나 이 순수 무의식과 기억 속의 시간이 수축 팽창하여 현재를 형성한다. ②와 ③의 현상에서 ②는 재빨리 과거의 시간대로 편입하고(벚꽃이 피고 진 현상), ③은 ①에 의해 수축하여 새로운 의미를 형성하며 미래의 시간대로 전진해 나간다.(버찌가 바닥에 떨어져 흔적을 남기고, 이것이 마치 유언을 남기는 것처럼 지각된다) 이처럼 현재의 시간은 잠재적 무의식인 과거에 의해서 규정된다. 그리고 현재는 신속하게 과거와 미래로 분열하여 편입된다. 이것이 생명력에 의한 끝없는 창조적 진화 과정이라는 것이다.

시간성이 개입되지 않은 시의 구조는 앞에서 인용한 시 「바지랑대」에서 살펴볼 수 있다. 시간성이 담겨 있지 않으므로 현재 눈앞에 펼쳐진 장면에 대한 시인의 의식이 주가 된다. 이와 같은 시는 '사물의 변주 1,2,3,…… + 사물의 정체' 형식을 띄고 있다. 대개는 사물의 정체를 밝히지 아니하고 시의 앞부분부터 사물의 의미라든가 시적 변주 혹은 확장 등을 지속시켜 독자들의 궁금증을 유발하다가 맨 나중에 사물의 정체를 폭로함으로써 시적 긴장감을 일시에 해소시키는 형식을 견지하고 있다. 작가가 그 정체를 드러내지 않고 계속 에둘러 주변부만 건드리다가 뒤에 가서 궁금증을 해소시켜 주는, 소설의 '시치미 떼기'와 유사한 수법이다. 대개 현대시들은 끝까지 사물의 정체를 밝히지 않고 독자들이 찾아내기를 바라는 수법을 많이 쓴다. 마치 어릴 적 보물찾기 놀이에서 끝내 찾지 못한 보물 딱지와도 같다. 이 점이 현대시의 모호성과 애매성의 비밀인데, 시인은 이점에 있어서는 읽는 이를 더는 현혹하지 않는다.

3.

이 시집에 나타난 어휘적인 특징은 현란한 수사에 있다. 모든 시가 다 그렇지는 않지만, 많은 시들이 풍부한 감각적 수사에 의해 다양한 이미지를 구축하고 있다.

바닷새들이 말줄임표를 떨어뜨리는 일몰
조약돌처럼 가라앉은 묵음의 부호는 부레가 없어
떠오르지 않았다
폭우가 압정처럼 바다에 꽂힐 때
과자부스러기 같은 등댓불은 고기 밑밥으로 뿌려졌다
나의 기도는 뭍으로,
빗장 풀린 빛들이 오름을 오르다가
유채 향기에 수장됐다

선착장에 접안한 욱신대는 사람의 열병
성당의 종소리가 별別을 불러내면
맥없이 동강난 분필 같은 약속은 총소리로 들린다
바람에 색깔이 있다는 것을 알았을 때
블랙야크처럼 들이치는 파도는 등댓불을
서슴없이 먹어 치웠다
졸린 눈꺼풀처럼 가늠할 수 없는 무게
너울성 이별은 무겁다
말문을 잃은 별이 바다에 떨어지고
성산포는 암연黯然처럼
굳어가고 있었다.

—「성산포에서」 전문

시인은 해지는 성산포에서 바다와 포구와 뭍의 정경을 세밀화 한 폭으로 펼쳐 보인다. 여행시라는 것이 다분히 낯선 사물과의 조우로 시적 계기가 풍성하기 마련이다. 더욱이 이곳은 제주 4·3 사건 당시 양민 학살의 현장이 아닌가. 이 점을 십분 감안한다 하더라도 그의 시에 나타난 이미지 문제는 거론할 만하다.

시인은 감각적인 언어와 수사력을 동원하여 시적 이미지를 형성하고 있다. 이 시에 나타난 시적 이미지를 분석해 보자. ①바닷새가 말줄임표로 떨어뜨린 일몰이 부레가 없어 떠오르지 않는다.(활유적 이미지) ②폭우가 압정처럼 바다에 꽂히고 있다.(비유적 이미지, 시각적 이미지)

③등댓불이 희미하게 비치다 안 보인다.(시각적 이미지) ④빛들이 유채 향기에 수장된다. (시각적, 후각적 이미지) ⑤선착장에 사람의 열기가 욱신댄다.(촉각적 이미지) ⑥성당의 종소리가 별別을 불러내면 약속은 총소리로 들린다.(청각적, 시각적 이미지) ⑦바람에 색깔이 있다.(시각적 이미지) ⑧파도는 서슴없이 먹어 치웠다.(활유적 이미지) ⑨너울성 이별은 무겁다.(시각적, 촉각적 이미지) ⑩별이 바다에 떨어진다.(시각적 이미지) ⑪성산포는 암연黯然처럼 굳어가고 있다.(비유적 이미지, 촉각적 이미지) 이미지 ①, ④의 무거움과 ⑥의 총소리는 이곳이 양민학살 현장이라는 것을 염두에 두어야만 이해할 수 있다. 전반적으로 비 오는 포구, 일몰의 시간, 역사적 아픔의 현장이라는 삼박자가 시적 분위기를 무겁게 만들고 있다.

이처럼 감각적이고 수사적 이미지를 사용하여 일몰의 성산포 풍경을 잡아내려고 애쓴 시인의 노고가 현란하다. 그러나 독자 입장에서는 그 이미지에 공감하기보다는 시행을 따라가다 이미지의 바다에 익사할 지경이다. 시인이 전하고자 하는 성산포의 풍경은 화폭 전체가 균등하고 정밀하다는 게 문제다. 핵심을 두드러지게 하고 나머지 부분을 음영 처리하는 것이 차라리 전달에 효과가 있지 않을까.

이 시의 10행을 보면 "성당의 종소리가 별別을 불러내면"이라는 구절이 나온다. 여기서 하늘에 떠 있는 '별(星)'을 '별別'이라고 표현한 것은 누가 보아도 동음이의어를 사용한 언어유희다. 대체로 별(星)은 이상이라든가 꿈, 소망, 생명 등 초월적 존재를 상징한다. 그러나 시인은 별(星)을 별別이라고 치환한다. 별別은 나누다, 이별하다, 떠나다, 구별하다, 차별하다 등의 뜻을 내포하고 있는, 서로 분리시키는 기능의 하강적 이미지로 쓰인다. 더욱이 이 별(星)이 별別로 쓰인 예가 시 「탈치」, 「별別이 빛나는」, 「이명」, 「전과자」 등에서 반복적으로 나타난다. 이는 시인이 의식 차원에서 존재의 무거움을 습관적으로 드러낸 예라 하겠다.

또한 '구름'이라는 시어도 그렇다. 구름이라는 말도 시 전편에 걸쳐 거의 습관적으로 등장하는 어휘인데, 하늘에 두둥실 떠가는 구름이야 존재의 가벼움이나 일탈을 뜻하는, 얼마나 상승적이며 신비롭고 방랑적이며 유유자적한 말인가. 그러나 그의 시에 등장하는 구름은 존재를 감싸는 무거운 분위기를 형성하는 소도구에 불과하다.

이와 같은 '별別'과 '구름'은 시인의 의식 속에 상승(생명력)과 몰락(죽음)이라는 본능적 모순이 내포된 시어라 할 수 있다. 시인은 외부의 사물이나 사태에 직면하여 시어를 사용함에 있어서 이 본능적 모순 관계를 함유하고 있는 어휘를 의도적으로 사용함으로써 시의 표면과 이면을 달리하여 주체의 복잡성을 드러내고 있다. 이 시집에는 어둠과 밝음, 가벼움과 무거움, 상승과 좌절 등의 시적 표현 내지 분위기가 동전의 안팎처럼 공존하고 있다.

4.

시집 3부에 접어들면 약간의 시적 여유가 사라지고 자신의 생존 여건과 더불어 주변의 못 가진 자들에 대한 자각과 연민이 온 지면을 차지한다. 이를 일컬어 '가난한 자의 노래'라고나 할까. 이 부분은 냉철한 자기 존재의 자각에서 출발한다. "무리에서 떨어진 누"라고 은유되는 자신에 대해서 시 「물컹한 설계도」와 시 「폐플라스틱」에서 다음과 같은 명세서를 제출하고 있다.

벚꽃처럼 가볍다고 날라리라고 부르면 나는
민들레 씨라고 맞받아칩니다
내가 가고 싶은 데로 갔고
주저앉고 싶을 때 주저앉았을 뿐,
꽃숭어리는 오지에서 개성 있게 핍니다
안전장치가 없어 위험천만한 구름
부푸는 것은 꿈이거나 망상입니다
허영 같은 구름은 틈이 많고 하자투성인데요
구름을 의심 없이 밟으면 추락하는 겁니다
부실공사는 언제고 탈이 나겠죠
우아하게 떠다니는 구름은
실상, 바퀴벌레 발입니다
모호한 것들은 손으로 잡아도 미꾸라지처럼 빠져나가는 습성이 있습니다
소망이 그런 겁니다
꿈은 어디로 갔을까요
내밀한 여자 마음처럼 함부로 속을 보여주지 않는 구름
그렇다고 놓칠 수는 없지 않겠습니까
놓치는 추락은 좌절이 됩니다
넝쿨은 벽에 기대 허공을 깁니다만, 나는
게르를 짓습니다.

— 「물컹한 설계도」 전문

대개 집을 지을 때는 천년만년 살 것같이 든든한 반석 위에다 완벽한 도면을 마련하여 공사에 들어간다. 건축의 용도에 걸맞은 실용성과 미적 가치는 설계도에 의해 좌우된다. 설계도가 단단해야 탄탄하고 아름다운 집이 탄생한다. 그런데 자기 존재의 정신적이든 물질적이든 바탕이 되는 설계도가 물컹하다는 것이다. 자기 존재의 설계도에 담겨 있는 명세서에는 어떤 항목이 있을까? 첫째, 자신의 존재는 지상에 뿌리내린 확고한 집이 아니라 민들레 씨처럼 아무 데나 떠다니는 집이다. 둘째, 자신은 구름처럼 안정장치가 없고 하자투성이다. 셋째, 자신은 손으로 잡아도 미꾸라지처럼 빠져나가는 소망처럼 모호하다. 넷째, 자기 존재는 꿈이 없다. 이것들은 시인의 내적 요소들로서 뿌리 뽑힘, 좌절, 모순 등을 양식으로 하는 부정적 설계도에 의한 자기 인식이다. 그러기에 자신의 집은 집이라기보다는 몽골인들이 대초원에 설치하는 이동식 천막집 '게르'와 같다고 화자는 생각한다. 이것은 단순한 시인의 겸사謙辭가 아니라 부실한 물적 토대로 인한 자신의 내적 개복이다.

시 「폐플라스틱」도 다분히 자신의 성향 분석 진단표이다. 자기 스스로 자신을 판단하기에, 어지간히 부딪혀도 깨지지 않는 성질머리, 때론 물랭이(말랑말랑하다), 때론 딱딱이, 고루한 족속으로 내용을 기입하고 있다. 폐플라스틱의 '폐廢'는 부서지고 망가지고 못 쓰게 됨을 나타내는 접두사이고, '플라스틱'은 자연적인 산물이 아니라 인위적으로 조작된, 기형적인 존재라는 의미가 결합된 말이다.

그러나 시인은 언제까지 자기의식에 갇혀 있을 수는 없다. 시인은 무리에서 떨어져 방황하는 존재가 자신만이 아니라 주위에 무수히 많음을 발견한다. 내가 아플 때 그들도 아프고, 내가 외로울 때 그들 역시 외롭다. 그것을 어떻게 알 수 있는가. 자신을 미루어 그들을 짐작하는 것이다. 한 자영업자의 몰락을 그리고 있는 시 「방추상회」, 기초수급으로 연명하는 노곤한 노무자가 제때에 환승하지 못하고 전철 안에서 잠들어 있는 모습을 그린 시 「반성의 계절」, 새벽 인력시장에서 호명 받지 못한 노무자를 그린 시 「호명의 무게」, 명퇴자의 이야기인 시 「명태 혹은 명퇴」, 감방 안의 죄수들의 삶을 그린 시 「우상향」, 노숙자 노인 문제를 다룬 시 「껌딱지」, 고시촌 쪽방촌 삶을 그린 시 「최후의 주거지」, 재건축 골목 4번지의 풍경을 그린 시 「봄을 재건축하다」 등이 가난한 자의 노래다. 이 중 한 편을 보기로 하자.

아침에 본 노인이 저녁 무렵에도
오뉴월 매미처럼 계단에 딱,
눌어붙어 있습니다

경비원이 와서 노인을 일으켜 세우려고
애를 씁니다
땅에 붙은 엉덩이를 억지로 떼어내는데
슬픔이 쭈우욱 늘어납니다

단물이 다 빠졌으니 누군가 툭,
뱉어 놓고 간 모양입니다.

— 「껌딱지」 전문

이 시에서 껌과 노인은 유사성으로 맺어진 은유로서 둘의 관계가 너무 딱 달라붙어 번갈아 원관념과 보조관념의 역할을 수행하며 떨어질 줄 모른다. 시인은 효용성이란 측면에서 용도 폐기된 노인의 삶에 대해 담담한 듯하지만, 관찰 이면에는 시각의 따뜻함이 흐르고 있다. 대저 산업사회에서 효용이 다한 노인은 씹다 뱉어버린 껌딱지에 불과하며, 물적 토대가 무너진 노년층은 바닥에 눌어붙어 악착스레 생존을 연장하려 한다. 존엄한 인간의 가치를 단지 효용성과 물적 토대로 냉엄하게 재단하는 이 시대에 대해 시인은 분노하나 애써 객관적인 시각을 유지하며 직시하고 있다.

5.

시집 4부에 접어들면, 가난한 자의 노래에서 한걸음 더 나아가, 갑자기 의식화된 듯 프롤레타리아 투쟁성의 깃발이 펄럭인다. 가난한 자를 노래할 때만 해도 그 안에는 자기 무력감이나 자책 등이 시적 대상과 더불어 무거운 분위기를 형성하고 있었는데, 분연히 떨치고 일어나듯 투쟁성을 부르짖으며, 한발 더 나아가, 역사의 그늘에까지 의식의 영역을 확장한다. 그러나 그의 시가 행동을 촉구하는 투쟁적 좌파의 시로는 보이지 않는다. 투쟁을 부르짖고 있다 하더라도 이면에는 끈끈하게 자신을 결박하고 있는 의식의 무거움 때문에 구체적인 행동으로는 진일보하지 못하고 있다.

시인의 의식의 확장은 역시 자기반성에서 비롯된다. 시 「말더듬이」를 보면, 가난이란 문제에 대해서, 가난의 적대 세력에 대해서 그동안 용기가 없어서가 아니라 비겁했기 때문에 할 말을 못했다는 준엄한 자기 검열이다. 그래서 자신은 시대의 불평등과 불의 앞에서 말더듬이였노라고, 이제는 시대와 역사 앞에서 비겁을 떨쳐버리고 당당히 목소리를 높이겠노라는 일종의 선언으로 보인다.

나로부터 이웃을 거쳐 시대나 역사의식으로까지 확장된 시들을 살펴보면, 봄의 프롤레타리아 민들레를 노래한 시 「투쟁의 방식」, 혁명을 뒤늦게 외치는 시 「말더듬이」, 프롤레타리아의 피를 접 붙였다는 시 「접의 방식」, 노동자의 피를 빠는 고용주를 탄원하는 시 「독종」, 공평을 노래하고 있는 시 「공평동은 공평한가요」, 베트남 양민 학살이 바닥에 깔린 시 「월남 쌀국수」, 사회적 지위 '을'의 연대감을 노래한 시 「위로가 되지 못한 위로」, 이분법에 의한 힘의 논리를 말하고 있는 시 「힘의 논리」, 제주 4·3 사건을 다룬 시 「바람 깊어 상처 깊은」, 뒤틀린 권력에 대한 시 「무지외반증」 등이 그것이다. 실체 없는 싸움에 승리를 예단하기는 힘들지만, 시대나 역사 속에 내재된 불평등에 대한 선명한 자각과, 부끄러운 시대나 역사의 그늘에 당당함으로 나가려는 이 시인의 발걸음을 확인할 수 있다. 위에 거론했던 시 한 편을 보기로 하자.

살이 타들어 간 한 그릇 쌀국수에
덤으로 강간의 시절을 포장해 왔다
육수에서 풍기는 고수 향기가 향수만은 아닐 듯
매운 핏물에 학살이 올려진 고명
식도를 넘어간 국수는 메콩강을 타고 한강에서
통증을 일으킨다

소녀상에 밴 슬픔의 수치가 상승한 만큼
사이공 임산부도 고통을 지폈을지도,
가해자는 두려움을 이기려 총을 잡았을 것이고
피해자는 총에 굴복할 수밖에 없어 나체가 되었을 것이다
어디서부터 잘못된 것일까
불운한 교차로에서 만난 리틀 사이공
서로가 서로에게 미안해 할 뿐
얼굴을 붉히지 않았다

—「월남 쌀국수」 부분

굳이 베트남이 아니더라도 한국의 여느 도시에서 흔히 볼 수 있는 월남 쌀국수. 한때 총칼을 맞댔던 베트남의 후예들이 이 땅에서 그들의 전통음식을 팔고 있다. 우리의 젊은이들이 자유 월남을 지킨다는 명목으로 용병이 되어 32만 명이나 그들의 땅을 피로 얼룩지게 했고, 그들이 흘린 피와 땀으로 조국 근대화를 이루었다는 신화에 힘입어 언제까지 미화할 수도 없는 노릇이다. 현재 베트남-한국의 관계는 경제적 교류를 앞세우며 한류 열풍과 같은 양지만 있는 게 아니라, 그들은 자신들의 통일 전쟁에 무고한 양민들의 학살 주범으로 한국을 잊지 않고 있으며, 한국의 농촌 총각들이 국제결혼으로 맞이한 베트남 색시들의 사회적 지위와 타살의 문제에 언제까지 침묵으로 일관할 수도 없다. 혹자가 말하기를 한국은 한국전쟁 당시 미군에 의해 저질러진 '노근리 양민학살 만행'에 대해서 논의할 자격이 없으며, 일제에 의해 저질러진 '정신

대 할머니 문제'와 '징용'에 대해서 말할 자격이 과연 있는가를 따지기도 한다. 우리는 우리의 아픔에 대해서는 뼈에 새기나, 남에게 가한 아픔에 대해서는 침묵으로 일관한다든지 역사적 필연이었다고 합리화하고 있지는 않은지 냉정하게 반성해야 한다.

이 시에서는 정신대 할머니의 소녀상과 몇 남은 피해자 할머니의 죽음을 바탕에 깔고, 월남 쌀국수로 상징되는 베트남 사람과의 조우, 그들의 역사, 그리고 우리의 가해에 대해서 복잡한 단면을 지나가듯 보여주고 있다. 시인이 말하지 못한 이면의 언어는, 정신대 할머니나 월남의 양민 학살이 동격의 사건이라는 것이다. 동격의 사건을 놓고 하나는 정의의 이름으로 사죄하고 보상하라고 외치고, 우리가 저지른 역사에 대해서는 침묵한다는 것은 모순이며, 이런 자각 때문에 베트남 사람 앞에서 주저하고 무거울 수밖에 없다는 것이다.

시인은 시 「노해길」에서 "이자가 새끼를 치는 것으로 보아선/ 돈은 생물이다"라고 말했다. 어디 새끼 치고 불어나는 것이 돈뿐이겠는가. 시 역시 생물이어서 한 곳에 가만히 머물러 있지 아니하고 의식이 확대되고 안목이 높아짐에 따라 시 세계 역시 변화가 따르게 마련이다. 한 시집 안에서 시 세계가 정주하지 아니하고 게르를 짓고 사는 유목민의 노매드처럼 유동하면서 확산되어 나간다는 것은 자연스러운 일이다. 자기 안에 갇혀 있는, 자기 존재의 각질만을 끝임 없이 변주하는 시인의 시는 항상 제자리걸음이어서 독자들에게 식상함을 안겨주기 십상이다. 자의식을 떨치고 보다 큰 세계로 지향해 나가는 시적 진화는 시인뿐만 아니라 독자의 그릇도 키우는 역할을 한다. 그러나 아무리 사회의 모순을 지적하고 역사의 그늘을 말한다 하더라도 시인의 두 발은 지상에 굳건히 뿌리내리고 있음을 망각해서는 안 된다. 모든 시적 언사는 시인의 구체적인 삶에서 출발하기 때문이다. 이런 점에서 전선용의 시집 『지금, 환승 중입니다』는 빛과 그늘을 함께 지니고 있다.

사마리아 여인의 노래
— 박원혜, 『저녁이 되고 아침이 되니』

예수께서 말씀하셨다. "이 물을 마시는 사람은 다시 목마를 것이다. 그러나 내가 주는 물을 마시는 사람은, 영원히 목마르지 아니할 것이다. 내가 주는 물은, 그 사람 속에서, 영생에 이르게 하는 샘물이 될 것이다." (요한복음 4:13-14)

누가 이 여인을 모르시나요? 오규원 시인의 시 「한 잎의 여자」에 나오는 '물푸레나무 그림자 같은 슬픈 여자', 낭송회 때면 항상 시작한 뒤 살그머니 들어와 맨 뒷좌석에 새촘하게 앉아 있는 여자, 자기 차례가 되면 웃음 반 말 반으로 청중보다 먼저 웃어버리는 여자, 시도 때도 없이 자신의 연애담을 까발리는 여자, 가끔 일절 연락을 끊어버리는 여자, 그러다가 말끔하게 차려입고 동네 슈퍼나 한 바퀴 돌고 오는 여자, 독한 술도 사양하지 않고 받아 마시는 여자, 술 취하면 어른들에게 실실 장난이나 거는 여자, 밤이고 낮이고 하느님 동영상을 수시로 보내오는 여자, 누가 이 여인을 모르시나요?

시인은 시회에서 두 번째 시집을 내야겠다는 말만 십여 년 했다. 이제 시집 발간에 대해서는 콩으로 메주를 쑨다고 해도 믿지 않겠노라 했더니, 정말 근 이십 년 만에 시집을 내기는 내나 보다. 그런데 불행인지 영광인지 나에게 시집 해설을 부탁한다. 원고 뭉치를 받아들고 한 번 읽고선 난감했고, 재차 읽고선 너무나 가슴이 아파 눈가에 눈물이 맺혔다. 그랬었구나. 그 숱한 세월 한 잎 같은 여자가 그렇게 살았구나. 시가 되고 안 되고를 떠나서, 그녀가 누구인지, 어떤 생각을 하고 있는지, 어떤 삶을 살고 있는지, 시회 활동을 십 년 가까이 더불어 해 오면서 나는 과연 인간적으로 한 번이라도 관심을 가져 본 적이 있었던가. 미안하기도 하고, 고맙기도 하고, 하여 나는 누가 뭐래도 그녀의 모든 시편을 사랑하기로 했다. 그녀의 시는 가식 없는 한 인간의 삶의 기록이었다.

한 번은 이랬다. 시회가 재정적으로 몹시 어려울 때 그녀는 재정부장을 맡아 살림을 꾸려나가고 있었다. 시회의 가장 큰 행사인 1박 2일 여름시인학교를 무사히 마치고 상경하는 버스 안에서 그녀는 회원들에게 약식 재정 보고를 하면서 손해는 보지 않았다고 눈물을 글썽였다. 또 한 번은 이랬다. 그녀가 특별한 생업이 없이 혼자 살면서 몹시 어려울 때 시회 사무실에 모여 책을 만들고 있는데 뒤늦게 나타났다. 자신이 사는 집을 담보로 은행에서 생활 자금을 대출받았노라고, 저녁은 자기가 쏠 터이니 모두 식당으로 가자는 것이었다. 그때는 속으로 참 소갈머리 없는 여자라고 생각하며, 끝내 사양하고 댁으로 돌려보낸 적이 있었다. 지나 놓고 생각하니 누구도 그녀의 외로움을 이해하지 못했다.

이 시집의 제목은 '저녁이 되고 아침이 되니'이다. 이 제목은 구약성경 창세기 1장에서 따왔다. 창세기를 쓴 유대의 무명시인은 여호와의 엿새 동안 창조행위를 나열한 뒤 반드시 "저녁이 되고 아침이 되니, 하루(이튿날, 사흗날…엿샛날)가 지났다"라는 정형화된 문구를 반복하여 사용했다. 시인이 이 구절을 제목으로 내 건 이유는 무엇일까?

흔히 주님의 천지창조에서 '창創'이라는 말은 지상에 없는 것을 새로이 만든다는 뜻으로 쓰는 말이다. 그야말로 무에서 유를 창조한 것이다. 이와 견주어 대개 시나 소설 같은 문학작품도 제작이라 아니하고 창작이라고 한다. 하느님의 천지창조와 어찌 같겠냐만, 그와 비슷한 과정을 거치기에 창작이라고 하리라. 시인은 이 제목을 차용함으로써 자신의 창작 행위를 드러내고, 아울러 주님께 바친다는 헌사의 의미를 담았다. 이 시집은 주님께 드리는 시인의 신앙 간증이라고 할 수 있다.

제목에 들어 있는 '저녁'과 '아침'이라는 말도 의미를 붙이자면 예사롭지 않다. 대개 하루의 일과를 말할 때 아침이 먼저 나오고 저녁이 뒤에 오는데 유대의 무명시인은 순서를 바꾸었다. 저녁은 다음 날 아침을 탄생시키기 위한 필요충분조건이다. 저녁은 잠을 통해 새로운 아침을 맞이하겠다는 쉼과 다짐의 시간이다. (배철현의 『수련』에서) 그러나 그뿐인가. 하룻낮을 세상에 없는 것을 창조하느라 애썼으니 저녁에 푹 자고 다음 날 아침에 다시 과업에 들어간다는 말인가? 아닐 것이다. '저녁'과 '아침'이란 시간은 뭔가 상징성이 풍부한 말이다. 말씀과 제목에는 '저녁'과 '아침'이라는 두 시간대가 나오지만, 인간적 차원에서 편의상 세 시간대로 나누고, 그 순서를 바꾸어 살펴보기로 하자.

아침의 시간

아침의 시간은 창조의 하루를 알리는 여명의 시간이다. 이 시간은 낮과 밤이 아직 분화되지 않은 미명의 상태다. 인생으로 말하자면 삶의 형태가 뚜렷하지 않은, 부모의 양육을 수동적으로 받아들이는 시간이다. 이 시간대의 시인의 모습은 시집에 흐릿한 세 장면으로 남아 있다. 성장 이후 전기적 수법에 의해 이 시절을 재조합해 볼 수 있겠지만, 이 시집에 나타난 세 장면을 살펴보는 것으로 이 시간대의 의미를 붙잡고자 한다.

이 시간의 첫 장면은 아버지의 죽음이다. 어린 날 아버지의 죽음은 재롱부리던 어린 시절이 끝났다는 것을 뜻한다. 시 「아버지」를 보면, 땅거미가 꺼져가는 마지막 가을 어느 날, 아버지는 마차를 타고 땅속 깊이 파묻히고, 어린 시인의 눈에 비친 가족들의 오열 속에, "작은 아이는/ 천상의 노랫소리에/ 매혹되어 가벼이 나는 나비와 함께/ 환희의 별빛 세계로 들어갔다"라고 했다. 시인이 채 일곱 살이 되기 전의 일이었다. 비록 아버지가 병상에 누워 오랜 투병 생활을 했지만, 항상 너그럽고 온화하여 온갖 응석을 받아주셨다. 그때는 너무 어린 나이였기에 이 가정의 일대 사건이 시인에게 어떤 의미가 있는지 몰랐다. 흔히 '나비'는 죽은 사람의 영혼을 상징한다고 하는데, 자못 낭만적으로까지 보이는 '환희의 별빛 세계'가 무엇을 의미하는지, 그것이 시인의 가슴 깊숙이 아로새겨져 운명의 닻줄이 될 줄을 몰랐다.

두 번째 장면은, 아버지가 돌아가시고 어머니께서 가족을 부양하시는데, 너무 힘들어 멀리 외삼촌 댁으로 그녀 홀로 보내졌다고 했다. 아직 초등학교에 입학 전인 어린 소녀는 가족과 헤어져 심한 '분리 불안'을 느낀 듯하다. 그때의 상황을 시인은 다음과 같이 시로 남겼다.

죽동 냇가에서 개구쟁이 아이들이

불을 지피고 있다
어머니는 언제 저 징검다리를 건너오실까
물 한가운데로 힘껏 돌을 던지자
젖은 눈동자 같은 무늬가 일었다
파르르 잔물결이 숨을 죽이자 납작한 돌은
물결을 치면서 언덕 아래까지 건넌다
찬바람이 햇살을 밀어내는 겨울 강
어머니는 저녁을 건너오실까 그림자를 찾는다
어둠이 물결을 덮자 어머니의 손을 놓치고 말았다
외숙모는 해가 저물도록 보이지 않았다
밖은 어둠으로 가득 찼다 함백 탄광촌은
낮에도 거리가 까맣다
차가운 기둥 뒤에서 바깥을 내다본다 집을 생각한다
길을 잃었다 아무리 냇가를 거슬러 올라가고
또 올라가도 제 자리다
허탕 친 제자리에 묵언을 한 겹씩 가만히 걷어놓고
별들이 어둠을 뚫고 들어와 그림자를 눕히는
움직이지 않는 밤을 바라본다
멀리 노을 져 갔던 돌이 날아간 자리처럼
발바닥 그림자를 끌고 강가에 들어선다
진한 안개가 내리는 저녁 눈보라 속으로
수없이 던진 돌들이 무덤처럼 자라고 있었다

—「사창리를 떠나며」 전문

시의 제목이 '사창리를 떠나며'인데, 사창리는 아버지가 돌아가시기 전 근무하셨던, 강원도 화천군 사내면 사창리 군부대 주둔 마을이다. 당시 전쟁 뒤끝의 황량한 강원도 산골 마을에 부대가 들어서 있었고, 주민들 대부분이 군인 가족이었다. 아버지가 돌아가시자 어머니께서는 어린 오 남매를 이끌고 이주할 엄두가 나지 않아 사창리에 눌러앉아 천주교회 일을 하며 가족을 양육하셨다고 한다. 그러니까 이 시는 가족들이 있는 사창리를 홀로 떠나 함백 탄광촌이 있는 외삼촌 댁에서 자신을 데리러 오는 어머니를 기다리는 시다.

소녀는 매일 마을 앞의 냇가에 나와 오지 않는 어머니를 기다린다. 그러나 오늘도 어머니는 오지 않고, 기다리다 지친 소녀는 무료함과 원망과 그리움이 섞인 물수제비를 띄운다. 시의 결말 부분, "진한 안개가 내리는 저녁 눈보라 속으로/ 수없이 던진 돌들이 무덤처럼 자라고 있었다"라고, '무덤'의 의미가 어린 소녀의 아침 시간을 마감하는 예감에 휩싸이게 하며, 이 무덤은 물론 좌절된 희망에 따른 원망과 그리움이겠지만, 더 나아가 죽은 아버지에게 더욱 다가가는 계기가 된다. 어린 소녀의 '분리 불안'은 이후 장애가 되어 4년간이나 실어증을 앓아야만 했었다.

이 시간대의 마지막 장면은 시 「참으로 영성적인 사람에게 끌리는 어쩔 수 없는 편집증」이란 기다란 제목의 시에서 엿볼 수 있다. 신앙심이 두터웠고, 신여성이었던 모친께서 그의 가족을 부양하는데, 엄마가 항상 책을 보기 때문에 시인의 집은 종교 서적이나 사상집 같은, 어린아이들이 읽을 수 없는 책들이 가득했다고 한다. 어린아이가 꺼내 보기엔 도통 재미가 없어 시인은 주로 냇가나 성당 근처에 있는 야산에서 혼자서 노는 아이로 자랐다. 혼자 놀면서 무엇을 발견하면 히죽대며 재미있어

했다는 시인의 고백이 안쓰럽다.

어머니의 훈육이 엄격했으리라 생각되나, 어머니 또한 너그럽고 자애로운 분이었다. 그러나 어머니의 눈빛만은 일호의 흐트러짐이 없으신 분이었다. 세상이 얼마나 무서운 곳인 줄 알기에 당신께서 기꺼이 보호막이 되어 모진 세월을 감내하신 모정의 세월이었다. 삶의 험난한 고비를 오직 믿음으로 극복하신 분이었다.

이 시간대 시편이 많지 않다. 더욱이 아버지의 죽음 이후 가정에서 절대적인 영향을 끼쳤을 어머니에 대한 시편은 이후에는 나타나지 않는다. 이 시기에 시인은 아버지와 이별했고, 깊은 단절감을 맛보았다. 이 단절감은 본능적으로 항상 그리움의 대상에 가까이 다가가고자 했다. 그러나 이 시절은 그리움의 대상이 선명하게 드러나지 않는, 희뿌연 여명의 시간이었다.

한낮의 시간

한낮의 시간은 작열하는 태양 아래 사막과도 같은 시간이다. 이것을 신앙에서는 치열한 영육간의 싸움이라고 한다. 한낮의 시간은 어찌 보면 투쟁의 시간이요, 인간적 갈등과 절망과 좌절의 시간이다. 활활 타오르는 정념의 불꽃이며, 그 불길에 모든 관계를 불살라버리는 시간이었다. 또한, 이 시간은 저녁을 그리워하며, 이 시간대의 시편에 결코 드러나지는 않지만, 어머니의 시선을 의식하는 시간이었다. 한낮의 시간을 시인은 '악'과 '갈증'으로 형상화한다.

시인께서는 이제 부끄러울 것도 없는 자신의 내력을 말한다. 아들 둘을 낳고 마냥 행복할 줄만 알았던 남편과의 결혼 생활이 파국을 맞이하였노라고. 그녀는 자신의 전남편을 '나의 안쓰러운 허공님'이라고 불렀다. "여자를 사랑하지 않는 남자/ 무늬만 존재하는 연인/ 관계만 존재하는 부부"에서 그녀의 사랑은 연약하기 이를 데 없었다. 너무 늦기 전에 치유되기를 바라는 마음으로 남자를 곱게 떠나보냈다.

시인이 마음속에 그리고 있는 사랑은 따뜻한 위로와 같은 것이어서 어쩌면 돌아가신 아버지의 넉넉한 품이었다. 그러나 영혼이 메마른 세상 남자들은 너무나도 이기적이었다. 시인은 이것을 '사막' 같은 세상이라고 하였고, 자신의 내면을 '갈증'으로 표현했다. 그의 내면에는 인고와 순종의 미덕으로 견디어내라는, 무언으로 압박하는 어머니의 시선과 아버지의 따뜻함을 좇고자 하는 마음이 싸우고 있었다. 특별한 직업 없이 두 아이를 키우며 살기가 어려웠다. 어렸을 때부터 몸에 밴 신앙으로 헤쳐나가고자 하나, 날이 갈수록 내면의 갈등은 증폭되어 갔다.

이별이란
좋은 것이기도 해
내공이 생길 수 있는
절호의 기회니까
상실도 그리 나쁘다고만 할 수 없는 것이
또 다른 것을 경험해 볼 수 있는 기회이기도 하고
외부에 있는 좋은 것 좋은 사람에게
집착하는 걸 강제로

거세당한 후
내 안에도 좋은 것이 있다는 걸
발견하는 시기이기도 해
행복감은
또는 기쁨은
남자로 인한 것만 있는 게
아니라는 것도 차차로
깨닫게 되고
더디긴 하나 진통제를 치우면
소독약의 효험도 알게 되고
따뜻한 햇살을 맞는 것만으로도
깨끗한 거리를 걷는 것만으로도
뿌듯한 행복감을 느낄 수 있다는 거

—「사마리아 여인」 전문

성경 요한복음 4장에 나오는, 예수님과 우물가에서 만난 사마리아 여인은, 예수께서 그녀가 남편이 다섯이나 있었고, 지금 같이 사는 남자도 남편이 아니라는 것을 꿰뚫어 보셨다. 아무도 물 길으러 나오지 않는 오정쯤의 우물가에 홀로 나와 물을 긷는다는 것은 공동체에서 따돌림을 당하고 있음을 말하거니와, 생의 갈급함이 겉에 묻어난 여인이었다. 가부장적 사회에서 여자 홀로 내쳐진다는 것은 생존의 절박함이기에 거듭해서 남자에 의존할 수밖에 없었다. 그러나 사마리아 여인은 메시아를 알아보는 혜안이 있었다. 그녀는 예수와 나눈 몇 마디 대화를 통해서 이 남자가 그리스도라는 것을 간파했다. 그리고는 마을로 돌아가 외쳤다. 그리스도가 나타났다고.

시 「사마리아의 여인」은 생의 갈증이 온몸을 사로잡았다가, 그 사랑이 자신이 찾는 이성이 아니라는 것을, 자의든 타의든 이별 후에 찾아드는 영혼의 씁쓸함을 말하고 있다. 이천 년 전의 사마리아 여인이 다시 이 땅에 환생하여 생의 갈증을 느끼는 화자와 겹치는데, 다만 2천 년 뒤의 여인이 훨씬 '쿨'하고, 자기 합리화에 능하고, 한번 신열을 앓고 난 뒤 본연의 자세로 되돌아감이 빠르다. 이것도 또한 격세지감인가. 그러나 이 시간대의 시편들을 보면 관계 정리에 능숙한 듯 보이는 시인의 내면은 생각보다 복잡다단하다. 이 경우 '쿨'이란 말은 전혀 상황에 맞지 않는다. 이 시에 나오는 '이별-내공-상실-집착-거세-진통제-소독약'이란 시어의 축은 보통의 인간관계에 파생되는 말이 아니라, 자신의 살점을 물어뜯는 언어라는 것을 어찌 모를까.

한낮의 언어는 사막에서 몸부림치는 언어였다. 영혼의 갈급함을 호소하는 갈증의 언어이며, 어린 시절 '사창리를 떠나며' 냇가에서 수없이 던진 돌들의 언어였다. 그 돌들이 무덤처럼 아버지에 대한 그리움으로 자라났으며, 어머니의 시선 밖의 언어가 되었다.

하루는 질문만 하고
하루는 대답만 하고
하루는 아무것도 안 하고

멍하니 벼랑 끝에 서 있고
또 어느 하루는 쉴 틈 없이 문자만 하고
무언가에 휘둘리고
무언가가 나를 가라앉혀 주고
어느 날은 선이
어는 날은 악이
어는 날은 선악이
어느 날은 말 없음이

하늘 향한 여정일까

—「강가에서」 전문

타인 앞에서는 속내를 감추며 실없이 히죽거리고 떠벌리면서도, 내면에서는 이글거리는 열사와 태양에 달구어진 자갈길 위를 맨발로 걷는 영혼의 졸아듦이 있었다. 한낮의 사마리아 여인은 절벽에 갇혀 절규로, 냉소하듯, 직설적으로, 무시당하는 말로 내뱉는다. 그러나 시인의 목소리는 성대 결절의 언어처럼 울림이 없다. 과연 내가 시인인가. 자신의 존재가 자신을 옹호하지 못한 채 한낮의 시간은 가장 짧은 그림자를 지상에 드리우고 있다.

그녀의 시는 시가 아니다. 그 절규를, 그 절망을, 절벽에 갇혀 울림 없는 몸부림의 언어를 시라고 하기에는 너무 사치스러운 것이었다. 차라리 자신도 모르게 솟구치는 욕지기가 아니었을까. 그녀의 내면의 갈증은 형제도, 자식도, 시회의 시인들도 어찌할 수 없었다. 그녀는 모든 관계에서 진정 쉬고 싶어 했다. "인생아/ 좀, 쉬었다 가자꾸나"(시 「쉼」에서).

저녁의 시간

저녁의 시간은 정념의 불꽃이 점차 사그라들고, 천지가 고요하게 침잠하는 시간이다. 시인이 주님을 만나고, 그리움의 대상인 아버지와 만나는 시간이다. 아버지와 시인, 어머니와 시인, 그리고 나와 또 하나의 내가 서로 화해하고 포옹하는 시간이다. 시의 언어가 한결 차분하게 정제되며 시적 성숙이 이루어지는 시간이다.

타는 목마름으로 사막을 헤매던 시인이, 어머니와 투쟁의 시간에서 아버지와 화해하는 시간으로 변화되는 것을 기독교에서는 '거듭난다'라고 말한다. 한 인간의 형질 안에 심각한 변화가 일어나는 순간이다. 투쟁적 자의식이 사라지고 자신을 온전히 헌신하는 시간이다. 시인은 '회귀回歸'라는 말을 거듭 사용한다. 어린 시절 아버지께로 돌아간다는 말이다.

오늘이 발렌타인데이라고
여자가 남자에게 사랑을 고백하는 날이라 한다
나는 누구에게? 수많은 사람(나는 남자를 사람이라 부른다)
중에

아버지에게 고백하기로 마음먹고
안방에 걸어놓은 아버지 사진에 눈을 힐끗 맞췄다
여자는 최초로 아버지로부터 형성이 되고
아버지에게 첫사랑을 느낀다고 한다
오랫동안 그리워했고 사랑해 왔지만 아빠를 무척
사랑한다는 고백을 못 한
숫기 없는 이 딸이 오랫동안 침묵하고 계시는
우리 아버지에게 오늘
발렌타인데이를 맞아 초콜릿을 사 들고 아버지 사진 앞에
서 고백합니다
아빠 사랑해요

—「발렌타인데이에」 전문

오랜 방황의 시간이었다. 어린 시절 병상에 누워 있으면서 온갖 재롱을 다 받아주던 아버지를 찾아 수십 년을 방황했다. 아버지는 최초의 남자였다. 아버지 이후 세상에 남자는 많았지만, 아버지와 같은 남자는 없었다. 한낮의 시간은 밖에 있는 아버지를 찾아 헤매었다. 시인은 드디어 자기 안에 있는 아버지를 만났다. 마음속의 격랑이 가라앉으며 사물을 있는 그대로 온전히 바라볼 수 있게 된다.

시인에게 아버지의 의미는 무엇일까? 물론 혈육의 정으로서 아버지를 말하고 있다. 그녀에게 아버지는 부재에 의한 막연한 그리움이었다. 성경에는 하느님께서 자신의 형상대로 아담을 진흙으로 빚으셨다고 하

셨다. 아담은 최초의 육적인 아버지로 이마고 데이(Imago Dei, 하느님의 模像)로서의 존재다. 역으로 하느님의 모습을 그리려거든 아담에서 찾으면 된다. 하느님의 형상이 아담으로 유출되었기 때문이다. 이런 의미에서 시인의 육적인 아버지를 그리는 마음이 하느님께 가까이 다가가는 신앙이었다. 시인의 한낮의 시간은 부재한 아버지를 만나려는 안타까운 몸부림이었으며, 저녁의 시간이 되자, 돌아가신 아버지와 화해를 통해 하늘에 계신 하느님과도 하나가 된다.

이즈음 그의 언어는 훨씬 차분해지고 정제된다. 시인은 시 「순례자」, 「덕분에」, 「사막에서 사랑을 만나다」, 「회귀回歸」 등의 시편을 쏟아낸다. 특히 시 「수수깡」에서는 "볼품없는 껵다리 수숫대, 이런 맛을 지닌 들판에서 왔다"라며 자신을 객관적으로 바라보는 시각의 여유로움을 내비치고 있다.

이쪽 제일 진한 금은
콧대 세우라고 그어 놓았다
요쪽 금은 잔뜩 세워놓은 자신감이 넘어지지 말라고
받쳐 놓은 장대다
아무짝 소용없는 잔선들은 갯벌에 부는
실바람의 핏줄이다
일자 눈썹 같은 저것은 사력을 다해 그려 넣은
빗금이다
엄지 손등을 타고 오르는 저 짧은 금은 다이아몬드다

손바닥 형편이 요만 조만한 사람들이 나란히 앉아
두 손을 잡았다

—「손금」 전문

이 시간대의 대표적인 시편이다. 손바닥에 그어 있는 손금을 흔히 운명선이라고 한다. 인간의 수명이며 재물복, 관운 등 길흉화복이 태어날 때부터 미리 결정되어 있다는 운명론적 사고이다. 시인도 이전에는 여자 팔자는 두레박 팔자라 어떤 상대를 만나느냐에 따라 좌우된다고 팔자소관을 했으리라. 그러나 마지막 행을 보라. "손바닥 형편이 요만 조만한 사람들이 나란히 앉아/ 두 손을 잡았다." 이제는 상대방을 너무 크게, 혹은 작게 기대치 않아도 고만고만한 인간들이 서로 사랑으로 어울리는 한 쌍이 된다. 그간 한낮의 시간 모진 사막에서 마모의 시간을 거치면서 성숙한 관계의 미학이다. 실로 넉넉하여 보기에 좋은 시편이라 아니할 수 없다.

이 시집은 여느 시인의 그것과는 성격이 다르다. 시인의 미적 세계의 지향보다는 한 영혼을 따뜻하게 감싸주는 주님의 손길을 간증하는 신앙 고백과도 같은 시집이다. 상처 입은 한 소녀가 성장하여 우물가의 사마리아 여인과 같은 갈증 속에서 마침내 주님의 여인, 술람미가 되었다는 것을 진솔하게 밝히고 있다. 특정한 종교적 색채를 띠지 않는 시단에서는 그녀의 간증을 대수롭지 않게 여길 수도 있겠으나, 어떤 사람들에게는 실로 가슴 적시는 감동적인 서사다. 앞으로 지나간 한낮의 시간이 밑거름되어 더욱더 긍정적이고 모든 관계를 살리는 튼실한 시를 쓰기 바란다. 시인의 가녀린 두 손을 굳게 잡아주고 싶다.

열정과 냉정 사이
— 여연, 『ㅇ의 색』

시인이 이렇게 말했다. "제 시가 무거운가 봐요, 시인들에게서 가볍게 쓰라는 말을 자주 들어요." 시에도 무게가 있나? 시를 저울로 달아 무겁다, 가볍다고 말할 성질의 것이 아니라면, 대체 시인이 수긍하는 무겁다는 말은 무엇을 의미할까? 주제가 무겁다던가, 표현의 질곡, 혹은 시적 분위기가 그렇다는 말인가? 이와 반대로 시에 운율이 있고, 이미지가 선명하며, 시적 분위기가 밝으면 가볍다고 말하는가? 때로 우리는 깊이 생각지 않고 일반적인 견해에 고개를 끄덕이는 경우가 많다. 아무튼, 시인의 시 세계가 무겁다는 말로 이 글을 시작하자.

시인의 시집 원고를 일별하며 다양한 시적 경향을 아우를 수 있는 기준이 있으면 좋겠다고 생각했다. 시인의 시선이 어디로 지향하느냐에 따라 크게 내부 시점과 외부 시점으로 나누어 보았다. 이것은 물론 해설자의 분석적 편의에 따른 것이다. 나누고 보니 전자가 수렴적 사고의 시점이라면, 후자는 확산적 사고 시점이 되겠다. 전자가 주관적이라면, 후자는 객관적이고, 전자가 열정적이라면, 후자는 냉정한 이성적 사고가 승한 시편이다. 전자의 목록에 들어가는 시편에는 시의 주체인 화자를 대상으로 쓴 시들과 사물에 가탁하여 주체의 자의식이 짙게 밴 시들이다. 후자의 목록에 들어갈 시편들은 비교적 객관적인 입장에서 사물의 의미를 새기고 있는 시들이다.

자의식이 넘치는 시

내부 시점의 시라고 하니 문득 '내부 고발자'라는 말이 떠오른다. 어느 조직의 심각한 내부 모순에 관여하고 있던 자가 이를 바로잡기 위하여 양심 선언하며 폭로하는 사람을 일컫는 말이다. 이 내부 고발은 후폭풍이 대단하다. 그 조직은 심각한 타격을 입는 것은 말할 것도 없고, 폭로한 당사자 또한 상당한 불이익을 감수해야 한다. 이 영웅적인 행위로 인하여 조직이 바로 서는 계기가 되기도 한다.

시인이 자기 자신을 고발하듯 쓴 시가 있다. 자신의 처지와 생각을 직접 서술하거나 은유 또는 객관적 상관물로 그리고 있다. 이 시들은 내부 시점에 의해 쓴 것들이다. 물론 자기 독백적인 서정시 일반이 이 시점의 소산이라고 볼 수 있다. 자기를 대상으로 자화상을 그리듯 쓴 시는 시적 표현 여하를 떠나서 가장 주관적인 시라고 볼 수 있다. 산문의 경우 자서전이나 고백록, 또는 수필 문학이 여과 없이 자기를 드러내는 수단으로 활용된다. 비록 그것이 어느 정도 진실에 부합하느냐의 문제가 있지만. 시에서도 자기 자신을 시적 대상으로 여과 없이 드러낸다는 것은 불가능에 가까운 일로 보인다. 임보의 『엄살의 미학』에서 보면, 시에는 시적 장치에 의하여 은폐 지향적(감춤), 과장 지향적(불림), 심미 지향적(꾸밈)의 특성이 있다는 것이다. 아무리 자기 자신을 진실하게 드러내고자 하여도 시가 되기 위해서는 감춤, 불림, 꾸밈에 의해서 채색될 수밖에 없다. 즉, 자기를 시적 대상으로 하여 엄살을 떨고 있는, 꾸며진 자아상일 수밖에 없다는 것이다.

가까이 다가가고 싶지만
나는 온통 가시입니다

이리저리 뒹굴어보아도
나는 언제나 뾰족합니다

밤하늘을 은실로 수놓는
별이고 싶다가도
어쩐지 나는 다른 것만 같아
이내 내려오고 맙니다

갈바람 올 때까진
여름 햇살과 더 많이 부딪쳐야 하겠죠

하지만,
둥근 달이 떠오르는 밤이 오면
가슴을 열어젖힐 겁니다

가슴속에 단단한 소망이 빼곡합니다

— 「밤송이」 전문

이 시는 자신을 밤송이로 은유하고 있는, 자기를 드러낸 시다. 밤송이가 온통 가시로 무장하고, 밤하늘에 별이 되고 싶지만 포기했고, 가을이 될 때까지는 여름의 시련을 견디어내야 하며, 가을 둥근달이 떠오르면 가슴을 열 것이라고, 가슴속에는 소망이 빼곡하다고 비교적 차분하게 열정을 삭이며 조곤조곤 말하고 있다. 가시는 무엇인가. 자기방어의 도구다. 왜 가시가 필요한가. 자기를 지키기 위하여, 소박하나마 누가 알아주지 않지만, 자기 안의 열정, 욕망, 소망, 사랑을 지키기 위하여. 이것을 건드리는 자가 있으면 여지없이 찔러 주겠노라고. 3연에서는 주체의 한계에 대한 자각이 보인다. 밤송이가 스스로 생각해 봐도 밤하늘에 별이 되기에는 부족한 듯하여 내려오고 말았다는 것이다. 어쩔 수 없는 무기력이 아니라 객관적 자세를 취하려는 자아상이 엿보인다. 그러나 5연에서 보면 주체는 당찬 포부를 피력하고 있는데, 잉태와 열림을 소망하는 건전한 여성성을 견지하고 있다. 비교적 자화상을 그린 시편 중에는 자의식에 휘둘리지 아니하고 차분하게 정제된 시이다.

자화상 계열의 시로, 시 「은린銀鱗」에서는 자신을 갇힌 물고기로 그리고 있다. 물고기가 낚시꾼에 의해 사로잡혀 살림망에 넣어졌다. 은비늘을 지닌 물고기는 자기 자신을 나타내는 은유이자 이 시의 주체이다. 주체의 무기력한 좌절감, 갇혀 있다는 절망감, 그러면서도 자신을 가둔 당신의 사랑을 갈구하는 복합적인 의식이 혼재되어 있다.

시 「독백」도 마찬가지다. 이번에는 다분히 시인의 처지를 빗댄 금붕어를 끌어들이고 있다. 사방 넉 자의 어항 안에 갇힌 금붕어이다. 어항 안에서 자못 아름다운 자태를 뽐내고 있는 듯하나 밖의 세상과는 유리되어 있다. 시 「은린銀鱗」과 시 「독백」의 공통점은 자신을 폭로하는 존재로서 물고기가 은유적으로 사용되고 있으며, 시의 주체가 갇힌 자로 인식되며, 또한 많은 욕망을 꿈꾸고 있는 존재라는 것이다. 시 「독백」의 마지막 연을 보면, "욕망은 여전히 넘실대고 있지만/ 유리벽만큼이나 단단한 수면을 깨달은 후에야/ 비로소 편안해진 숨결을 느껴요"라고 말한다. 다소 모순되게 보이는 이 대목은 주체의 체념과 순응이 보인다. 밤송이의 열정은 분명 아니다. 체념하면서까지 지켜야 할 욕망이란 무엇일까?

이 밖에도 이 계열의 시에는, 자신의 존재의 가벼움을 다분히 역설적으로 그려놓은 시 「빈 수레」, 수천 년을 죽어 태어나야만 그대에게 갈 수 있다는 시 「그대에게 가는 길」, "나는 대체/ 몇 날의 무게를 지며/ 하루하루 가라앉고 있나"의 시 「흔들리는 날」, 환락과 열정의 신 디오니소스에게 다가가고 싶다는 시 「디오니소스에게」 등이 자신의 존재상을 여과 없이 보여주고 있는 시들로 거듭 반복되면서 자의식을 내뿜고 있다. 특히 시 「디오니소스에게」는 시각적인 배행시다. 마치 탑이나 계단을 오르듯 시각적으로 피라미드의 위를 향하여 오르는데, 아이러니하게도 맨 꼭대기 위에 디오니소스가 아니라 '나'가 있다. 모든 시상이 '나'에게 집중되는 구조로 되어 있다. 이것은 내부 시점의 시가 그만큼 혼란스러운 자의식의 산물이라는 증거이기도 하다.

꽃에 관한 탐색

이 시집에서 가장 많이 나오는 시어 중 하나가 꽃이다. 꽃이란 무엇인가. 시인들은 거의 관습적으로 시의 소재 혹은 제재로 꽃을 즐겨 등장시키는 경향이 있다. 꽃은 식물의 생식기이다. 식물이 종족 번식의 수단으로 화분의 매개체를 유혹하는 수단이다. 사람들은 식물의 생식기를 바라보며 화려한 색과 향기에 취하곤 한다. 또한 꽃은 활활 타오르는 불꽃의 이미지로 상승적 이미지를 지닌다. 꽃은 생명이며 상승의 이미지이며 삶의 의지이기도 하다.

꽃이란 말은 보통명사다. 반면에 구체적인 꽃의 이름은 고유명사이다. 꽃을 바라보는 시인의 시선은 내부 시점이다. 그것이 보통명사의 꽃이든 고유명사 살살이꽃, 과꽃, 상사화, 접시꽃, 능소화가 되었든 내부 시점에 의해 자의식을 드러내기 위해 소재나 제재로 쓰이고 있다.

가령 시 「참회」에서 주체는 자신이 직접 정성 들여 가꾼 꽃에 죄를 지었다고 용서를 구한다. 꽃이라는 것이 아름다움이고 생명이며, 상승의 이미지를 지니고 종족 번식을 위한 수단인데, 어찌하여 주체는 무슨 잘못을 저질렀기에 참회하는 것일까? 여기서 꽃은 중의적으로 꽃 자체이자 주체의 마음속의 꽃, 즉 자신의 열정이나 소망의 세계를 뜻한다. 꽃이 피어 열매를 기약하나 자신의 안에 피어 있는 꽃은 열매 맺지 못한 허화虛華이기에 참회한다는 것이다. 다시 말해 꽃에 대해서가 아니라 자신대해 참회하고 있다. 이렇듯 꽃이 내부 시점의 소재 차원에서 머무르고 있음을 볼 수 있다.

날개 편 접시꽃
푸른 물결 도드라진
붉은 꽃잎 곱기만 한데

사위어가는 몸 사이사이
너를 심어 붉어질 수 있다면
나는 기꺼이 한 줌 흙이 되리라
삶은 늘 어긋난 길 같아서
파도는 뭍으로 오르고
나무는 숲으로 기었지
너는 오고 나는 가는
시간의 엇갈림이 서러워도
어디로든 가야만 한다면
따뜻한 한 줄기 볕이
그곳에도 있었으면 해
다가올 이별의 얼굴 보이질 않으니
네가 오지 않는 시간과
네가 없는 세상이 두려워
너에게서 나를 떼어 낸다 꽃이여

—「너에게서 나를 떼어 내다」 전문

역시 꽃에 관한 시다. 시의 주체가 보고 있는 것은 붉은 꽃잎을 벌고 있는 접시꽃이다. 굳이 접시꽃이 아니어도 상관없다. 주체는 개별적인 꽃의 아름다움이나 의미에 천착하기보다는 바로 자신에게 시선을 향하고 있기 때문이다. "너를 심어 붉어질 수 있다면/ 나는 기꺼이 한 줌 흙이 되리라"라는 결의는, 어디까지나 가정법이지만, 주체가 꽃과 같은 아름다움, 열정, 상승의 이미지, 생명 의지를 가질 수 있다면 어떤 희생도 치르겠다는 각오로 읽힌다. 주체는 현실의 삶에서 왜 꽃과 같은 세계에 도달하지 못하는가. 삶이 늘 어긋나는 길이어서 헛꽃이 피었다는 것이다. 이제 곧 무화되리라는 본능적인 두려움에 떨고 있다. 그래서 마지막 행에서 "너에게서 나를 떼어 낸다 꽃이여"라는 절규는, '내 존재에 대한 열정'을 떼어내 버리고 말겠다는 단절의 아픔이나 좌절, 체념으로 읽힌다.

그러나 "너에게서 나를 떼어 낸다 꽃이여"를 조금은 달리 해석할 수도 있겠다. 이제 꽃을 꽃 자체로 보겠노라는 의식의 전환이다. 즉, 주체가 밤송이 같은 자기 세계를 지키기 위하여 때로는 자학적으로 몸부림쳤는데 이제는 그 무거운 자의식의 굴레에서 벗어나 꽃을 보통명사에서 고유명사로 보겠노라는, 존재의 가벼움을 지향하는 삶에로의 지향으로 읽히기도 한다. 여기에서 떼어 내는 것은 모든 사물에 투사된 자의식이라는 것이다.

이러한 내부 시점에서 외부 시점으로의 전환은 의식의 변환 내지는 발전을 의미하며, 꽃을 노래해도 전과는 달리 표현된다. 가령 시 「능소화」를 보면, 능소화가 피어 있는 어느 집 대문 풍경을 그리며 에로틱한 분위기를 풍기고 있을 뿐, 그것이 주체를 휘감는 무거운 자의식의 발동으로 보이질 않는다. 분명 섹스와 관련된 일련의 사물이나 사건이 해학적으로 보이는 것은, 시 「이응의 색」에서도 볼 수 있다시피 존재의 가벼움이다. 이전의 꽃이 욕망으로서 주체의 결핍된 성으로 읽혔지만, 시 「능소화」, 「이응의 색」, 「바다에는 노을이 머물지 않는다」의 성적 은근함은 다분히 자의식의 무게를 덜어낸 건강성이다.

객관적으로 바라보기

이 계열의 시 중에서 가장 먼저 눈에 띈 것은 어머니 시편들이다. 어머니는 자신을 낳아 주고 길러 주신 분이기에 자신과 분리될 수 없다. 자신을 거슬러 올라가면 내 존재의 모든 시원이 어머니이기에 어머니는 자신과 한 몸인 셈이다. 그러나 시인의 어머니에 대한 시각은 어느 시보다 객관성을 유지하고 있다. 이것도 이 시인의 특징 가운데 하나인데, 열정 자체였던 내부 시점이 치열했던 만큼 그 반동으로 빚어진 것이 아닌가 생각된다.

제 살 깎이며
모질게 살아가는 둥치
옹이가 단단히 박혀 있다

굳은살 떨어져 나간 자리에
허리 잘쏙한 모래시계
째깍거리며 남은 시간을 재는데
믿는 구석이 있으니
무딘 쇠도 함부로 춤추는 거겠지
단단히 받쳐주는 힘 어련무던한 성미도
세월이 지나면 아모리지는데

깊이 패는 희생과 아픔 없이
앤생이는 모진 겨울을 어찌 견디었으리
부서진 살만큼 누군가는 따뜻할 게다

곁가지 떠나간 나무 밑동
뒤돌아 누운 어머니 등에서
끙끙,
살점이 튄다

—「모탕」 전문

모탕은 시골에서 나무를 패거나 자를 때 받치는 나무토막을 말한다. 바닥에 단단하고 굵은 나무토막을 놓고 그 위에 장작을 놓은 다음 도끼질을 한다. 모탕은 마지막 연에서 밝힌 바와 같이 어머니를 은유하고 있다. 모탕이란 말 자체가, 분명 한자어는 아닌 듯한데, '어머니와 같은 바탕'을 줄여서 된 말이 아닌가 싶다. 모탕은 장작을 팰 때 두고두고 쓰기 때문에 날카로운 도끼날에 숱한 상처를 입기 마련이다. 모탕이 없다면 장작 패기는 불가능하다. 그런데도 작업이 끝나면 사람들은 장작의 사용가치에나 집중할 뿐 모탕은 거들떠보지도 않는다. 지난날의 우리 어머니와 진배없다.

3연을 보면 그런 어머니의 모습을 마치 자연현상을 관찰하여 말하듯 객관적 시각을 유지하고 있다. 2연의 모탕의 희생에 대해서도 남 이야기하듯 추측한다. 유정한 어머니가 은유화되면서 사물화된 것이다. 어머니를 대상으로 쓴 다른 시 「가을비」, 「고장난 피아노」, 「길」에서도 이와 같은 경향이 나타난다. 시인의 내부 시점이 밖으로 향하는 순간 이성적으로 냉정해지며 객관적 시선을 견지한다.

시인의 외부 시점이 자신으로부터 더 멀리 나간 시들이 있다. 시인의 시선이 가장 멀리 우주까지 무한대로 나가는 것이 아니라, 주로 일상의 범주 안에 머물러 있지만, 사람들이 더불어 사는 세상을 바라보며 쓴 시들이다. 이 계열의 시들은 시집에서 수적으로 많지 않다. 이 시들 역시 어머니 시편에서 보여준 이성적 사유가 승하여 무거운 자의식에서 벗어난 시들이다.

화곡역 2번 출구 엘리베이터 옆 7번 출구와 8번 출구로 가는 건널목 입구 한쪽에 사시사철 할미꽃 하나 피어 있다 목침이며 소쿠리며 나무 수저 몇 개 펼쳐놓고 온종일 찬바람 언 바닥에 쭈그리고 앉아 겨울을 나고 봄이 지나 여름이 다가와도 시들지 않는 꽃 질주하는 세월의 바퀴에 붉던 꽃잎 누워버리고 눈물도 마른 초여름 햇살이 따갑다

밥주걱 하나 팔면 일용할 양식 얻어 꽃잎 한 장 펼 수 있을까 목침 하나 팔면 오늘 밤 고운 꿈 찾아올까 언덕배기에 흙바닥 뚫고 오른 굽은 나무뿌리 같은 무릎 하나 다소곳이 앉아 있다 펴지기나 하는지 가끔 뒤척이기는 하는지 가부좌 튼 돌부처 어깨에서 퇴색한 잎 하나 바람에 흔들린다 화왕花王과

만화萬花의 스승이었던 그대여 허공에서 파르르 떠는 설법을
듣는 나는 목젖이 아파온다

시멘트 바닥의 뜨거운 열기와 바삐 오가는 발길들에 날리는
먼지 묵묵히 견디며 수행하시는 주름 사이로 임금을 훈계하시
던 근엄함을 찾으려 나는 할미꽃을 바라본다 횡단보도에 푸
른 신호 들어오면 할미꽃도 어디론가 건너야 할 것만 같은데
그늘 한 점 찾아서 나도 건널까 그대 한숨도 함께 데리고 건널
까 온몸으로 설법하시는 그대의 훈계를 소쿠리에 담아갈까

—「화사花師」 부분

5연으로 된 비교적 긴 산문시다. 아마 시인이 직접 목격한 듯한, 전철역 부근에서 생활 잡화를 팔고 있는 한 할머니의 초상이다. 시인이 할미꽃이라고 표현하였으니 그 외양이나 주의를 끌지 못한 등등이 상상이 간다. 할머니의 물건을 사시사철 팔아주는 사람 하나 없고, 앙상한 몰골을 가끔 뒤척이는 것이 바람에 뼈마디를 씻기는 풍장 중이다. 화자는 묵언 수행 중인 할미꽃이 설법하고 있다고 생각한다. 무엇에 대한 설법일까? 할미꽃도 꽃이니, 아마 꽃에 관한 설법일 것이다. 세상의 모든 꽃에 대하여, 어쩌면 철 지나고, 어쩌면 죽음이 임박한 꽃에 대한 설법인지 모르겠다.

이 시는 신라시대 설총이 지었다는 '화왕계花王戒'가 바닥에 깔려 있다. 화왕계는 설화에서 소설로 넘어가는 단계의 창작 설화로 우의적이

고 풍자적인 작품이다. 할미꽃이 임금 앞에서 제왕의 도리에 대해서 충언을 하는 교훈적인 내용으로 가장 두드러지는 것은 의인법과 장미꽃과의 대비라 하겠다. 이 작품에서 임금을 가르쳤으니 할미꽃을 '화사花師'로 명명했다. 화자는 화사의 설법을 소쿠리에 담아갈까 하고 말하고 있다.

이 시에서는 주체를 바라보는 화자의 자의식이 최소로 억제되어 있다. 자신의 내부의 열정과 소망과 모순과 주관이 외부 사물에 투사되자 가지런히 정돈됨을 볼 수 있다. 자의식이 차지했던 공간에 사물에 대한 자유롭고 여유로운 의식이 자리잡고 있다. 한결 시어가 명확하고 차분하며, 시적 대상이 지니고 있는 의미랄까 분위기가 십분 고려되어 있다. 이런 시로 광주 의거와 관련이 있는 시 「5月에 날아오른 색들」, 전단을 떼었다 붙이고 있는, 도시의 늙은 여인의 삶을 그리고 있는 시 「겨울을 지나가는 것들」, 자신의 존재가 꼭 필연이 아니라 우연의 산물이라는 자각을 그리고 있는 시 「아마도」, 보도연맹 학살 사건의 시 「물푸레나무 언덕」 등이 보다 더 객관적인 시각을 유지하고 있는 시들이다.

이상에서 우리는 한 시인의 시집을 이해하기 위하여 편의상 내부와 외부 시점으로 나누어 살펴보았다. 내부 시점의 시들은 시인의 자의식에 갇혀 있는 열정의 시였다. 외부 시점의 시들은 사물을 비교적 객관적 시점에서 바라보는 냉정의 시들이었다. 생각해 보면, 지상의 모든 시는 열정과 냉정 사이의 어느 지점에 거주하고 있다. 다시 말해 이번 시인의 첫 시집의 경향이 그만큼 다양하다는 증거이기도 하다. 주제별로 앞에서 거론한 것들 외에도, 시에 관한 시, 에로틱한 시, 존재론적 시, 길에 관한 모색 등의 시들이 있으나 지면 관계상 미처 다 살피지 못했다. 그러나 미거론 시들 역시 열정과 냉정 사이에 존재하고 있다.

시인의 첫 시집 『ㅇ의 색』의 특징은 주제의 다양성에 있으며, 그중에서도 내부 시점의 시가 절대적으로 많다는 것이다. 자의식이 충만한 시들의 잦은 반복이 독자들에게 넋두리로 보일 가능성이 짙다는 점을 유의하더라도, 이런 시적 경향은 시인이라면 한 번쯤 열병을 앓듯 자기 점검에 유익하며, 여성으로서 자기 정체성 확립에 반드시 거쳐 가야 할 통과의례라 생각한다. 시인은 자신의 주변에 대하여 시적 사유에 민첩할 뿐만 아니라 잠시라도 멈춤이 체질적으로 불가한 열정의 소유자라 오늘보다는 내일의 시가 자못 기대된다.

상록마녀, 황진이, 고양이

— 신단향, 『상록객잔』

전철 4호선 상록수역 1번 출구로 빠져나와, 대로를 건너, 공용주차장 옆 상가 골목으로 들어서면, 그곳은 나무 한 그루, 하다못해 가게 앞에 내놓은 화분 하나 없다. 골목 맞은편 10층짜리 뉴라성호텔과 지하 히트관광나이트가 여왕벌처럼 떡 하니 버티고 서 있고, 그 양쪽 1층은 술집과 식당, 그 위로 노래방, 모텔, 당구장, 카페, 호프집, 인력사무소 등의 간판으로 도배한 5층 건물들이 도열하듯 어깨를 맞대고 있다.

골목 안은 한낮에는 사람 그림자 하나 없다. 오후 네 시쯤 술시가 되어야 이 도시의 좀비들이 하나둘 눈에 띄기 시작한다. 어둠이 짙어갈수록 나이트클럽의 LED 광고가 현란하게 빛을 발하고, 부나비 떼를 유혹하는 불빛처럼 일대가 불야성을 이루며 골목이 부산스러워진다. 광고의 불빛이 희뿌옇게 빛을 잃은 새벽녘이 되어서야 골목은 다시 고요 속에 떨어진다. 그 북새통 가운데 주점 하나가 상록객잔, 바로 마녀의 소굴이다.

상록객잔은 상호가 아니다. 역설의 땅 안산安山은 편하지 못해도 안산이고, 나무 한 그루 없어도 상록수다. 원래 객잔이란 식사와 음료를 제공하는 이웃 나라의 숙박업소다. 시인께서 삭막하기 그지없는 공간에 사철 푸른 상록수 그늘을 꿈꾸었는지 모른다. 아니면 제1회 <우리詩작품상>을 수상하며 소감에 밝힌 바와 같이 '용문객잔'이란 영화를 보고, 기왕 팔을 걷어붙이고 장사로 나설 바에야 영화 속의 주인공처럼 미모와 배포와 검술로 분위기를 휘어잡는 마녀가 되리라 생각했는지도 모른다.

이 시집은 4부로 나누어 시 쉰 편을 수록하였다. 제1부는 열일곱 편으로 '상록마녀'라는 부제가 붙어 있다. 제2부 이하 시 중에도 부제가 붙어 있지 않지만, 같은 부제를 달아도 전혀 불편하지 않을 시들이 대종을 이루고 있다. 제3부에는 '황진이 환생하다'라는 부제가 붙은 시 네 편이 있다. 그리고 제4부에는 고양이를 제재로 한 시가 무려 일곱 편이 있다. 이 시집은 상록마녀와 황진이, 그리고 고양이를 제외하면 낙수落穗가 별로 없다.

마녀의 사랑

마녀도 사람이다. 그녀도 유년의 강을 건너 꿈 많은 소녀 시절이 있었고, 짝을 만나 신혼의 단꿈에 젖었던 때가 있었다. 마녀가 되기 전에는 일상의 행복을 꿈꾸던 평범한 여자였다. 그러나 아이 둘을 데리고 홀어미 몸으로 세상 풍파를 헤쳐 나가는 것이 결코 쉬운 일이 아니었다. 맷돌 두 짝이 맞물려 돌아가는 틈새에 끼어 세상은 갈 곳 없는 인간들이 부대끼며 마모되는 곳이었다. 어찌어찌하여 무사들의 주머니 속 엽전이나 노리는, 술수에 능한 마녀가 되어 보대끼다 보니 어느덧 여성스러움도 자취를 감추었다.

아, 그런데 꽃 피는 봄이 되니 아직 꺼지지 않은 사랑의 불씨가 가슴속에서 몽실몽실 피어난다. 매정과 잇속과 술수의 고수인 마녀답지 않게 마녀의 가슴속에 맺힌 몽돌이 봄날처럼 흐물흐물해지며 그 안에서 사랑 하나가 삐죽이 머리를 내민다.

가슴엔 마귀의 소굴이 있어
쑥대밭 같은 실핏줄이 뒤엉키어 어디로 불거질지 모를 심사
오기만 가득 차 있다
어느덧 머리는 백발, 독기 점점 서릿발 같아지니 살기만 등등
손 마디마디에서 철거덕거리는 표창과 칼날들로 번개를 일으켜 사랑에 얽매인 연놈들을 칠 것이니 도포자락은 쉼 없이 돌개바람을 일으킨다
본래 사랑이란 저잣거리에서 기녀들이 부르는 찬가의 추임새였을 터

어쩌다 손 맞잡았던 내 사랑 인간들의 농간으로 무너져 내리고
서리 맞은 산국처럼 심장 파멸되어 버리고
사랑이 쌓이면 심신이 몽롱해지는 법
사랑의 온순한 마음을 배신의 구렁텅이에 밀어 넣었으니
내 열두 폭 흰 치마는 너의 피로 흥건하리라
날마다 흘리는 눈물이 너의 혈관으로 스며들리라
너는 서서히 애간장이 녹아 내 혀끝에 당도하리라.

— 「마녀의 사랑」 부분

마녀의 사랑은 여느 사랑과는 다르다. 그녀도 한때 마음속에 진실한 사랑 하나 간직했는데, 그것이 "인간들의 농간으로 무너져 내리고 서리 맞은 산국처럼 심장 파멸되어 버리고" 말았다. 이 시적 표현으로는 그것의 구체적인 모습이 어떠했는지 선명치 않으나, 이로 인하여 마녀가 '배신의 사랑법'을 몸에 익힌 것이 분명하다. 마녀는 사랑 가지고 장난치지 않는다. "사랑이 쌓이면 심신이 몽롱해지는 법"이어서 생각 없이 응대할 뿐이다. 우선 네가 내 앞에 구애의 눈물을 흘리며 무릎을 꿇을 때까지 최대한 매정하라. 그리고 마음속으로 너에 대한 증오를 키워라. "사랑타령이라는 것은 저잣거리 기녀들의 추임새에 불과한 것"이라 조금이라도 마음을 열어서는 안 된다. 마침내 네가 항복의 눈물을 흘리며 나의 치마폭에 안길 때, 배신의 구렁텅이에 밀어 넣어라. 마치 사마귀가 교미 중에 암컷이 수컷의 목을 우적우적 씹듯이 절정의 순간을 배신으로 마무리하라. 이것이 마녀의 사랑법이다. 이 마녀의 치명적인 비술에 녹아나지 않을 자 그 누구인가.

그러나 이것이 진실로 마녀의 사랑은 아니다. 그녀가 이 같은 치명적인 사랑법으로 무장한 것은 실로 연약한 여성이기에 뭇 남성의 추파와 유혹과 구애로부터 자신과 두 새끼와 객잔을 지키기 위하여 짐짓 냉정함을 가장하고 있음을 여타의 시편을 보면 금세 눈치챌 수 있다. 그렇다면 그녀가 가슴에 품고 있는, 진짜 마녀의 사랑은 어떤 모습일까?

마녀의 사랑에 순정이 있다고 생각지 마라
캥거루처럼 마녀의 배에 붙어 피나 빨아 먹을 양이면
당연히 너를 단칼에 베어 버릴 것이다
너의 오장육부를 질근거리며
피 묻은 혓바닥을 날름거려야 하니까
사랑한다는 말을 수백 번 내뱉어도 결코
마녀는 사랑한다는 말을 내뱉지 않는 사랑의 책임
다할 수 없다는 것을 알기 때문
그러므로 마녀를 다그치지 마라

사랑은 말로 내뱉는 것이 아니다
신뢰를 주는 것 지구 저편에 있어도
너의 숨결 곁에 있음을 느끼는 것
그럴 때마다 사랑 앞에 고개 숙여지고

사랑은 고무줄놀이 같은 것
맞잡은 인연의 줄이 느슨하지도 팽팽하지도 않게
시소놀이 즐기는 아이 되어 백색 오선지 위를 뛰어놀아
젖을 보채는 아이처럼 사랑에 궁핍해 하던 당신아!
목마른 자에게 물을 주는 것이 꼭 사랑이더냐
내 가슴 샘물 퍼내기 위하여 뜨거운 심장에 푸른 씨앗 하나 심어라

그리고 포복하라

마녀의 가슴이 사랑에 담기면 배란기의 암고양이처럼
손발톱의 날이 예리해짐을 모르진 않겠지?

—「그리고, 쓸쓸한」 전문

마녀가 가슴에 담고 있는 사랑은, 적어도 사랑 자가 붙으려면 이 정도는 되어야 한다. 첫째, 사랑은 책임을 다하는 것이다. 둘째, 사랑은 신뢰를 주는 것이다. 마지막으로 사랑은 고무줄놀이와 같은 것이다. 너무 느슨하지도 팽팽하지도 않게 인연의 줄을 당겨야 한다. 이 얼마나 고루하고, 지극히 보수적인가. 이 유치찬란한 조건을 몸에 두른다는 것이 얼마나 마녀답지 못한가. 마녀는 객잔 주변의 바람난 암고양이들과 허세 부리는 남자 검객들 사이의 체하는 사랑놀이를 볼작시면 "손 마디마디에서 철거덕거리는 표창과 칼날들로 번개를 일으켜 사랑에 얽매인 연놈들을 칠 것"이라고 말한다. 젊음은 쉬 지나가고 사랑은 폐허로 남는다.

이와 같은 마녀의 사랑에 비추어 볼 때, "흥행도 없는 신종 블루스, 검은 도륙의 로맨스 스캠(신종 사기)"에 속을 뻔한 사랑이라든가(시 「신종 블루스」), 객잔 안에서 말초신경을 자극하는, 헬리코박터를 주고받는 즉흥적인 사랑이라든가(시 「청춘비디오」), 이별 하나 정히 끝내지 못하고 눈물을 질질 짜다가 금방 새로운 남자에게 웃음꽃을 피우는 헤픈 사랑(시 「울고 있는 여자」)은 사랑이 아니다. 검객들의 섹시한 검법,

장력, 허리 돌리기 검법, 봉건적 검법 들이 마녀의 돌려차기 한 방에 추풍낙엽처럼 나가떨어진다.

그러나 마녀는 이제 젊은 날의 요염하고 교태로운, 암수暗數를 서슴없이 날리던, 독기 충만하고 활달한 '용문객잔'의 금양옥이 아니다. 시 「마녀되기」를 보면, 그녀가 여자의 몸으로 상록객잔을 지키기 위하여 매일 22구공탄을 갈고, "생피의 붉은 잡고기나 썰며 깜도 안 되는 서툰 시 나부랭이나 지으니 고행의 늪 구렁텅이는 끝이 보이지 않는다"라고 고백한다. 일상의 피로도 피로지만 객잔에서 숱한 검객들과 대결하여 살아남기가 날이 갈수록 버겁게 느껴진다. 백전노장의 고수라는 말은 듣기 좋게 추겨주는 말일 뿐, 세월이 흐를수록 마음속에 품고 있는 진정한 사랑에 대한 간절한 그리움, 기다림, 그리고 절망감으로 물을 만나지 못한 꽃과 나무는 시들어간다. 진실한 사랑 하나가 가슴에 몽돌이 되어(시 「사랑 그 후」), 이제 사랑의 열기마저 가시고 욕심과 욕망으로 배를 불린 허구의 뱃속을 비우고 에움길로 해서 천천히 돌아가는(시 「저승사자」), 본연의 시간으로 다가가는 모습을 마녀에게서 볼 수 있다.

황진이가 가는 길

시집에 황진이와 관련된 시가 네 편이 있다. 이들은 모두 '황진이 환생하다'를 부제로 달고 있다. 조선 제일의 기녀이자 시조 여섯으로 정점을 찍었던, 이 땅의 페미니즘 원조 격인 여장부 황진이가 이 세상에 환생했다면 어떤 길을 걸었을까? 불행히도 이 주제에 대해서 시인은 그리 친절하지 못하다.

황진이와 상록객잔의 여자들과의 상관관계는 이렇다. 황진이와 여자 검객들은 남자 검객에 의지하여 살아가는 존재다. 황진이와 마녀는 시인이라는 점에서 같다. 황진이든 마녀든 여자 검객이든 이들의 공통점은 모두 길 위의 여자라는 점이다.

길이 한 여자를 끌고 간다.
옛 에움길에 찍혔을 짚신 발자국과 엉켰다.
길은 시간을 거스르는 현재의 여자를 놓지 않는다.
온종일 건널목을 가로지르며 발자국을 찍는다.
지난 옛 세월에 먼지 낀 치맛자락을
고을과 고을 사이로 끌고 다녔을 황진이인 양,
저 여자는 차가운 보도블록 위를 날마다 돌고 돈다.
그 옛날 방황하던 습관이 여자의 혈관에 새겨져 있다.

길이 길을 품고 흘러간다.
마음 편히 가라. 쉬엄쉬엄 가라. 꽃길을 열어 준다.
진이가 말한다. 흘러가는 길에서 살고 싶다고,
여자의 발자국이 꽃이 되어 피어오른다.
선홍빛 끓어 넘치던 그리운 님을 찾아,
또 한 겹 에움길을 돌아가고 있다.

—「꽃비가 흐르는 길」 부분

이 시에서 황진이가 짚신을 신고 가던 길을, 세월을 격하여, 현세의 한 여자가 걷고 있다. 길은 길로 이어지고, 그 길 위에는 꽃비가 내리고, 여자의 발자국은 꽃이 되고, 선홍빛 끓어 넘치는 그리운 임을 찾아 또 한 겹 에움길을 돌아가고 있다.

사람은 길에서 태어나 길에서 죽는다. 한 사람의 생은 그가 걸었던 길로 드러난다. 길은 어디에서 출발하여 어디를 거쳐 어디로 가게 마련이고, 과거에서 출발하여 현재에 이르고 미래를 향해 뻗어 있을 뿐이다. 가슴속에 그리움을 품은 이는 황진이의 시조 「冬至ㅅ달 기나긴 밤을」에 나오는 어룬님(정든 님)을 찾아 길을 떠난다. 그 길에는 바람이 불고, 꽃비가 내린다. 정처 없이 걷노라면 길은 아득하기만 하고, 이제는 길 자체가 목적이 된다. 황진이는 시조 「청산리 벽계수야」에서 왕족인 벽계수를 유혹하며 "一到滄海하면 도라오기 어려우니"라고 읊었다. 그렇다, 세인의 길은 일도창해다. 한 번 푸른 바다에 도달하면 다시 오기 어려운 외길이다. 그러나 진이가 가는 길은 다분히 종착지가 있는 길이 아니라, 관념 속으로 나 있는 길이기에 끝이 없다. 영원한 사랑의 길이다.

시 「MP3 귀에 꽂고」를 보면, 황진이는 그리움을 거문고 산조로 풀어내는데, 현세에 환생한 황진이는 힙합에 MP3를 귀에 꽂고 있다. 둘 다 가락에 취해, 어룬님을 향한 그리움에 젖어, 몇 백 년이 흘러도 사라지지 않는 추억 하나 붙들고 길 위에 서 있다. 마음속의 어룬님을 찾아가는 여인은 제아무리 뭇 남성이 희롱대는 기방이거나 살벌하고 삭막한 상록객잔일지라도 마음속에 오롯이 어룬님이 새겨져 있어 어떤 유혹에도, 어떤 고난에도 견디는 것이다. 오히려 밖의 고난이 안의 기쁨으로 화한다.

이런 사랑의 혹독함이 있기에 마녀는 현세의 여성들에 대해 개탄을 금치 못한다. 시 「화장실에 버려진 풍선」을 보면, 객잔 주변의 여자 검객들이 "인생을 쾌락으로만 즐기면 노도에 휩쓸리는 해초처럼 된다 했거늘 술잔 부딪치다 눈 맞아 화장실에서 聖水를 뱉다" 놓은 콘돔 하나 버려져 있다. "여자에게 몸이란 소중한 소통의 대상"이고, "여자란 절개를 지키는 것"이 그 길의 출발선이란 것을 깨닫지 못한 현세의 성 풍속도에 대해 "똥깐 베이비붐이 일어날지도 모르는 시절"이라고 울분을 토하는 목소리는 황진이인가, 마녀인가, 화자인가, 시인인가.

고양이의 생존법

이 시집에서 마녀를 비롯한 객잔에 들락거리는 검객들 외에 살아 있는 생명체는 고양이가 유일하다. 꽃과 나무가 설혹 나오더라도 보통명사로 한두 번 어디까지나 보조적이지 고유명사로 이름을 달고 있지 않다. 마치 실험극의 극히 단조로운 무대 장치와도 같다. 원 텍스트인 영화 '용문객잔'에서도 객잔 밖은 풀 한 포기 나무 한 그루 살 수 없는 삭막한 죽음의 땅, 사막이라는 점을 고려한다면, 인간의 욕망이 좌충우돌하는 상록객잔 역시 상록수 한 그루 없는 척박한 공간적 배경이라는 점은 충분히 일리가 있다. 그런데 왜 객잔 안에서, 빛이 들어가지 못한 벽 틈바구니 어둠 속에서, 가끔 고양이 울음소리가 새어 나오는 것일까? 왜 마녀는 유독 야생 고양이에게 밥을 챙겨주고, 아프면 돌봐 주고, 추위에 떨다 굶어 죽으면 애통해하는 것일까?

차 밑바닥에서 쉬고 있던 고양이
출발하려는 바퀴에 두 눈을 다치곤 웅크리고만 있었다
물을 줘도 고기 조각 사료를 불려 내놔도
십여 일을 먹지 않았다 병원에 안고 가
링거에 항생제에 늦은 수선을 떨었지만
때를 놓쳐버린 두 눈에선 고름만 흘렀다
축축한 눈 밑엔 구더기가 바글거렸다

(…)

한 여자가 자살했다
사랑의 불협화는 불이 되었고 목 매달은 주검이 되었다
그녀가 죽음을 선택하였듯 죽음도 그녀를 선택했던 것
죽어서도 여자는 짙은 마스카라의 검은 눈물을 흘리고 있었다고

불이 난 지 한 달이 되어 갈 때쯤
털 불에 다 그을리고 뼈와 가죽뿐인 새끼 고양이 한 마리
바들바들거리며 내 집 앞으로 다가왔다
열린 안으로 들어와 구석에 힘없이 주저앉았다 다음 날
눈물 주르르 흐른 채 죽어 있었다

—「고양이도 자살한다고 했다」 부분

객잔 주변에 고양이가 서식하고 있다. 고양이는 한겨울에도 다른 곳으로 이동하지 않고 일정 구역을 맴돈다. 언 살점이라도 먹으려고 쓰레기봉투를 찢어발기기도 하고, 생존이 극에 달하면 매정한 어미가 새끼들을 버리고 떠난다. 엄마 잃은 새끼 고양이는 두려움에 떨며 객점 안 어두컴컴한 구석이나 벽 틈새 같은 곳으로 파고들어 안식처를 구한다. 새끼 고양이가 건물 5층 난간에서 추락하기도 하고, 송이송이 봄꽃을 피워내며 모진 겨울 추위를 이기고 돌아오기도 한다.

위의 인용 시에서 고양이 한 마리가 차바퀴에 깔려 두 눈을 다쳤다. 다친 고양이를 마녀가 수의과 병원에 데려가 링거에 항생제를 맞혔지만, 끝내 눈물을 주르르 흘린 채 죽었다. 살아 있는 것에 대해 연민의 정이 대단한 마녀다. 요즘 세상에 누가 자기 집고양이가 아니라 야생 고양이에게 밥을 주고, 다치면 병원 데려가고, 죽으면 울어주는가? 모성애가 넘치는 마녀로구나 싶어 손뼉 치고 끝낸다면 읽는 이도 그리 부담스럽지 않겠다.

그런데 인용 시의 둘째 연이 생선가시가 목에 걸린 듯 켕긴다. 한 여자가 자살했다. 한 여인이 사랑의 불협화음 끝에 죽음을 선택했고, 마스카라의 검은 눈물을 흘리고 있었다고 비극을 확대하고 있다. 이 여자의 죽음이 마지막 연의 고양이의 죽음과 겹쳐진다. 이것은 고양이가 객잔 주변의 여자 검사들과 등가로 연결되는 은유라는 것이다. 이뿐만 아니다. 어미 고양이를 엄마로, 새끼 고양이를 아이로 부르고 있는 것을 대수롭지 않게 넘겼는데, 결국 고양이 이야기는 객잔 주변의 여자 검객들과 그에 딸린 어린 자식들에 관한 이야기다.

야생 고양이와 객잔 주변의 여자 검객들은 절체절명의 절박한 생존

위기에 처해 있다. 어미가 새끼 고양이를 버렸다는 것은 그들이 낳은 자식을 누구에게 맡기거나 시설로 보내거나 집에 방치하고 가출했다는 것을 의미한다. 그런가 하면 시 「엄마놀이」에서는 고양이 일가족의 아사 사건을 다루고 있는데, 생활고를 비관하여 일가족이 자살한 경우도 그리 드물지 않다. 상록객잔의 마녀는 겉으로는 냉정하고 콧물도 없는 여자로 보이지만, 안에는 뜨거운 사랑으로 객잔 주변의 뿌리 뽑힌 주변부 인생에, 또 한갓 미물에게도 이렇듯 정성을 다한다.

시집 『상록객잔』은 삭막한 세상에서 사람이 어떻게 살아야 하는가에 대한 이야기다. 아무리 세상이 각박하고 매정하고 사막과도 같이 팍팍한 곳이라 하더라도, 어김없이 이 땅 위에서 살아가야 하는 인간들은 어떤 형태로든 사랑을 품고 산다. 상록객잔의 마녀는 객잔을 찾는 검객들에게, 또는 말 못 하는 불쌍한 고양이들에게 소통의 도구인 몸으로 사랑을 실천하고 있다. 시집 『상록객잔』은 사랑의 시집이다.

큰 것은 작게 작은 것은 크게
— 오명현, 『알몸으로 내리는 비』

1.

오명현은 일상에서 시거리를 취한다. 시인은 매일매일 반복되는 삶 속에서 보고, 듣고, 느끼고, 생각하는 가운데 시적 의미를 창출한다. 그의 시가 있는 자리는 그의 구체적인 삶이다. 그의 고향이 반도 남쪽의 한 작은 농촌이라는 사실과, 그가 고향에서 성장하여 지방 도시에서 학교에 다녔고, 현재는 수도권의 한 도시에서 도시형 전원주택에서 살고(최근 그는 서울의 한 아파트로 이사했다), 인접한 수도권의 한 도시로 매일 출퇴근하고, 돌아가시기 전 장모님을 모시고 부부가 함께 살고, 집 가까이에 시집간 딸네 집이 있고, 두 외손녀의 양육을 책임지고 있다는 사실 등등이 떼려야 뗄 수 없는 그의 시의 태반이다.

그는 실제적인 사고의 소유자이다. 그는 여느 시인에게는 두려움의 대상일 수도 있는 숫자를 다루는 사람이다. 아마 그의 머릿속에는 세금 관련 법규와 고객들이 의뢰하는 숫자가 항상 출렁이고 있는지도 모른다. 숫자는 현실이다. 숫자가 터무니없이 부풀려지거나 턱없이 모자라는 상황을 그는 용납하지 않는다. 언제나 합당한 수치만이 그에게 소중한 가치로 남는다. 그러기에 그는 사람 사이의 관계에서도 균형 감각이 뛰어나다. 세상사에 관여하면서도 깊이 개입하지 않는다. 말 한마디를 해도 재치로 좌중을 곧잘 웃음바다로 만들어 분위기를 가볍게 한다. 그의 시에는 이와 같은 그의 인생철학이 고스란히 나타나게 마련이다.

여름 뙤약볕을 피한답시고
잎새 무성한 나무 밑에 차를 함부로 세울 일이 아니다
해거름에 가 보면
차 지붕에는 희검거나 푸르뎅뎅한 새똥들로
얼룩이 질 때가 있다
새똥에서 나오는 강한 산성은 페인트를 녹이고
그 아래 철판에까지 녹이 슨다
영영 지울 수 없는 얼룩이 되는 것
많은 국방예산으로
얼룩무늬 전투복을 디지털 무늬 전투복으로 바꾼들
얼룩이 디지털로 위장됐을 뿐 사라진 건 아니다
얼룩말은 얼룩을 달아도 맵시가 뛰어나고
호랑나비의 얼룩은
아무나 표절하여 이득을 취하기도 한다
월요일 점심때
새로 입고 나온 옷에 김칫국물 튀었다고 서운해하지 마시라
얼룩으로 인해 더 깨끗한 옷을 입을 수도 있다
얼룩빼기처럼
얼룩을 빼도 얼룩은 계속 남을 수도 있는 것

알고 보면 얼룩 아닌 것이 없다
나도 얼룩, 너도 얼룩, 우리는 모두 알록달록
아무리 때 빼고 광냈다고 으스대지 마시라
그대는 우주 속의 한 점, 여전히 얼룩이다

— 「얼룩」 전문

이 시는 차를 운전해 본 사람이라면 누구나 한 번쯤은 겪음 직한 이야기로 출발한다. 나무 아래 주차해 놓았더니 나무에서 진이나 새똥이 떨어져 막 세차한 차가 엉망이 되었던 경험 말이다. 이 얼룩은 지우려고 해도 잘 지워지지 않으며, 차의 강판을 부식시키기까지 한다. 또 새 옷을 입고 식당에서 음식을 먹다가 국물이 튀어 얼룩진 일도 있다. 화자는 살면서 우리가 흔히 겪는 일에서 그의 시적 사유를 전개하여, 인간이란 아무리 때 빼고 광내고 으스대어도 결국 우주 속의 한 점 얼룩에 불과하다는 성찰에 이른다. 즉 일상에서 시거리를 발견하여 시인 나름의 의미를 추궁하고 있다.

시인들은 대부분 일상에서 시거리를 찾는다. 시인은 두 발로 대지를 굳건히 딛고 일상에서 시적 사유를 모색한다. 그의 시가 실제적인 삶의 토대 위에 구축되었다는 것이 하등의 문제 될 것은 없다. 오히려 그의 시가 지극히 건강하다는 증거로 볼 수 있다. 다만, 우리가 그의 시에서 주목하는 바는, 그의 시가 현실에 갇혀 있다는 점이다. 그의 시에 나타난 유형화된 현실주의적 시각에 대해서 거론해 보자는 것이다.

그의 시는 왜 현실이라는 테두리 안에서 존재하는가? 그의 직업에서 비롯된 것인가, 아니면 성장기에 형성된 자의식의 문제인가. 그의 시의 패턴은 선경후정先景後情, 또는 선사후정先事後情과도 상통한 점이 있으나, 후정後情이 매우 인색하며, 마치 자연과학자의 사유 체계처럼 근거를 초월한 확산적 사고를 금기시하는 경향이 짙다. 그의 시는 현실의 두꺼운 외피에 싸여 실로 단단하다. 여느 시인의 시에서 흔히 만나는 영혼이라든가 꿈, 이상, 순수, 절대 등등의 단어는 그의 시에서는 복무할 수 없다. 그리움, 슬픔, 고독, 절망 등의 시어도 감히 나설 수 없다. 그는 플라톤 추종자가 아니라 아리스토텔레스에 가깝다. 우리로 치자면, 조선의 성리학자가 아니라 구한말의 기철학과 유물론자에 가깝다. 그의 기피 목록에는 형이상학적 세계는 물론이고, 정념의 일단이 피력되더라고 아주 가난뱅이의 그것처럼 내핍이 요청된다.

시인의 현실주의적 경향은 다분히 회의주의적懷疑主義的 시각과 상통한다. 회의주의자는 형이상학에 대해 불가지론의 입장에서 이를 정중히 거절하며, 자신의 확신만을 제일 근거로 삼는다. 위의 시에서 인간의 숱한 정의 가운데 화자가 택한 것은 '인간은 얼룩이다'라는 철학적 단언이다. 그는 인간을 얼룩 이상도 그 이하도 아닌 존재로 보고 있다. 왜냐하면 그가 보고, 듣고, 느끼고, 경험한 것 이상은 확신할 수 없기 때문에, 초월적이거나 사회의 거대 담론에는 극구 몸을 사리는 시가 나타난다.

시에서 이와 같은 회의주의적 시각은 화자가 시적 대상을 바라보는 관점에 의해 구축된다. 어떤 관점으로 대상을 바라보느냐에 따라 모든 시적 요소, 시의 의미는 말할 것도 없고, 시의 형식과 시어의 운용까지 결정된다. 구체적인 시 한 편을 통해 살펴보기로 하자.

아찔한 탐욕이다
일산시장一山市場 안 중앙식당
때 끼고 찌그러진 양은대야에 퍼질러 앉았다
죽어서 잠시 염천炎天에 머무는 동안
비우는 일은 까마득히 잊고
채우는 일에만 몰두하는 슬픈 중음신中陰身
탱탱하게 똬리를 틀었다
쟁이고 쟁여도 끝내 채울 수 없는
나른한 허기다

— 「순대」 전문

이 시는 사물에 대한 객관적 서술로 이루어져 있는 사물시事物詩다. 사물시는 보통 관념시와 대척되는 지점에 있다. 에즈라 파운드의 경우 주로 이미지로 사물을 붙잡으려는 경향이 있었으며, 대개 정확한 관찰을 통해 객관적인 진술을 확보한다. 시어의 극단적인 절제, 구체적인 사물의 윤곽과 완결성을 지향하는 사물시는, 그 자체가 하나의 독립된 사물이 되는 것을 추구한다. 에즈라 파운드, 릴케, 한국의 김춘수도 한때 이런 시를 썼다. 시 속에서 시적 자아는 뒤로 물러나 있고, 사물이 주체 자리에서 엄격히 객관적인 모습으로 그려진다.

이 시 역시 일상에서 시의 소재를 취하였다. 일산시장 중앙식당의 좌판 위에 놓인 순대 그 자체를 시적 대상으로 하여 주관적인 틈입을 억제하며 객관적으로 그리고 있다. 이 시는 사물 자체인 순대가 독립된 사물이 되는 것을 추구하고 있다. 이 시에 드러난 정서의 일단을 보이는 '아찔한', '슬픈', '나른한'이란 형용사들은 모두 화자가 아니라 사물 그 자체, 이 시의 주체인 순대가 품고 있는 감정 상태이다. 또한 '탐욕'과 '허기'라는 구체성이 부족한 명사화된 욕망도 화자가 아니라 순대가 표상하는 언어다. 이 시에서 우리가 주목할 점은 시적 대상에 대한 화자의 날카로운 시선이다. 화자가 순대를 바라보는 시선에는 팽팽한 긴장감이 서려 있다. 대상에 매몰되지 않으려는 처절한 객관적 시각이다.

2.

오명현의 시는 화자가 시적 대상과 눈높이를 맞추려는 경향이 있다. 시적 대상과 대등한 관계를 이루기 위해서는 열등한 존재인 시적 대상을 확대할 필요가 있으며, 반대로 화자를 축소한다. 그 과정에서 벌어지는 일련의 의식이나 행동이 악의 없는 웃음을 유발한다. 구체적인 시 한 편을 보기로 하자.

그의 스텝은 현란하다
언뜻 보기엔 대수롭잖지만
펀치를 교묘히 피해 다닌다
스텝만이 아니다, 스텝만이라면
내 발놀림도 빠르기로는 만만찮거든
핵심은 허릿심에도 있었을 거야
덥고 습한 날씨 때문에 게으름을 좀 피웠더니

그는 허리 근육 강화 훈련에 매진했었나 보다
민방공 훈련 때 터득한
화학전에 쓰이는 연막을 피워
그를 일거에 눕힐 수도 있고
숱하게 교통법규를 어기는 일로 이골이 나 있기는 하지만
상대가 특정된 경기에 나서면
왠지 반칙이 싫다
잽jab으로 여러 번의 공격을 막아내기는 했어도
결국 몇 방의 정타는 허용하고 말았다
그의 입이 비뚤어진다는 처서인데
스텝은 흐트러짐 없고
웬걸, 음성은 더욱 또랑또랑하다
밤샘 추격으로 내 체력은 바닥나고
특히 쌍꺼풀의 골은 더욱 깊다
오늘 밤 다시 도전이 받아들여지면
충분히 휴식하고 마음 가다듬은 뒤
힘써 싸워 볼 일이다

— 「결투決鬪」 전문

모기가 기승을 부리는 모양이다. 모기와 관련해서, 이 시 외에도 시 「수렴청정垂簾淸靜」에서도 모기와 일전을 벌이고 있으니, 여름철 모기는 인간에게 박멸의 대상임이 분명하다. 다른 것은 몰라도 인간의 피를

빤다는 자체만으로 그 존재를 인정받기 힘들다. 그런데 이 시에서는 모기와 화자의 관계가 라이벌 쟁탈전을 벌이는 권투 선수처럼 설정되어 있다. 발놀림이 빠르다, 허리 근육을 강화했다, 스텝이 흐트러짐이 없고 음성이 더욱 또랑또랑하다는 등 대상을 의인화하여 확대하고 있다. 반면 화자는 스스로 자신의 발놀림도 빠르기가 만만찮다, 몇 방의 정타를 허용했다, 밤샘 추격으로 체력이 바닥나고 쌍꺼풀의 골이 깊어졌다, 오늘 밤 다시 도전이 받아들여지면 충분히 휴식을 취하고 마음을 가다듬은 뒤 힘써 싸워볼 일이라고 하면서 자기 자신을 상대에 맞게 축소하고 있다. 원래 결투란 1:1 대등한 관계에서 벌어지는 목숨을 건 게임이다. 이 시는 독자에게 악의 없는 웃음을 선사한다. 마치 풍차를 물리쳐야 할 거인이라고 여기고 로시난테를 타고 돌진한다든가, 싸구려 여관의 여급을 둘시아네 공주로 착각하는 돈키호테 데 라만차의 모습이 연상되지 아니한가.

작은 것을 더 작게, 큰 것을 더 크게 하면 침소봉대針小棒大, 과장법이 된다. 이 경우 화자의 태도는 시적 대상을 경멸하거나 우러러보는 경향이 있어 대개 이기적이거나 기회주의적인 화자로 독자에게 불쾌감을 안겨줄 수도 있다. 그러나 큰 것은 작게, 작은 것은 크게 보는 시각은, 즉 열등한 대상을 우등한 존재로 격상하고, 화자 스스로 대상에 맞춰 열등한 존재로 상황을 설정하는 그의 시는 악의나 저의성이 없는 웃음을 자아낸다. 희화화의 대상에 단지 시적 대상만이 아니라 화자도 포함되는 구조라 하겠다.

한 편의 시가 왜 이와 같은 공식에 의해서 희화화되는가를 밝히는 문제는 그리 간단치만은 않다. 그가 대인 관계에서 항상 재치 있는 말로 좌중을 곧잘 웃긴다는 것만으로 해결되지 않는다. 그가 대상을 희화화하고 좌중을 곧잘 웃겨 분위기를 가볍게 만든다는 것은 그의 무의식에 어떤 것에 대한 두려움이 존재한다는 증거이다. 그 두려움의 정체는 무엇인가. 여기서 한 가지 확실한 것은, 그의 희화화 공식에 대입된 부풀려진 시적 대상은 무기력하거나 나약한 존재라는 것이다. 사람으로 치자면 그의 가족시에 나오는 아직 미숙한 상태인 손녀들이 이에 해당한다. 뒤에 그의 가족시에서 살펴보겠지만, 성장기 가족 구성원 간의 역학관계에서 영향을 받았으리라 짐작할 수 있다. 이해할 수는 없으나 인정할 수밖에 없었던 아버지에 대해 성인이 된 화자가 담담하게 객관적 진술로 일관하고 있다는 사실은 그의 권위에 대해 평가 절하의 의미가 담겨 있다. 반면에 어머니에 대해서는 화자가 가슴을 열고 그 존재를 받아들이는 것을 볼 수 있다. 그의 성장기의 경제적 결핍과 내핍은 권위에 대해 낮춤과 권위 없음에 대한 높임을 더욱더 강화한 측면이 있었으리라. 그는 인정할 수 없는 권위나 무거운 분위기를 거부한다. 반면 무기력한 존재에 대해서는 한없이 감싼다. 그의 시는 하나는 깎아내리고, 하나는 추어올리며 균형을 맞춘다. 이것을 실현하는 가장 확실한 수단이 시적 대상을 희화화하는 것이다.

이처럼 시적 대상의 권위를 낮추고 나약한 존재를 확대하는 경향의 시에는, 시 「안개」, 「벚꽃길」, 「은행을 털다」, 「관음증觀淫症」, 「초겨울」, 「맥문동麥門冬」, 「작은 천국」, 「도화선導火線」, 「수렴청정垂簾淸靜」, 「K」, 「시인」, 「신神」, 「정발산공원鼎鉢山公園」, 「닦고 조이고 기름치자」, 「골목대장」, 「구둣주걱」, 「녹」, 「못」 등이 있다.

3.

오명현 시에는 가족을 다루는 시가 많다. 앞에서 잠깐 언급한 바와 같이 성장기의 아버지 기억과 관련된 시 「명포수名砲手」, 「선비論」, 「파옥破屋」이 있으며, 노년의 어머니를 대상으로 쓴 시 「틀니」, 「5천 원」, 「시시포스」가 있다. 모시고 살았던 장모님을 대상으로 시 「팬티 한 장」, 「제비꽃」이 있고, 부부 관계를 엿볼 수 있는 시 「부부夫婦」, 「공국」이 있다. 가족시에서 가장 비중을 차지하고 있는 부분은 외손녀 연호, 연재를 대상으로 쓴 시 「권력論」, 「명장論」, 「연애論」, 「뒤집다 1·2」, 「시인」, 「신神」 등이다.

가족이란 누구에게나 가장 사적인 영역이다. 피로 맺어진 가장 기본적인 관계이며, 구성원 간에 미묘한 힘의 역학이 작동되는 공간이며, 이 관계성이 확장하여 더욱 큰 관계 맺기에 작용하는 모태적 공간이다. 따라서 가장 사적인 영역에서 구성원 간의 역학관계, 관계 맺기 등은 그의 무의식의 형성, 또는 의식의 지향성에 심대한 영향을 끼치기 마련이다. 오명현 시에 가족시가 많다는 것은 그의 시가 의식의 확산보다는 수렴적인 사고의 성향이라고 보이며, 그의 사물이나 외부에 대한 객관적 시각과도 무관하지 않다. 밖의 사물이나 사람들과 관계 맺기는 언제나 부담스러운 선택적 사양인 데 비하여 운명 공동체로서 가족은 무의식적, 무선택적 관계이기 때문이다.

가족 공동체가 자신의 의지와 상관없이 맺어진 인간관계라는 점은 의심의 여지가 없으나, 그 관계에서도 구성원 간의 미묘한 역학구조와 친밀도가 나타나게 마련이다. 그의 가족시에 나타난 역학구조는 '아버지〉어머니≥나=아내≥장모〉손녀'의 순이며, 친밀도는 그 역순이다. 그의 가족시에 나타난 아버지와 어머니, 그리고 손녀들과의 관계성에 주목해 보자.

시인의 아버지는 그의 시에서 권위의 상징으로 비친다. 과거의 기억 속에 아버지는 동네 인근에서 알아주는 명포수인 듯하고, 선비 축에 드는 인사로 농촌에 살면서도 바깥일이나 집안일에 나 몰라라 하는 인물로 그려진다. 생계를 위해서 동네에 하나밖에 없는 담배 가게를 열어야 했고, 담배를 떼러 가는 일은 초등학교도 입학 전인 화자와 서너 살 위인 작은형, 어린아이 둘이서 십 리 길 고개를 넘나들어야 했다. 아버지의 포수로서 명성은 인근에선 감히 누구도 넘볼 수 없는 경지에 도달하였지만, 화자의 눈에 비친 아버지의 모습은 내면의 상처를 보듬어 안고, '호랑이를 잡아야 한다'는 의지로 자기방어를 하는, 실로 꿈속에서조차 시달리는 평범한 존재로 보인다. 아버지는 누대로 내려오는 자기 집을 지키지 못하고 파옥을 지켜보아야 했던 나약함 그 자체였다. 그 권위라는 것이 오직 가족 안에서 온전히 휘둘러졌고, 자신은 선비이기 때문에 마당에 널어놓은 고추가 소낙비에 젖어도 행감치고 시조나 읊조리면서 바깥일에서 돌아오는 모친께 비난을 쏟아부었다. 이런 아버지의 모습을 비난의 감정 없이 담담하게 객관적으로 서술하고 있다는 것은 화자와 아버지가 거리가 멀어 객관적인 시각이 가능하다는 것이며, 화자에게 아버지는 인정은 하되 이해할 수 없는 권위로 비쳐, 시 「선비論」에서는 은연중에 희화화하고 있음을 감지할 수 있다.

반면에 온갖 바깥일과 안살림을 도맡아야 했던 어머니는 화자에게 평생의 "몸에 밴 노동의 방식"으로 인식되며 "한없이 파고들었던 어머니의 무명치마"로 각인되었다. 화자에게 어머니라는 존재는 이해할 수는 있어도 인정할 수 없었던 안타까움과 무기력 자체였으며, 이것은 고스란히 화자의 의식 속에 힘의 역전 현상이라는 강한 반동으로 자리를 잡는다. 이후 인간관계에서 이 반동성은 어떤 권위에 대한 축소 내지는 희화화, 작고 힘없는 것에 대한 애착으로 나타난다.

윙크를 가르쳐 줬더니
눈꺼풀 하나 움직이는 데도 온몸을 들썩인다
연호를 보듬고 있어서
노래하는 뽀로로의 버튼을 손가락 대신 발가락으로 눌렀더니
연호는 앉아서조차도 발가락으로 버튼을 누르려 한다
손잡고 길을 가다가 안 보는 틈을 엿보아서
퉤! 하고 침을 뱉었더니
연호는 퉤퉤! 하고 침 뱉는 시늉을 한다
관음죽 곁에서 콧구멍에 손가락을 넣었다 빼더니
화분 위에서 손가락을 맞비벼서 뭔가를 털어낸다
누군가 코딱지를 후벼서 화분에 버리는 걸 보았나 보다
아빠 아니면 할아버지의 작품을 표절한 것이 틀림없다
그러던 연호가 창가에 앉아
손가락으로 무언가를 잦고 있다
평소에 즐겨 다루는
보푸라기도 머리카락도 눈에 띄지 않는 건
재료 삼을 건 햇살뿐, 아하!

아레스를 가둔 청동 그물보다 탄력이 좋은
햇살 그물을 만드는가 보다
요즘 들어 근접경호를 도맡아 하고
멀리 외출했다가도 금방 귀가할 수밖에 없는 것은
보이지 않는 연호의 그물에 갇힌 탓이다
연호는 먼 나라 먼 시대의 헤파이스토스를 만났을 리 없다

— 「명장론名匠論」 전문

시인이 부제에서 밝힌 바와 같이 외손녀 연호가 모방과 표절과 창작의 천재라는 것이다. 아이들은 어른들의 행동을 모방하고, 발전시키고, 없는 것을 만들어내면서 성장한다. 여기서 명장이란 그리스 신화에 나오는 대장장이 헤파이스토스를 빗대어 표현한 말이다. 여신 중에 가장 아름다웠던 자신의 아내 아프로디테와 전쟁의 신인 아레스와의 간통 현장을 잡기 위해 거미줄처럼 미세하지만 찢어지지 않는 청동 그물을 만들어 마침내 불륜의 현장을 덮쳤던 헤파이스토스. 손녀 연호가 햇살을 재료로 햇살 그물을 짜 자신은 물론이고 가족 모두에게 사랑의 올가미를 씌워 옴짝달싹 못하게 만들었다는, 외손녀에 대한 사랑의 고백이다.

이 시는 화자가 어린 손녀와 눈높이를 맞춘 시다. 손녀의 서사에 어김없이 적용되는, 어린 손녀를 확대하고 있는 시인의 모습을 볼 수 있다. 여리고 어린 손녀를 격상 시켜 '시인'과 '신'의 지위를 부여하는 데에 주저함이 없는 시인의 천진스러움, 또는 타자에 대한 마음 씀이 객관성이

라는 두꺼운 시각의 층을 무너뜨리며 점점 두 대상 간의 거리를 좁히고 있다. 이로부터 그의 시는 서서히 변모한다. 인간관계에서 타자로만 존재했던 다른 이의 삶을 어머니 계열의 연민으로 끌어안으며, 객관화라는 자신의 두터운 시각을 거둬들일 때 관계성이 회복된다는 사실을, 그는 손녀를 대상으로 쓴 가족시에서 실험하고 있었다. 이해와 인정의 영역을 넘어 시 「제비꽃」에 나오는 구순이 넘은 장모에게 마음 씀이라든지, 타자에 대한 관심이 가족의 범위를 뛰어넘어, 이 시집에서 가장 탁월한 시편인, 시 「목선」, 「호박」, 「맥문동麥門冬」의 세계로 확산한다.

4.

오명현의 시에서 거론할 만한 그 밖의 특징으로 다음과 같은 몇 가지 사항을 더 짚어볼 수 있겠다.

첫째, 그는 시에서 고유어와 방언을 많이 구사하고 있다. 그는 고유어와 방언을 의미심장한 곳에 유효적절하게 사용한다. 그의 어떤 초기 시는 사전이 없으면 읽어내기가 쉽지 않다. 방언이야 그가 지방의 농촌 출신이기에 몸에 달라붙어 있는 태생어라 어쩔 수 없다 하겠지만, 일상에서 쓰지 않는 고유어인 경우 그것에 대한 지속적인 관심과 이를 시어에 적극적으로 활용하려는 의지가 없으면 불가능하다. 고유어와 방언의 시어 활용은 언어적 측면에서 그의 시를 더욱 풍성히 하는 효과를 거두었다. 그러나 독자 처지에서 생각하자면 그렇지 않아도 어려운 시를 읽는데 생소한 어휘가 불쑥 튀어나와 그 흐름을 가로막는 방지 턱과도 같은 역할을 한다는 것이다. 결국 시어의 운용은 자기 시에 대한 무한 책임으로 시인의 가치 판단의 문제이다. 일상적인 구어가 아닌 사전에 나와 있는 생소한 말을 선택하여 시어를 확장할 것인가, 아니면 구어의 소통을 취할 것인가. 이점은 태생적인 방언에도 그대로 적용된다.

얼갈이로 뿌려진 꿈이었다
뺄때추니 추레한 입성으로
한데 왼데 오가다가
따비밭에 정이라고 붙였겠다
덴바람은 생각나면 물수제비뜨듯 치닫고
잣눈 녹으면 진눈 내려 햇발 뻔한 날이 없었다

— 「봄동」 부분

이 시는 다분히 자신의 시작詩作에 관한 중의적인 표현이 들어 있다. 봄이 되면 맞이할 희망에 대해서, 얼갈이의 꿈을 의미심장하게 드러내고 있는 시이다. 이 시의 문맥을 좇기 위해 시어 '얼갈이', '입성' 정도는 해독이 가능하나, 시어 '뺄때추니'. '따비밭', '덴바람', '잣눈' '진눈'은 사전의 힘을 빌리지 않고는 불가하다. 이 시의 상황이나 분위기가 꼭 농촌만은 아니다. 얼갈이로 봄동을 무쳐 먹는 정도는 꼭 농촌이 아니어도 도시 주변 주말농장이나 전원주택 텃밭의 일상이다. 결국, 이 시에 동원된 고유어나 방언은 시인의 의도적 사용이며, 시인이 이와 같은 방지 턱을 굳이 설치한 이유는, '낯설게 하기'와 비슷한 의도적인 단절 효과로 시에 일방적인 흐름을 잠시 차단함으로써 생소하면서도 객관적 시각의 확보 차원이 아닌가 생각된다.

둘째, 역시 시어 운용 면에서 동음이의어 활용에 매우 능숙하다. 구체적으로 적시하자면, 시 「은행을 털다」에서 은행이 은행나무의 열매이자 돈을 맡아 관리하는 곳이다. 이 둘의 의미를 재치 있게 활용하여 시를 전개해 나간다. 시 「맥문동麥門冬」에서 식물명 '맥문동麥門冬'이 글을 모르는 동네 '맹문동盲文洞'과 혼재되어 시가 전개된다. 시 「수렴청정垂簾淸靜」에서는 정치 형태인 '수렴청정垂簾聽政'과 의도적인 혼재 효과를 누리고 있다. 시 「뒤집다 · 2」에서 몸을 뒤집는 행위가 속을 뒤집는 행위로 시가 전개된다. 시 「더듬다」에서 촉각적인 더듬는 행위를 시작에서 언어를 모색하는 행위로 전이 시켜 시를 전개하고 있다. 위의 예에서 보다시피 동음이의어를 단순한 언어유희뿐만 아니라 시를 전개해 나가는 수법으로 활용하고 있어, 시인의 빼어난 언어 감각을 엿볼 수 있다.

끝으로 수사적인 측면에서 그의 시는 환유와 제유법을 적극적으로 활용하고 있다. 시에서 환유법은 그 비유가 사회적, 역사적, 문화적 맥락에서 활용되는 방식으로, 관습적이거나 상투적인 성격을 갖게 되어 저급하거나 초보적인 비유라는 평가를 많이 받는다. 환유가 경제적인 비유에 속하기 때문이다. 반면에 제유법은 부분과 전체와의 관계, 전체와 부분과의 관계, 만들어진 물건과 재료와의 관계, 원인과 결과와의 관계, 유와 종의 관계를 밝히는 수사법이다. 제유법은 전체 속에 내포된 어떤 특성을 표시하는 작용을 통해서 현상을 규정한다. 그런데 여기서 한 가지 유념해야 할 사항은 시인이 어떤 수사법을 주로 사용한다는 것은 그 수사법과 동일한 사유체계가 내장되어 있다는 것을 부여한다는 점이다. 즉, 환유적 사고에서 환유법이, 제유적 사유에서 제유법이

출현한다.

환유적인 사고에 의해서 쓴 시 「닦고 조이고 기름치자」, 「교외선」, 「은행을 털다」, 「관음증觀淫症」, 「선비論」, 「보릿동」, 「물」, 「망월동」 등은 그 제목만으로도 그 의미가 사회적, 문화적, 역사적으로 규명되어 있음을 짐작할 수 있다. 결국 환유적인 사고에서의 시인의 작업은 환원적일 수밖에 없다.

그러나 동아시아적 생명 시학과 연을 맺고 있는 제유적 사유 방식은 시적 사고를 무한히 확장해 나가는 훌륭한 도구임이 여러 전문가에 의해서 규명되었다. 오명현의 시에도 성공적인 시편이 이 제유적 사유에 의해서 쓰인다.

> 새로 난 큰길에 밀려 더욱 구부러진 길
>
> 다들 떠난 길, 종업원 하나 없이 국밥집을 지키는 아주머니가 홀로 늙어가는 길
>
> 대낮에는 봄밤을 밝혔던 벚꽃들이 까닭 없이 지는 길
>
> 큰길에 차가 밀리는 주말에는 몸살을 앓는 길, 밤새 뒤치는 길
>
> 가을에는 잎 지고 가지만 남은 왕벚나무를 닮아가는 길

외로움을 타는 남자와 여자가 하나 되어 걷는 길

겨울에는 바람을 덮고 깊은 잠에 드는 길

—「뒷길」 전문

이 시는 제유적 사유에 의해 시상을 전개해 나가는 좋은 예다. 길에는 여러 가지가 있다. 그 종개념으로 시인이 택한 것은 '큰길'이 아니라 '뒷길'이다. 뒷길의 종개념을 닦달하는 과정이 이 시다. 시인이 뒷길에 특히 애착을 보이는 것은 앞에서 거론한 어머니 계열에 속한 것이기 때문이 아닌가 생각된다. 이 시는 '-ㄴ(은, 는) 길'을 종결어미를 생략하고 각 행의 맨 뒤에 배치함으로써 시의 운율(각운) 효과를 고려하고 있으며, 이 시에 나와 있는 길 외에도 얼마든지 뒷길의 의미는 확장될 수 있다. 이점이 환원적인 환유의 사고와 제유적 사유의 근본적인 차이점이다. 환원적 사고로 이 시를 썼다면 뒷길이 안고 있는 사회적, 역사적, 문화적, 역사적 맥락 안에서 그 의미 규명으로 시상이 마무리될 수밖에 없으나, 제유적 사유는 무한 확장이 가능한 사고방식인 것이다. 이 시집에서 제유적 사유가 시 「달밤」, 「알몸으로 맞는 비」, 「작은 천국」, 「배추 겉잎」, 「뒤집다 1·2」, 「산책」, 「더듬다」 등에 나타난다.

이상 오명현 시집 「알몸으로 내리는 비」에 나타난 시의 특질을 대략 살펴보았다. 그의 시는 회의주의적인 불가지론에서 비롯된 객관적 시각으로 현실주의적 입장을 견지하고 있으며, 작은 것을 크게 확대하여 눈높이를 맞추려는 균형 감각에서 비롯된 대상에 대한 희화화가 자칫 무미건조할 수 있는 그의 시에 윤활유와 같은 역할을 하고 있다. 또한 그의 시는 가장 사적인 공간인 가정사에서 밖의 세계로 확산해가고 있으며, 의도적인 고유어와 방언을 사용하여 시어를 확장하고, 동음이의를 활용하여 시상을 전개해 나가고, 환유적인 시 세계만이 아니라 제유적인 사유에 의해서 시를 쓰고 있다. 이 밖에도 거론하지 못했지만 운율을 고려하고 있다든지, 주로 문장 단위의 행갈이가 많다는 점 등이 그의 시에 나타난 특징이다.

대개 첫 시집이 그러하듯이, 십수 년의 노작들을 한데 모아놓으니 시인이 그간 실험했던 다양한 경향의 시들이 이 시집에 수록되어 있다. 어떤 시는 기존 시를 모범으로 자신의 시어를 다듬다 보니 시인의 목소리가 뚜렷하게 드러나지 않은 작품도 없지는 않다. 그러나 대부분 시인만의 옷을 입고 있는 듯 남과 구별되는 개성적인 시들이다. 그는 첫 시집을 내면서 '시인의 말'에서 이 시집을 가리켜 "자기 속내를 드러내는 서툰 솜씨의 집 한 채"라고 겸손하게 밝히고 있다. 그러나 이 시집은 시 「늦꽃」에 나와 있는, "제때 피는 꽃들 다 지고 난 한참 뒤에/ 홀로 피어서/ 불 한 번 질러 보는 꽃"이거나, "아들딸 다 키웠으니 무서울 게 뭐 있느냐면서/ 바람 부는 날/ 담대하게 집을 나서는" 아름다운 늦꽃이다. 이쯤에서 성경에 나온 "그대의 처음은 담대했다. 나중은 더욱더 창대하리라"라는 닳고 닳은 언사를 약간 비틀어 나의 역할을 다하고자 한다. 큰 시인으로 거듭나기를 기원한다.

기억과 풍경
– 윤순호, 『빗방울은 사선으로 튄다』

시회詩會에서 내가 형이라고 부르는 시인은 몇 안 되는데, 청구淸丘 형은 연치가 나의 둘째 형쯤 되는 분으로 무의식중에 나의 입에서 저 남도의 사투리가 불쑥 튀어나오면 몹시 호감을 표한다. 나와는 아랫녘 이웃 군郡 출신으로 정서가 비슷하여 평소 터놓고 지내는 사이다. 그런 형이 만년에 등단하여 드디어 첫 시집을 내게 되었다. 형의 시집 원고를 뺏다시피 하여 읽는 도중에도 서너 번 전화한다. 아우에게 폐를 끼쳐 미안하다는 말과 함께 자신의 시가 요즘 시보다 뒤진다는 낮은 자존감을 내비치나 나에게는 지나친 겸사謙辭로 들린다. 내가 접한 형의 시는 남다를 뿐이지 결코 수준이 낮지 않다. 형의 시에는 그만의 독특한 시의 세계가 있다.

그의 작품 세계는 크게 둘로 구분된다. 이 둘은 시간상으로 과거와 현재, 즉 어린 시절 고향 농촌에서 보냈던 기억의 시편과 그곳을 떠나 도시에 살면서 주변 풍경을 그린 시편이다. 이 둘의 관계를 기계적인 방식으로 규명할 수는 없으나, 과거의 기억이 현재의 삶에 깔려 있음이 분명하다. 도시 주변부를 절제 미학으로 그린 시의 저변에는 기억 속의 풍경이 자리잡고 있다.

이 둘의 관계에 대해 시 「동창회」에서 비유적으로 암시하고 있다. 검버섯 나이에 시골에서 함께 자란 초등학교 동창들이 대부도로 관광버스를 타고 동창회에 간 듯하다. 동창회라는 것이 추억으로 하나가 되는 것인데, 행사를 마치고 서로 버스 이별을 하면서 눈매가 그렁그렁하다는 표현과 함께 "갈라 논 민물과 바닷물도/ 닿을 듯 닿을 듯 애를 태우고/ 시퍼렇게 출렁이는 발싸심만 둑에 닿는다"라고 맺고 있다. 여기서 발싸심이란 어떤 일을 하고 싶어서 안절부절못하고 들먹거리며 애를 쓰는 짓을 비유적으로 이르는 말이다. 아마 대부도에 민물과 바닷물을 갈라놓은 제방이 있어 양쪽의 물이 출렁대는 것을 서로 닿으려고 몸부림치고 있는 모습으로 비유한 듯하다. 민물과 바닷물이 그리움으로 몸부림치는 것, 기억과 풍경 사이에서 무한한 그리움과 안타까움이 요동치고 있어, 시인의 내면에 출렁이고 있음을 볼 수 있다.

시인의 작품을 기억의 시편과 현재의 시편으로 나누어 그 그리움의 속사정이 무엇인지 살펴보기로 하자.

기억의 시편들

누구에게나 아득하게 떠나온 고향이 있다. '그대 다시는 고향에 가지 못하리'라는 소설 제목이 있듯이 한번 떠나온 고향은 그 시절 그대로 박제되어 우리를 기다리고 있는 것이 아니라, 사람들의 기억 속에만 고스란히 남아 있기에 그 누구도 시간을 거슬러 그곳에 갈 수 없다. 시인의 기억 속의 고향은 어떤 모습일까?

거나한 상사소리가
망초꽃 아름 안고 황소 등을 탄
만도리 풍장을 기억하시지요?
세 벌 지심 끝나는 날
두레패 질펀한 풍물놀이는
닭죽 쑤고 농주 또한 넘쳐났지요

바람이 훑고 간 쪽빛 하늘이
끝없이 높아지면
대추가 탱글탱글 빛깔을 바꾸지요
그럴수록 늘어나는 품앗이꾼들
새참 끼니 챙기느라
누님은 눈코 뜰 새 없었고요

기러기도 속절없이 얼어 우는 긴 밤을
웃풍 시린 호롱불 에우고
누님들은 밤새워 수를 놓았지요
길게 땋은 머리로
무구덩이 소복한 새벽 눈 헤집는
동그란 등을 어찌 잊을까요

— 「누님 전 상서」 부분

시인의 기억 속의 고향은 비록 삶의 고단함이 묻어나지만, 갈등의 양상은 보이지 않는다. 기억은 세월의 부침에 모나고 예리한 것들은 죄다 무뎌지고, 마모되어 그립고 아련한 것만 남는다. 이 시에서도 벌판에는 세 벌 매기 풍물이 울려 퍼지고, 새참으로 닭죽에 농주가 넘치고, 대추가 탱글탱글 익어가는 집에는 누이가 새참 준비에 정신이 없고, 밤이면 호롱불 에우고 누님들이 밤새워 수를 놓고, 곁에서 어린 시절 화자는 졸음 겨운 눈으로 수틀의 수를 좇고, 겨울 눈 내린 밤이면 무구덩이를 헤치고 저장 무를 꺼내 한 입 깨물었을 때 물기 머금은 상큼한 차가움이 입안에 쏴 하니 번지던 몸의 기억으로 고향은 남아 있다. 원래 시인이란 남들이 보기에 지난날의 쓸데없는 것만 잔뜩 기억하고 있는 사람인지도 모른다. 그 누구도 꺼내지 않는 어린 날의 기억들, 이제 부모님도 다 돌아가시고, 누님도 노인이 되었는데, 화자는 아직도 누님의 수틀을 지켜보던 아련한 그 시절로 우리를 초대한다.

과거의 기억 시편에서 많은 부분을 차지하고 있는 것은 가족사다. 고향 하면 제일 먼저 떠오르는 것은 부모님이다. 고향에서 태어나 평생 소처럼 일만 하시다가 고향에 묻힌 아버지, 잘난 것도 없는 지아비 의지하여 아들딸 줄기차게 낳아 키우고, 온갖 집안일에 밭일을 도맡아 하셨던 헤진 삼베 적삼 같은 어머니, 그런 부모님이 있었기에 오늘날 자식들이 이만큼 성장하여 대처에 나가 사람구실 하는 것이 아니겠는가. 시인은 그런 아버지와 어머니를 마음속에 눈물로 그리며 겉으로는 담담하게 복원시키고 있다. 그 시절 우리 농촌은 아무리 무지렁이로 살더라도 사람 사는 도리는 잊지 않았다. 인간사 흥겨운 잔치 마당에는 그 비싼 홍어를 상에 올렸다. 온 식구가 도리반상에 둘러앉아 밥을 먹더라도 집

안의 어른인 할머니와 어린 손자는 겸상하여 입에 맞는 찬을 한두 가지 갖추어 올리는 가풍이 있었다.

이 기억의 시편은 고향 이야기로, 아버지에 대한 기억은 시 「기침」, 「내력」, 「여름」, 「가을비」 등에 나타나며, 어머니의 기억은 시 「날개」, 「쌍가락지」, 「콩밭」, 「어머니의 노래」 등이다. 할머니에 대한 기억으로 시 「낙관落款」, 「나들이」가, 형제간의 우애 시편에는 시 「택배」, 「형」 등이, 삼촌의 기억으로 시 「칠월」이 있다. 가족이나 다름없는 이웃이나 공동체에 관한 기억으로 시 「신월리에 가면」, 「시궁창」, 「꽃봉이」, 「미나리꽝집 연가」, 「꽃징이 빈집」, 「성애」, 「청맹과니」, 「폭우」 등이 있다. 이 밖에도 이성에 눈을 뜨는 시점에서 누님의 기억은 시 「밤마실」, 「덧니」에, 이성에 대한 관심은 시 「해영아!」, 「꽃봉이」, 「소식」, 「짝사랑」으로 그렸다. 이들 가운데 시 한 편을 보기로 한다.

길섶 해당화가 환하게 웃는
해맑은 5월이어요
간밤 내내
눈에 밟힌 흰 얼굴이 머릿속을 맴돌고
펼치는 책갈피마다
꽃잎 같은 바알간 볼이 웃었어요
오늘따라 마을로 가는 논두렁이
신작로처럼 넓고요
방죽 두던 씀바귀 꽃도 하늘하늘

노란 춤이 아름다워요
아! 저기
삘기 꽃 반짝이는 은빛 좀 보세요
햇살이 저렇게 찬란할 수가 없어요
봄볕이 아늑하게 꽂힌 저 집에
흰 수국 같은 순이 누나가 있어요
울타리엔 앵두가 방울방울 빨갛고요
대나무 그림자가 한가로이 드리운
봉창을 기웃대다 보면
눈길 다소곳한 누나가 보여요
긴 머리는 허리까지 땋아 내렸고요
까만 통치마로 책상다리 감추고
바구리 짜는 손놀림이 신비로워요
그러다가 얼핏
적삼 아래 맨살 겨드랑이라도 드러나면
화들짝, 눈 둘 곳이 없어
두근거리는 가슴은 무작정 내닫지요
초록 보리가 이삭을 낳는지
무논 황새가 징검징검 우렁을 쪼는지
한눈팔 겨를도 없이
설렌 고무신에 젖은 땀이 미끈거려요

— 「짝사랑」 부분

이 시는 예사높임 종결어미를 사용하여 친근하면서도 섬세하게 감정을 조율하면서 마음속 깊이 묻어둔 짝사랑의 기억을 환기한다. 화자가 그 시절을 회상하면서 이제는 속내를 털어놓아도 무던한 나이가 되었음을 알 수 있다. 이 시는 13행까지는 짝사랑 순이 누나를 보러 가는 전반부이고, 14행부터는 후반부로 순이 누나를 보고 난 이후이다. 순이 누나를 만나기 위해서는 설레고 부풀어 오르는 가슴을 억누르고 길섶의 해당화며, 순이 누나의 꽃잎 같은 발간 볼을 떠올리며, 씀바귀꽃의 하늘하늘 노란 춤이며, 삘기꽃 반짝이는 은빛이 마련되어야 한다. 시의 후반부, 흰 수국 같은 순이 누나를 향한 순수하고 해맑은 사랑이여! 인생의 노년기에 접어든 시인에게 이처럼 아름답고 순수한 사랑이 있었노라면 젊은 세대들은 고개를 갸우뚱할지도 모른다. 그러나 몸은 늙어가도 기억 속에는 아직도 순수하고 해맑은 사랑이 있어 한 생을 이렇게 성숙시켰노라고, 기억 속의 사랑은 갈수록 깊어가고, 추억은 힘이 세서 그 사랑의 힘으로 온갖 세파를 헤치고 왔노라고 말하리라.

시인의 기억 속의 고향은 산업화로 인해 해체되기 이전의 전형적인 농촌의 모습이다. 60년대 우리 농촌은 정치적 격변기였음에도 변화의 속도가 무척 느렸다. 시 「그곳에 가고 싶다」는 일제강점기 정지용의 '향수풍'으로 읊은 시인의 노래인데, 공동체의 삶이 고스란히 안겨 있는 전원 풍경은 시간의 흐름을 감지할 수 없다.

시인은 그 시절 고향에 대한 기억을 지방말을 적절하게 구사하여 독자가 떠나온 고향의 정경을 떠올릴 수 있도록 그 시절 농촌의 전원을 구축하는 데에 매우 공력을 기울이고 있다. 이것은 시인에게 분명 가슴 벅찬 작업임이 분명하나 겉으로는 급격한 정서의 쏠림 없이 담담하게 수행한다. 담담함은 시인의 시적 언술의 특징으로 사물에 집착하거나 감정에 치우치지 않고 독자들의 눈앞에 장면을 보여주는 방식이다. 이것은 이후 도시 주변의 풍경을 붙잡는 데에도 나타나는 그만의 시적 태도다.

도시 주변의 풍경

기억의 시편을 뒤로하고, 시간을 격하여, 고향을 떠나온 시인은 도시에 거주하며, 어느덧 자신도 도시 주변 풍경의 일원이 되어 있다. 그 기억과 풍경 사이에는 시인의 전기적 언술이 끼지 않는 한 시적으론 완벽한 공백이다. 그가 고향을 떠나 청장년 시절을 어떻게 보냈는지 구체적으로 알 수 없다. 시 한 편을 보기로 하자.

터덕거리는 신발 느슨한 혓바닥이
걸음마다 혀를 찬다
끌려가는 폐지에
헝클어진 삶이 켜켜이 접혀 있다

담벼락을 기댄 노곤한 시선이
깍지 낀 무릎을 감싸고
풀어진 놀을 붙잡아 잠시 숨을 고른다
밤 봇짐으로 별을 좇아간 며느리

행여나, 기다림이 키운 검버섯 세월이
손등에 촘촘하다
매정한 제 어미 품을
속울음으로 그리고 있을 피붙이가
총총 할미를 일으켜 세운다

땅거미가 다가와 둥근 노인을 끌고 있다

— 「황혼」 전문

도시의 거리에서 흔히 볼 수 있는 풍경이다. 노년에 생계가 막막한 할머니가 불편한 몸으로 폐휴지 수레를 끄는 장면이다. 2연에서 보면, 아들의 모습은 보이질 않고, 며느리는 피붙이를 시어머니에게 팽개치고 밤 봇짐을 싼 듯하다. 할머니를 길거리로 내몬 것은 할머니와 어린 피붙이의 죽음보다 더 무서운 생존의 절박함이다. 마지막 장면 "땅거미가 다가와 둥근 노인을 끌고 있다"라는 언술 속에 기억 속의 고향에서 기나긴 콩밭 이랑을 타시던 어머니의 뒷모습, 둥근 등과 겹쳐 보인다. 시인은 애잔한 마음을 누르면서 담담하게 밑그림을 그리고, 그림의 여백을 상상으로 메운다.

시인은 도시 주변의 삶을 독자에게 사실적으로 보여 준다. 경로당 노인들이 봄철을 당하여 거리 벚꽃 아래 도열하듯 앉아 있고, 도시 길거리의 좌판, 억새 축제의 현장, 고층 상가의 등쌀에 밀려나는 골목 가게, 홀몸인 국학원장 뷔페식당 나들이, 술집에 도열해 있는 공병들, 변두리 장례식장, 치킨집의 폐업, 종각역 부근의 노인들만 출입하는 이발소, 부부가 함께하는 수선집, 갈월동 쪽방촌 독거노인, 슈퍼 앞 파라솔 아래에서의 노년의 사랑, 고가철도 아래 닭비둘기, 새 축에도 끼지 못하는 도시의 참새, 중랑천의 산란기를 맞이한 잉어, 골목 막다른 기와집에서 나온 골동품 등을 보여준다. 이 밖에도 이 영역에 속하는 것으로 사물시의 형태를 띠고 있는 효자손, 매화, 전봇대, 의류 수거함, 선풍기, 분재 등이 등장한다.

이것들은 도시 주변의 일상적 풍경이다. 시의 대상이 황혼기를 맞이한 노인이거나 도시의 삶에서 소외되거나 낙오된, 힘없는 자들이다. 시의 대상이 사물인 경우, 특별할 것이 없는 것들이 도시나 집안의 한쪽 구석을 조용히 차지하고 있다.

왜 시인의 시선이 도시의 삶에서 소외되고 무시되는 인물이나 사물에가 닿는가? 이들은 존재의 빛을 발하는 영광의 산물이 아니라 점점 사라져갈 운명에 처한 것들로 시인이 각별하게 이들에게 애정을 쏟는 이유가 무엇인가?

나는 기억의 시편에서 그 답을 찾아야 한다고 생각한다. 가난한 고향을 갈등 없이 껴안은 시인의 포근함에 답이 있을 것으로 생각한다. 기억 속의 고향의 원만하고 포근함으로 도시 주변의 파편화된 타인의 삶을 껴안으려는 시인의 자세다.

특이한 점은 도시 주변 풍경을 바라보는 그의 시각이다. 시인은 소설로 치자면 3인칭 관찰자 시점을 유지하며 사실주의적인 시각을 견지한다. 이점이 화자의 자의식이 넘쳐나는, 사물을 화자의 시각에 의해 굴절된 모습으로 그리고 있는, 여느 현대시와는 상당한 차이를 보인다. 시인은 눈에 보이는 현상을 그대로 전달하거나 그려 보이며 약간의 정서적 반응을 짧게 피력할 뿐이다. 급기야는 다음 시와 같은 변형된 모습으로 사물로 주체를 대체한다.

종이컵이 소주를 챙겨 낚시가방을 꾸렸다

날밤을 시조始釣로 택한 것은 꼭두새벽 월척의 시장기를 기대하기 때문이다

별이 이슥해서 으슬으슬 밤공기를 데우느라 소주가 생라면을 으스러뜨렸다

일출이 안개 양탄자를 깔 때까지 월척은 응답이 없음으로 시조는 빈 구럭만 챙겼을 뿐이다

남은 지렁이가 추위를 돌돌 말아 낙엽 속으로 길 때 취기가 흐물흐물한 컵은 거꾸로 처박혔다

월척을 만나지 못한 종이컵이 버드나무 아래서 길을 잃은 것

흘린 라면 부스러기가 새들을 낚고 있다

— 「낚시」 전문

이 시는 낚시터 풍경이다. 날밤을 꼬박 새웠으나 고기는 한 마리도 잡지 못하고 허탕을 쳤다. 그런데 이 시는 첫 연부터 통상적인 문법과는 이질적이다. 낚시 채비를 한 것은 사람일 터인데 종이컵이 소주를 챙기고 낚시가방을 꾸렸다고 한다. 주체 자리에 인물이나 화자는 뒤로 빠지고 당돌한 종이컵이 떡하니 앉아 있다. 화자가 낚시 채비를 할 때 모처럼 출조出釣의 설렘이나 기대를 싹둑 잘라버리고 그 자리에 멍텅구리 종이컵을 주체 자리에 앉히면, 주체로서 화자는 정서의 출구를 봉쇄당할 수밖에 없다. 이와 같은 화법은 이 시의 연마다 나타난다. 주체를 사물로 대치하는 극단적인 선택이다.

또한 시인은 시집 전편에서 환유적인 수법을 간간이 사용한다. 예를 들면, "알반지가 손지갑 지퍼로 마음을 열었다"(시 「수작酬酌」)에서 마음을 연 주체는 어디까지나 '알반지(를 낀 여인네)'일 것이다. 그런데 알반지가 사람을 대신하여 마음을 열었다고 말한다. 이것은 인물이나 화자의 의식이 개입하는 것을 회피하는 현상이다.

이러한 시의 경향은 급기야 시 「빨래집게」, 「전봇대」, 「의류 수거함」, 「선풍기」 등의 사물시에 이르면 더욱 두드러져 아예 사물이 주체 자리를 독차지하고 있다. 숫제 인물은 보이지 않고 사물이 의인화되어 주체처럼 행동하고 의식한다. 이런 시에는 화자의 의식은 끼어들 틈새가 없다. 시인이 주체인 화자의 의식을 극도로 억제하고 있다.

시인은 이와 같은 시작의 비밀을 발설한 적이 없다. 이 시집 전편을 샅샅이 뒤져도 그것을 밝힐 만한 단서를 찾을 수 없다. 다만 유추 해석하자면, 시인들의 자의식이 넘쳐 사물을 왜곡되게 그리고 있는 현대시의 반동으로 보인다. 서구의 시가 고전주의에서 낭만주의, 사실주의를 거쳐 현대시에 이르면 상징주의, 초현실주의, 주지주의를 통과하면서 시인의 의식이 강조되고, 몽상적으로 비뚤어지고, 사물의 실상이 왜곡되면서 눈에 보이는 풍경마저 온전히 그릴 수 없는 것이 주지의 사실이다. 한시漢詩의 전통만 하더라도 온전한 풍경 속에 시인의 정조가 배여 있는데, 현대시에서는 풍경이 풍경으로 자리잡기가 매우 협소해졌다. 시인의 기억은 온전한 공동체적 삶의 모습을 고스란히 간직하고 있다. 시인은 도시 주변의 사라져가는 것들에 대해서도 되도록 이지러지지 않는 모습으로 온전히 그리고자 한다. 이런 열망으로 시인은 화자의 의식을 억제하는 외부 관찰자 시각을 고수하고 있는 듯하다.

맛과 시, 또는 시의 맛

끝으로 여담이지만 시인은 탁월한 미식가이다. 미식가와 식도락가는 물론 다르다. 식도락가는 먹는 것 자체를 즐기는 자이지만, 미식가는 음식에 대해 특별한 기호를 가진 사람이다. 그가 추천하는 먹거리는 항상 신뢰할 만하며, 그의 삶에서 이것이 차지하는 비중이 매우 크다. 그러나 시인의 구미를 당기는 먹거리는 소위 내로라하는 미식가들의 일반적 취향과는 사뭇 다르다. 그가 찾는 곳은 버젓한 일류 식당가가 아니라 허름한 뒷골목, 음식 냄새가 진동하는 서민풍이다. 한마디로 그가 탐하는 먹거리는 고향의 맛이다. 그의 맛에 관한 시 한 편을 보기로 하자.

숭숭 풋고추가 무친 조개젓 비린

아침 식탁에
가물가물 몽쇠 아재가 궁금하다

댓잎 서리꽃 지는
두레박 우물가
뽀얀 입김이 세수를 망설이는 참
빡빡머리에 수건 졸라매고
몽쇠 아재 까만 얼굴이
탱자 울 사립 밖에 지게를 바친다
젓 비린내
통째로 곰삭고 있는 바지게,
"젓장시 왔어라오!"
쇠죽솥 아침 살피던 아버지
환한 반색이 허리춤을 추스린다
"요놈이 오늘 심심허요,
풋고치 매운 놈 썰어 쪼물락쪼물락 허믄…"
퉤퉤, 지전에 붙은 아침재수를
정수리에 쓱쓱 쓸어 담는 마수걸이
맨발 짚신이 질척질척하여라
누런 이가 합죽하게 웃는 아재

— 「몽쇠 아재」 전문

먹거리 '조개젓'에 관한 내력 있는 이야기다. 화자가 숭숭 풋고추를 썰어 무친 비린내 나는 조개젓이 차려진 아침 식탁을 대하면서 기억 속의 젓장수 몽쇠 아재를 불러낸다. 조개젓의 비린 듯 알싸하게 짠맛이 그의 미각을 돋우는데, 이 남도의 싸한 미각은 투박한 말맛과 곁들여야 더욱 감칠맛이 난다. 조개젓은 '몽쇠 아재'라는 짜리몽땅하고 단단한, 투박하기 이를 데 없는 이름과, '댓잎 서리꽃', '두레박 우물가', '탱자 울사립', '바지게' 등의 배경과, '곰삭다', '젓장시', '쇠죽솥', '요놈이 오늘 심심허요, 풋고치 매운 놈을 썰어 쪼물락쪼물락 허믄……' 이란 토속어들과 함께 무쳐야 그 맛이 제대로 살아난다. 그의 미각은 그가 쓰는 말과 떼려야 뗄 수 없다. 오늘날 마트에서 중국산 조개젓을 사다가 아파트 부엌에서 비닐장갑 낀 손으로 온갖 양념 듬뿍 넣고 버무려 유리그릇에 내놓은들 과연 그 맛이 날까?

시인이 이 시집에서 추천하는 먹거리는 굴비, 두부, 붕어찜, 뽕나무 오디술, 전어, 돔배젓, 홍어, 삶은 감자, 해우(김) 들이다. 시인이 이런 먹거리를 탐한다는 것은 각박한 도시의 삶에서 온전함으로 남아 있는 기억 속으로 떠남을 의미한다. 부디 그 맛이 말과 함께 시인에게 큰 기쁨으로 다가오길, 건강함을 잃지 않는 맛깔스러운 시 세계로 우리를 초대하길 못내 고대한다.

촉도난 蜀道難

초판 1쇄 인쇄 | 2019년 12월 25일
초판 1쇄 발행 | 2019년 12월 30일

지은이 | 임채우
발행인 | 홍해리
편 집 | 방수영
펴낸곳 | 도서출판 움

등록번호 | 제2013-000006호(2008년 5월 2일)
01003 서울시 강북구 삼양로 159길 64-9
전화 | 02) 997-4293
전자우편 | urisi4u@hanmail.net

ISBN : 978-89-94645-54-4(03810)

*이 도서의 국립중앙도서관 출판예정도서목록(CIP)은 서지정보유통지원시스템 홈페이지(http://seoji.nl.go.kr)와 국가자료공동목록시스템(http://www.nl.go.kr/kolisnet)에서 이용하실 수 있습니다.
(CIP제어번호 : CIP2019050515)